이름 너머의 세계

이름 너머의 세계

펴낸날 ∥ 2022년 4월 21일 초판 발행

지은이 ∥ 서해명

펴낸이 ∥ 유영일

펴낸곳 ∥ 올리브나무 출판등록 제2002-000042호

경기도 고양시 일산동구 정발산로 82번길 10, 705-101

전화 070-8274-1226, 010-7755-2261

팩스 031-629-6983 E메일 yoyoyi91@naver.com

ISBN 979-11-91860-11-5   03190

값 16,000원

이름 너머의 세계

不在 서해명 에세이

허공이 있기에 그 많은 별들이 있다.
'없음'은 모든 것을 품는다.
아무것도 없으면 일체를 품는다.

올리브
나무

모든 두려움을 물리치고 죽음의 길을 서슴없이
뚜벅뚜벅 걸어가는 대장부의 걸음걸이,
얼마나 아름다운가?
죽음까지도 자유로이 선택할 수 있는 완전한 자유,
걸림이 없는 주인 된 삶,
모두를 위하는 불타는 영혼,
나에 갇혀 있지 않으면 이렇게 아름다운 삶이 펼쳐진다.

―본문 중에서

스스로 충족되는 삶의 한가운데로

마침내 이 책과 만나서 활자 위를 더듬거리며 그 속뜻을 헤아리고 있을 당신이 누구이든, 저는 어떠한 이름으로도 당신을 부르고 싶지 않습니다. 하늘을 붉게 물들이는 노을의 아름다움을 태양과 분리시킬 수 없듯이, 피부가 끝나는 곳에서 끝나지 않는 당신이기에, 이름을 부르지 않는 '침묵의 여운'에 잠겨 나는 당신이라는 존재의 번짐을 가만히 생각해 보고 싶습니다.

어느 누구도 외로운 홀로의 섬이 아니기에, 나는 누구도 그의 이름 안에 그를 가두어두고 싶지 않습니다. 당신이라는 존재의 빛과 향기, 그 끝은 어디일까요? 이름으로 규정짓는 순간, 존재의 빛과 향기는 밀실에 갇혀 버립니다.

존재의 신비, 그 끝은 어디일까요? 태양은 저 멀리 창공에만 있는 것이 아니라 이 지구의 속안에도 마그마라는 형태로 이글이글 불타고 있습니다. 하지만 그뿐일까요? 액체 상태의 불기운이 지구의 심장부에 자리하고 있듯이, 당신 안에도 태양이 간직되어 있습니다. 바로 심장이 당신 안에 있는 태양이지요. 심장의 불기운은 온몸 구석구석을 운행하면서 당신의 생명을 생명답게 빛내고 있는 거지요.

태양은 빛과 열기를 거저 나누어줌으로써 뭇 생명을 탄생시키고 양육합니다. 지구 또한 속안에 간직하고 있는 불기운으로써, 또 태양으로부터 받은 불기운으로써, 만생명의 젖줄이 되어줍니다. 우리 또한 우리 안에 있는 태양의 기운을 잊어서는 안 될 듯싶습니다. 그 신비를 외면하면 우리는 이름 안에 갇혀 버린 일개 인간이 되지만, 그 신비에 문을 열어젖히고 이름 안에 우리를 가두지 않으면 우리는 '빛의 인간'으로서 스스로 충족되는 삶 가운데에 존재할 수 있게 됩니다.

'나'와 '너'를 이름 안에 가두지 않고 온갖 개념과 견해의 틀에서 해방시킨다면, 어떤 일이 벌어지게 될까요? 우리 모두는 우리가 생각하는 것 이상임을 날이 갈수록 실감하게 될 것입니다. 서해명의 『이름 너머의 세계』는 바로 그 신비의 문을 열고 들어서라는 초대장입니다.

북한산 원효봉을 향해 오르다 보면 상원사로 가는 길목쯤에서 다음과 같은 문구가 새겨진 천하대장군을 만날 수 있습니다. '입차문래(入此門來) 막존지해(莫存知解): 이 문에 들어오려거든 갖가지 견해를 다 버려야 하리.' (이는 휴정의 『선가귀감』, 마지막 결구입니다.) 태어난 이후 내내 주입되어 온 세상적인 지식과 견해를 비운다는 생각도 없이 비울 때, 태초에 이제 막 창조되어 세상에 나온 생명체처럼 낯설음으로 나와 너와 세계라는 신비를 비로소 만날 수 있는 준비를 갖추게 됩니다.

어서 오십시오 맛있는 음식을 천천히 음미하듯이, 행간 너머를 음미하게 하는 책을 만나게 된 행운을 축하드립니다.

유영일 (번역가, 수필가)

7

지금 여기에서, 걸림 없는 기쁨의 삶을

삶은 우리에게 무엇을 전하려는 것일까? 생존에 모든 것을 걸고 생존의 문제만을 안고 살아가기엔 인생 전체가 너무나 팍팍해지고 팍팍해진 그만큼 공허해진다. 이 세상에 나온 이상 삶의 의미와 가치를 제대로 알고, 가야 할 길을 가야 할 것이다. 언제 어느 때나, 무슨 일이든, '그것'과 함께하며 흔들림이 없는 기쁨 속에서 살아간다면 얼마나 좋을까! 이것이 우리의 과제가 되어 우리의 삶을 이끌어 간다. 우리의 숙원이자 삶의 목표가 될 만한 '그것'을 찾아 이곳저곳을 기웃거려 보지만 참으로 어렵다. 결국엔 많은 사람이 추구하는 삶을 좇아 많은 것을 갖추고자 고군분투하지만, 결국엔 가진 것이 많아야만 행복한 것은 아님을 절감하게 된다.

이 시대에 태어나 이렇게 많은 것을 누리면서 사는데 행복하지 않을 이유가 없다. 단군 이래 이렇게 평화롭고 풍요로운 때가 있었던가? 그래도 오히려 부족함을 느끼는 것은, 마음까지 풍요를 느끼지 못하기 때문이다. 마음의 갈등은 오히려 커져서 평온함을 찾지 못하고 있다. 너도나도 경쟁에 내몰려 있고, 정신적인 문제는 더욱 커져만 가고 있다. 정신적인 안정을 기할 수 없는 불안이 우리를 짓누르고 그로부터 탈피하고자 하는 마음이 그 어느 때보다 커진 시대이다. 경제적인 풍요가 정신적인 풍요까지 가져다주는 것은 아니라서, 도대체 어떻게 사는 것이 잘 사는지 알지 못하겠다는 분들이 많다. 오히려 비교하는 내용은 많아지고 심대해져서 갈등이 더욱 커진 것 같다. 가진 것이 많아져서 물질 살림은 편하고 편리해졌는데 마음은 오히려 편치 못하다. 이에 힐링 문화에 접하여 마음의 안정을 찾아보려 하지만 근본적인 해결책이 아니기에 불편한 마음은 다시 또 밀려온다. 근본 해결책은 어디에 있을까? 밖에 있는 것이 아니다. 그것은 진정한 나를 찾는 데 있다. 모든 문제는 나에 있기에 나에게서 찾을 수밖에 없다. 그것이 우리의 진정한 과제다.

한 세상 살아가면서 가장 커다란 수수께끼가 있다면, 그것은 바로 '나'라는 존재가 아닐까? '나'라는 존재가 과연 무엇인지, 그 해답을 찾고자 선인들은 얼마나 많은 노력과 심혈을 기울여 왔던가? 많은 길을 찾아 헤매고, 수행을 통해서 저마다 갈 길을 제시해 왔다.

달을 가리키는 손가락이 얼마나 많은지 그 많은 손가락으로 달을 가리키지만 달을 보기는 쉽지 않다. 달을 보기만 하면 되는 그리도 간단한 일인데 달을 보는 일이 참으로 쉽지 않다. 목마름의 갈증을 느껴보지 않은 사람은 그 애타는 심정을 모른다. 애가 탄다. 차라리 이 길에 들어서지 않는 것이 나을지도 모르겠다는 마음이 일어날 만큼 목마르다. 그래도 미망에서 괴로운 것보다는 낫다는 생각에 갈증을 적셔줄 오아시스를 찾아 나서는 것이다. 그러다 오아시스를 발견하고 나면 이제는 찾았거니 하지만 그곳에서 영원토록 있을 수는 없는 일이어서, 삶의 자리로 돌아와 다시 또 광야를 헤매는 과정을 되풀이하곤 한다.

붓다는 샛별을 보고 깨달을 때까지 생각을 얼마나 무한으로 이끌었을까? 그리고 샛별을 보는 순간 무엇이 그를 깨닫게 했을까? 나는 무한히 일어나는 의문이 하나로 꿰뚫리는 체험이 있었으리라고 여긴다. 그렇게도 많은, 말할 수 없는 많은 것들이 하나이기에 천상천하유아독존이라 했을 것이다. 불일(不一), 불이(不異)를 설했을 것이다. 무한히 많은 그 많은 것들이 하나이다. 상상이 되는가? 무한이라는 개념이 이해되지 않은 사람에게 그 많은 것이 하나라는 이야기까지 동시에 체화되는 깨달음이 쉬운 일은 아닐 것이다. 적어도 무한의 개념은 체화된 사람이 깨달음에 더 가까이 있을 수 있다.

깨달음은 말로 표현할 수 없다. 불경도 붓다가 깨달은 후에 설하신 것으로 깨달아야만 이해할 수 있는 이야기요, 성경도 예수의 공생애 이야기라서 그리스도의 사랑이 내게도 보일 때라야 이해할 수 있기에 붓다의 지혜와 그리스도의 사랑이 내 안에 거하기 전에는 불경도 성경도 달을 가리키는 손가락에 불과하다.

분명한 것은 많은 선각자의 말을 믿고 일생을 바쳐서라도 그 길을 가야 한다는 것이다. 그것이 모든 문제를 한 방에 다 해결하는 첩경이다. 한 점으로 표현할 수밖에 없는 에고에 머무를 수는 없는 일이다. 모두가 하나로 전 우주가 나인데 어찌 그곳에 있을 수 있겠는가? 오므리면 한 점이지만 펴면 무한인 '나'. 다행히도 선각자가 참으로 많기에 우리는 안전하게 즐거운 마음으로 그 길을 갈 수 있다. 멈추어 정(定)에 있으면 시체일 뿐이라고 일러주는 선각자도 있고 이원성에 있고서는 결코 볼 수 없다고 일성을 질러주는 선각자도 있기에 우리는 안심하고 그 길을 갈 수 있는 것이다. 때론 한 살림 차린 것으로 착각하여 더없는 기쁨 속에 있을지라도 마음이 불편할 땐 선각자의 가르침에 눈을 돌릴 수 있으니 얼마나 다행인가. 그리스도도 "너희 안에 하늘나라가 있다."고 하였고 붓다도 "모두가 부처다."라고 하였다. 자신을 과소평가하지 말고, 이 말을 믿어 진정한 자신을 찾아야 한다. 선각자들 모두가 하는 말이다.

하고 싶지 않은 일을 하려고 하니 믿으려는 마음이 일지 않는 것이다. 하고 싶어지면 믿고도 남을, 얼마나 듣고 싶은 말인가! 내가 그리스도요 부처라는 데 얼마나 가슴 떨리는 말인가! 그리스도와 붓다처럼 사는 것이 참으로 어렵게 느껴지기에 나와는 관계없는 이야기라고 애써 외면하는 것이다. 아버지 집을 보면 그리스도와 붓다처럼 사는 것이 참 행복이기에 그 길을 기꺼이 선택한다. 살아온 업이 많은 장애가 되지만 하고 싶어지고, 하고 싶어서 하는 일에 행복하지 않을 이유가 없다. 행복은 가까이에 있다. 내 안에 있다.

지금 소셜미디어 등을 기반으로 하는 아이티 기술은 사람들이 자신의 마음을 챙기는 능력을 지우는 방식으로 발달하고 있다. 정보의 홍수 속에서 인정받고 싶은 욕구는 너도나도 '좋아요'를 기대하고 또 남발하는 것으로 끝도 없이 이어지면서 '정보의 소외는 두려운 일'로 자리매김되어 가고 있다. 스마트폰을 들고 에스엔에스(SNS) 앱으로 보내는 시간이 점차 늘어나게 되면, 남의 생각에 휘둘리면서 살게 되기 쉽다. IT 기술이 우리의 일을 돕기 위한 도구에서 나를 잃어버리는 도구로 변질되어 가고 있는 이때에, '마음챙김'이 나를 다시 찾는 도구로서 다시 세인들의 관심사항으로 부상한 것은 그나마 다행한 일이다. 마음챙김은 우리로 하여금 삶의 운전대를 잡고 살아갈 수 있게 한다.

"인간의 뇌, 파충류 뇌로 변하고 있다."를 외치며 "알림을 끄세요." 실리콘밸리 아이티(IT) 전문가들이 입을 모아 하는 얘기다. 마음챙김은 우리가 내면에서부터 지혜로운 선택과 현명한 판단을 하도록 돕는다. 참으로 '나'를 찾는 여행이 더욱 절실히 요구되는 때이다. '많이 아는 것이 행복에 이르는 길인가? '진실이 무엇인지?', '나는 누구인가?'에 대한 끝없는 질문은 우리를 깨달음에 이르게 할 것이다.

깨달음의 길에서 자기의 생각을 믿느냐, 믿지 않느냐 하는 것은 너무나 중요하다. 자기의 생각을 믿을 때, 세상은 실재하는 것처럼 보이고, 자기와 분리된 세상이 밖에 있다고 믿게 된다. 세상은 내 생각이 투사(投射)된 것으로 환상임을 모르고, 지금 있는 것과 맞서게 되어 혼란이 시작되는 것이다. 자기의 생각을 믿지 않을 때, 현실이 지금과 달라야 한다는 생각으로부터 벗어날 수 있으며, 지금 실재로 있는 것에 대한 알아차림으로 평화를 얻을 수 있다. 생각을 믿지 않으면, 해야 할 일도 없고, 되어야 할 사람도 없고, 걱정할 일도 없고, 아무런 노력이 없어도 삶은 저절로 이루어진다. 내 생각을 믿지 않고 현실을 있는 그대로 직시하는 것이다. 마음이 머물 곳은 한 곳도 없다.

모든 것이 생각으로 이루어진 허상임을 바로 보고, 미워하고 사랑하는 분별심을 떠나야 한다. 모두가 하나인 '나'를 보면, 모두와 함께하는 절대 평등의 세상이 '있는 그대로' 보이게 된다. 모두가 하나인 세상에서 평화만이 넘실대는 세상, 조건 없는 사랑으로 충만한 세상이 펼쳐진다. 그러한 '나'를 보는 것이다. 무엇을 더 바라겠는가? 있는 것을 있는 그대로 보는 것으로 할 일이 하나도 없다. 다만 진아(眞我)를 보는 것이다. 더없이 아름다운 나를 보는 것이다. 그 나는 생각으로 이루어진 나를 떠나야 하기에 생각이 끊어진 나를 보는 것이다. '내가 있다'라는 생각에서 깨어나야 한다. 자유란 생각을 믿지 않는 데에 있다. 우리가 어떻게 할 수도 없는 생각에 얼마나 휘둘리고 있는지를 안다면 우리는 진실에 훨씬 더 가까이 있게 된다. 진실은 '이름 너머의 세계'에 있다. 진실로 자신의 본질을 보는 것보다 더한 가치는 없다. 차원이 다른 세계가 펼쳐지고 한계 없는 자신을 보게 된다. 이 모든 것이 마음 하나이다. 부디 생각을 걷어내어 '있는 그대로' 보기를 기원한다! 진정한 자유가 여기에 있다. 걸림이 없는 기쁨 속에 있게 된다.

책 출판에 심혈을 기울여주신 유영일 사장님께 깊은 감사를 드리며 또한 지혜의 길에서 가꾸고 돌보는 일을 함께해주신 故 최성무 목사님, 이순임 목사님, 민승돈 장로님 그리고 많은 도반님들께 감사의 말씀을 드립니다. 또한, 이번에도 많은 조언과 더불어 교정을 함께해준 제자 이창엽 군에게 고마움을 표합니다.

2022년 새해 새 봄을 맞으면서
不在 서해명

차 례

제1부 옳고 그름만 넘어서면 자연히 환해지리라

제2부 마음의 초기화

제3부 지금 이대로 아름다운 세상

이 우주에는 그 어떤 경계도 없다.
경계가 만들어 놓은 힘에 넘어가지 말라.
내가 곧 우주임을 깨달을 때
모든 고통이 사라진다.

제1부

옳고 그름만 넘어서면
자연히 환해지리라

지금 이대로 충분하다

진실 안에 있으면 뜨거운 눈물이 흐른다.
진실 안에서는 진정 혼자 있게 되며, 전체와 하나이다.

• • •

우리는 끝없이 생각을 나르면서 한없이 원하고 구한다. 무엇이
그리도 부족한지 만족할 줄을 모른다. 가지고 있으면서도 더 가지려
하고, 필요하지도 않으면서 쌓아두고 본다. 더 가지려는 욕심은
끝을 모르고 지금 이대로 충분함을 모른다.

과거나 미래로 달려가지 말고 지금 여기에서 부족한 것이 있는지
살펴보라. 모든 것이 충분히 갖춰져 있다. 이것이 진실이다. 생각이
만들어 낸 상상의 세계를 믿지 않고 '지금 여기에 있는 그대로'
보면 모든 것이 충분하다. 괜스레 상상의 나래를 펴고는 무엇인가를
얻으면 좀 더 나으려니 하는 마음에 늘 부족함을 느끼는 것이다.
좀 더 갖춰 놓으면 보다 더 안정해지리라 믿지만, 그것은 결국 짊어지
고 가야 할 짐이 될 뿐이다. 아무리 채우고 또 채워도 '내 것'이

될 수 있는 것은 없다.

그래서 성현들께서는 진실을 보라고, '있는 그대로' 보라고 하신다. 그럼에도 우리는 각인된 사고의 틀에 갇혀 늘 덧칠해진 무엇이 있다고 착각하면서 살아간다. 무엇이 나로 하여금 잘못 보게 할까? 잘못 보게 하는 그놈을 찾으려 '이 뭐꼬?' 하곤 묻고 또 묻는다. 실체를 보기 위해 눈에 낀 콩깍지를 벗겨내려 많은 노력을 하는 것이다. 제 눈의 안경이라고, 끼고 있는 안경으로 보는 세상에서 벗어나려 그리도 노력하고 있다. 실체는 '있는 그대로'인데 실체를 찾으러 다니는 노력을 한다. 이 노력이 걸림돌인 줄을 모른다. 있는 그대로 볼 뿐, 찾으러 다닐 일이 없음을 놓쳐서는 안 된다.

진실은 '있는 그대로'이다. 그것을 '있는 그대로' 보는 것이다. 그런데 그것이 녹록치 않다. "찾지 말고 보라."는 가르침이 무엇을 뜻하는지를 알기까지는, 찾으려는 노력이 왜 잘못인 줄을 모르고 바르고 옳게 살려고 노력하며 산다. 하지만 바르고 옳게 살려고 노력할수록 목마름은 오히려 더 심해지게 마련이다. 바르고 옳게 살려 할수록 옳음은 이상향이 되어 현실과의 괴리 속에 스트레스는 더욱 가중된다. 산이 높으면 골도 깊어서 이상을 향한 마음은 더욱 심한 갈증을 불러오고 그 갈증이 심해져서 지쳐 쓰러질 때 "내가 죽어 없어질 때" 비로소 그때야 비로소 찾는 게 아니라 보인다는 사실을 알게 된다. '무아(無我)', '자기 부정'의 의미를 깨닫고 나서야 찾는 게 아니라 보인다는 말을 알게 된다.

초발심시 변정각(初發心時 便正覺), 곧 '처음 불성을 일으키는 그때가 바로 성불하는 때'라는 믿음의 시작이 참으로 중요하다.

이 세상은 다 진실이 아니라는 믿음이 성불하게 한다. 이 세상은 나의 관념이 만들어 낸 허상으로 옳음이란 없다는 믿음이, 이상은 현실이 아닌 미래의 것일 뿐 그 어떤 것도 옳지 않다는 믿음이 처음 불성을 일으키는 때인 것이다. 옳음은 그름이라는 선을 그어놓고 그 밖의 것을 일컫는 말일 뿐이다.

옳고 그름이 없음을 이해하는 것이 평화의 지름길이다. 시비(是非)를 가려, 옳고 그름 위에 서는 것은 갈등을 불러올 뿐이다. 옳음은 나의 옳음일 뿐이다. 화낼 진(瞋)자는 옳음(眞)을 본다(目)는 뜻이다. 옳음을 보는데 왜 화가 날까? 나의 옳음이 상대의 그름이 되는 '사람의 입장 차이'가 시비 논쟁을 일으키기 때문이다. 그런 까닭에 '옳음'이라는 콩깍지를 벗겨내고 '옳음이 없다'는 믿음이 성불의 시작이다. '하늘로도 옳음을 내세우지 말라.'(마 5:34)는 그리스도의 말씀을 굳게 믿고 이 세상의 그 어떤 것도 허상임을 아는 것이다.

스트레스가 나타나는 것은 어김없이 이것은 어떻다고 하는 생각에 사로잡혀 굳어진 마음에 기인하는 것이다. 그렇게도 굳건하게 자리잡고 있는 고정관념에 사로잡혀 있는 것이다. 언어와 문자는 분별하는 생각의 산물이다. 언어에 대한 믿음으로 개념적 사고에 갇혀 본질을 심각하게 왜곡하는 데 문제가 있다. 자신의 시각으로 변모된 형상을 보는 것이다. 세상은 자기 마음의 거울이다. 생각을 거두고 있는 그대로 보면 옳고 그름이란 없다. 성현들의 말씀은 옳음에 관한 이야기가 아니다. 분별하지 말고 있는 그대로 보라는 말씀이다. 이것을 이해하는 순간, 성현들의 말씀을 믿고 따를 수 있게 된다.

"네 이웃을 네 몸같이 사랑하라"라는 말씀은 '해야 할 일'이 아니라,

이웃이 남이 아닌 나임을 알면 자연스럽게 하여지는 일이다. 내가 있고 남이 있어서는 불가능한 일인 것을, 옳은 일이라고 해낼 수 있는 것은 아니다. 신심이 아무리 깊어도 내가 있고서 하는 일은, 해야 하는 일에 끌려가는 억압된 삶이다. 그것은 사랑이 아니다. 조건 없는 사랑은 이웃이 남이 아닌 나라는 실체를 보았을 때 자연스럽게 이루어진다. 나와 남을 분리하지 않고 모두가 하나임을 볼 때, '해야 할 일'에서 '하고 싶은 일'로 탈바꿈하게 된다. 이것은 삶을 송두리째 바꿔놓고 왜곡된 시선을 바로잡아준다. 진실을 본다는 것은 참으로 행복하다. 진실은 모든 걸림을 해소해 준다. 진실 안에 있으면 뜨거운 눈물이 흐른다. 진실 안에서는 진정 혼자 있게 되며, 전체와 하나이다. 천상천하유아독존이다. 이것을 알게 되면 무슨 일이 일어나든 현실은 좋다는 것을 이해하게 되고, 지금 이대로 충분함에 감사한다. 누군가 당신을 해치려 해도 좋은 일이라고 할 수 있느냐? 묻는다면 소크라테스는 아테네 시민이 내린 독약을 기꺼이 마시며, 죽음이 끝이라면 끝이어서 좋고, 다음이 있다면 호메로스 같은 지성과 대화를 나눌 수 있으니 얼마나 좋은 일이냐며, 살고 죽음에 아무 문제가 없다고 얘기하였다.

이 세상을 '있는 그대로' 보면 너무도 완벽하고 이보다 더 좋을 수가 없다. 이 세상이 천국이다. 천국은 다른 곳이 아니다. 잘못 보고 있는 나를 믿지 않고, 진실을 탐험하는 것이다. 지금껏 경험하지 못한 새로운 경험의 길에 들어서는 것이다. 그 들어서는 첫걸음이 초발심시(初發心時)이며, 아무리 성스러운 말일지라도 믿어서는 안 되는, 믿을 것이 없다는 데서 시작해야 한다. '개념적 사고'에서 벗어나 자연 그 자체 그대로 보는 것이다. 과거도 미래도 아닌 '지금 있는 그대로'의 세상에 있는 것이다.

붓다의 지혜와 그리스도의 사랑이 아무리 성스러워도 그 지혜와 사랑을 나에게서 발견하지 못하면, 나와 무관하다면, 무슨 의미가 있겠는가? 내 안에 붓다와 그리스도가 있다는 믿음은 내가 없다는 데서 시작한다. 나만으로 홀로 존재할 수 없다는 것을 보는 데서 시작한다. 나라고 할만한 것이 없다. 옳음이 없는 데도 있다고 믿고 사는 괴로움에서 벗어나, 옳음이 없다는 진실을 보는 지혜와 사랑으로 살아가는 것이다. 이 세상은 내가 만들어 놓은 내 작품에 불과하다. 모두가 마음의 발명품이다. 나의 말도, 나의 현재도, 나에 관한 어떤 것도 다른 사람에게는 하등 가치가 없다. 거룩함도 성스러움도 개념에 불과하다.

어떤 생각도 진실하지 않다는 것을 보고 오롯이 지금에 있으면 부족한 것이 하나도 없다. '지금 있는 것'으로 충분하고, 괴로움은 지금 없는 것을 원하기 때문이다. 잘 살펴보면 원하는 것은 과거나 미래의 일이다. 지금에 있어 보라. 지금은 지금 있는 것 말고는 필요한 것이 하나도 없다. 지금 있는 것으로만 살고 있다. 지금 이내로 충분하다.

제 스스로의 모습에 그대로 있는 것이 부처요,
하나님은 "스스로 있는 자"이다(출 3:14).

22

생각이 경계다

이 우주에는 그 어떤 경계도 없다. 경계가 만들어 놓은 힘에
넘어가지 말라. 내가 곧 우주임을 깨달을 때 모든 고통은 사라진다.

• • •

"내가 있다."는 생각은 나와 남을 구별하고 분별한다. 언어가 선을
긋고 생각이 경계를 설정하여 이것과 저것을 구별한다. 모든 언어는
구별의 산물이며, 언어를 떠난 생각은 일어날 수 없다. 아담이 이름을
짓기 시작한 이래 하늘과 땅의 구별이 생겨나, 하나님은 하늘에
계시고 우리는 땅에 거하는 존재로 분류되었다. 신과 인간의 경계가
그어져서, 이곳은 투쟁의 장이요 고난의 장이지만 저곳은 평화만이
깃든 천국이 되었다. 신과 우리 사이에 경계를 만들어 신은 함께할
수 없는 지고의 존재로 모셔놓고, 아버지와 우리를 함께할 수 없도록
한 것이다. 우리는 죄인이요 불완전한 존재로 신의 구원이 절실히
요구되는 존재로 전락하여 우리의 본성을 잘못 보게 되었다. 우리의
본성이 선하고 완전하다는 것을 안다면 우리는 완전히 다른 삶을
살 수 있는데도 말이다. 붓다가, 그리스도가, 수많은 선각자가 그리도

외쳐왔건만 생각은 이미 경계에 익숙해 있기에 무경계에 있는 우리를 믿으려 하지 않고 투쟁에 휩싸여 구원의 손길만을 바라고 있다. 이러한 잘못의 원인은 순전히 생각을 믿는 데 있다. 내 생각을 내가 못 믿고 누구 생각을 믿느냐고 항변하지만 생각에 따르는 것이 얼마나 어리석은 일인지를 모른다. 모든 고난이 생각에서 나왔음을 모른다. 생각이 망념(妄念)이다.

배운다는 것은 어디에 어떻게 경계를 그을 것인지, 경계 지은 측면들로부터 어떤 일을 해야 할지를 알아가는 과정이다. 더욱 세분화할수록 고차적인 사고로 전문성을 띠는 것으로 평가된다. 경계 지을수록 갈등은 많아지고, 거기에 가치를 두면 둘수록 그것의 상실을 두려워하게 된다. 하지만 확실한 경계가 힘을 얻고 자신의 안전을 지켜주리라고 여기기에 앎의 가치를 높이 평가하는 것이다. 경계가 복잡한 자연현상을 단편화하고 기술적인 힘을 발휘하게 하기에, 이러한 과정에 익숙한 사람들은 기억력과 사고력을 중히 여기며 생각이 쳐놓은 경계에서 벗어날 마음이 없다. 믿지 못하기는커녕 그 생각에 빠져든다.

많이 아는 자가 과연 행복할까? 묻지도 따지지도 않고, 그럴 것이라고 단정 싣고 그 길로만 달려간다. 경계를 실재하는 것으로 굳게 믿고서 자기가 좋아하는 쪽으로만 기울여 생각한다. 좋은 것이 있으면 나쁜 것이 있고 나쁜 것이 있으면 좋은 것이 있으며, 생(生)이 있으면 사(死)가 있고 사가 있으면 생이 있게 되어, 어느 한쪽만으로는 존재할 수 없음에도 생각하고픈 긍정적인 면만을 강조한다. 이래야 하고, 저래서는 안 된다는 선을 그어놓고, 삶은 어떻게 선택하느냐에 달려 있다는 믿음 안에 자신을 가두는 것이다. 긍정적인 것을 강조하고 부정적인 것을 제거하려는 과정에서, 긍정은 부정에 기초해서만 규정된다는 사실을 완전히 망각한 채, 이 모든 것을 생각이 만들어 놓은 화해 불가능한 것으로 철저히 분리한다. 이것이 생각이 가지는 힘이다. 잘 생각하라 하지만, 생각에 *끄*달려 사는지를 모른다.

생각은 설정된 경계에 따라 다르게 생각되기에 어떻게 선을 긋느냐에 달려 있다. 바르게 생각하는 것 같지만 사람마다 생각이 다른 이유는 사람마다 경계가 다르기 때문이다. 그럼에도 불구하고 '나와 나 아님'으로 구분한 생각은 나의 생각이 옳음을 굳게 믿고서, 이 믿음이 모든 것을 결정하게 하는 원동력이 된다.

생각만 믿지 않아도 우리는 한껏 평화로울 수 있다. 지금껏 가져온 생각을 믿지 않고 버리면 진실은 훨씬 가까이에 있다. 다만 나와 나의 생각을 동일시하기 때문에 생각을 내려놓을 수 없는 것이다. 나와 남의 경계가 다름은 당연하다 여기고, 생각이 지워준 경계를 방어하려 할 뿐이다. 생각같이 불완전한 것이 없으므로 내가 불완전한 존재인 줄로 여기는 것은, 나와 생각을 동일시하기 때문이다. 하지만 생각은 내가 아니다. 나는 떠오르는 생각을 흘려보낼 수도 있고 붙잡을 수도 있는 만큼 나와는 아무런 관계가 없다. 생각을 붙잡고 놓지 않으면서 내가 하는 내 생각으로 착각하는 것이다.

우리는, 내가 선택하고, 내가 결정하고, 내 생각대로 살아왔다는 믿음에 너무도 익숙한 나머지, 내가 하는 내 생각인 줄 여기지만 나는 생각할 수 없다. 내가 생각할 수 있다면 좋은 생각만 하면 행복하련만, 우리는 과연 행복한가? 행복은 무경계에 있을 때에만 누릴 수 있다. 경계의 양면이 하나임을 알면 투쟁은 사라진다. 그것은 생각을 떠나는 것이다. 생각은 분별의 화신이기에 이것저 것을 나누어 놓는다. 나누어 놓은 그 생각이 멈출 때 본성인 하나가 보인다. 그때 진정한 행복이 온다. 천국이냐 지옥이냐는 오직 이 하나에 달려 있다.

생각하기 나름이라고 여기지 마라. 생각하기에 따라 이렇게도 저렇게도 볼 수 있다고 여기지만, 어떠한 생각이든 과거의 이야기를 재구성해 보는 것에 불과하다. 지금 여기에선 생각할 수 없음을 깊이 숙고해 보라. 떠오르는 생각을 '믿느냐, 믿지 않느냐'만을 선택할 수 있을 뿐이다. 떠오르는 생각을 믿지 않고 흘려보내기만 해도 문제를 직시할 수 있다. 진실을 보는 지름길은 생각을 믿지 않는 데 있다.

생사마저도 생각에 불과함을 믿겠는가? 그럼 당신이 그렇게도 철석같이 믿던 옳음이 거짓인 경험은 없었는가? 당신이 믿는 것은 당신이 쳐놓은 경계 안의 것으로 한정하고 경계 밖은 믿지 못하겠다면 밖이 없는 안은 존재하는가? 생각이 쳐놓은 경계에 갇혀 있으면 경계 안에서만 살려는가? 안과 밖이 하나를 이루고 있음을 보면, 옳고 그름도 없고 아름답고 추함도 없다. 내 생각일 뿐이다. 생사 또한 마찬가지다. 생각이 만들어 놓은 허상일 뿐이다.

몸과 뇌의 활동인 정신을 '나'로 여긴다면 변할 수밖에 없는 존재라 하겠지만, 나는 훨씬 더 큰 '변하지 않는 의식'이다. 이 의식이 모든 것과 하나로 불변이다. 물에 파도가 일면 파도는 밀려가고 밀려오지 만 물은 그대로이듯, 몸과 정신은 변하지만 나는 그대로이다. 어릴 적의 몸과 정신을 지금의 나라고 하는가? 그게 아니면 어릴 적의 나는 내가 아닌가? 어릴 때의 나, 젊을 때의 나를 나라고 하는 그 나가 있다. 설혹 다른 몸으로 다른 곳에 있다고 해도 나는 나인 변하지 않는 '불변의 나'. 그 나는 불생불멸, 불구부정, 부증불감이다. 다만 생각이 경계를 그어놓고 이것저것 어지럽게 분별하여 놓았을 뿐이다. 내 것도 아닌 생각을 내 것으로 믿지 말라. 경험일 뿐인 생각은 과거의 회상물이다. 떠오르는 생각에 관여하지도, 따라가지도 말라. 믿을 것이 하나도 없다. 생각을 떠나면 경계도 없어 무경계인 '나'를 본다. 이 나가 진아(眞我)다.

전라도와 경상도가 서로 다른 영토인가? 태평양과 대서양이 서로 다른 물인가? 남동풍과 북서풍이 서로 다른 바람인가? 그저 자연현상일 뿐이다. 이 우주에는 그 어떤 경계도 없다. 경계가 만들어 놓은 힘에 넘어가지 말라. 내가 곧 우주임을 깨달을 때 모든 고통은 사라진다.

생각이라는 덫에 걸려 넘어져서는 안 된다. 당신의 생각과 행동의 99.9%가 당신 자신을 위해 이루어지지만 당신은 과연 행복한가? 행복하지 않다면 나라고 생각하는 그 나는 생각과는 아무런 관련이 없다는 것이다. 개념이라는 조작된 생각으로 입자를 만들어 놓은 것이다. 당구공처럼 갈라놓고 쪼개고 쪼개어 조작된 생각으로 지도를 그리지만, 세상은 소립자로 이루어진 파동으로서 전체가 하나로 연결된 천의무봉(天衣無縫 : 선녀의 옷에는 바느질한 자리가 없다.)이다. 모든 생각이 망념(妄念)임을 깨달아 생각으로부터 떠나야 한다.

생각이 없으면, '경계 없는 하나'다.

희망

'오늘 여기'를 떠나 '내일 어디'를 헤매게 한다면 그런 희망은
당장 버리는 게 마땅하다. 내일은 영원히 오지 않기 때문이다

• • •

모든 고난을 다 날려 보내고, 판도라 상자에 유일하게 남겨진
보배 중의 보배인 희망. 고달픈 삶을 살아가는 데 제일의 영약인
희망은 누구나 간직해야 할 필수 영약이다. 모든 것을 다 잃더라도
희망을 잃지 않으면 살아갈 수 있다. 희망은 지금의 처지를 바탕으로
다시 일어설 수 있게 하는 원동력이며 지금에 감사할 수 있는 보루이
다. 지금은 힘들고 어렵지만 우리에겐 내일이 있다는 기대가 모든
허탈감을 날려 보내준다. 어려움이 닥칠 때마다 '희망을 잃지 마라.'
격려하곤 하는 이유는 누구에게나 남아 있는 것이 그래도 내일이
있다는 기대, 즉 희망이 있기 때문이다. 하여 희망에 대한 예찬의
노래가 얼마나 많은가. 속고 속을망정 속으며 사는 게 인생이라
안위하고, 희망에 대한 예찬가를 부르며 내일을 향해 힘차게 발걸음
을 떼는 것이다.

그런 희망에 대한 예찬을 떠나, 모든 사람이 의지하는 희망에 대해 '기대를 삼가라'는 얘기를 하려니 마음이 여간 무겁지 않다. 희망이 '오늘 여기'를 알차게 살도록 도와준다면 세상 끝날까지 함께 해야 할 희망이지만, '오늘 여기'를 떠나 '내일 어디'를 헤매게 한다면 그런 희망은 당장 버리는 게 마땅하다. 그것이 속을 수밖에 없는 희망의 노래인 까닭은, 내일은 영원히 오지 않기 때문이다. 한잔 술에 산 복권에 기대어 부푼 꿈을 안고 살아가듯이 속으며 사는 재미도 쏠쏠한 만큼, 속으며 사는 게 인생이라는 긍정적인 마음에 공감하는 바가 부족해서가 아니라, 진리에 관한 이야기를 할 때만큼은 어렵고도 힘든 일이 희망을 버리는 일일지도 모르기 때문이다. '무턱대고 희망을 좇지 말고 지금에 있으라'라고 하면 수식어 없이 "지금 이 순간을 살아라." 하는 말과는 다르게 느껴질 게 뻔하기 때문이다.

희망에 대해서 부정적으로 얘기하는 사람은 없다. 하지만 지금을 떠나 미래에 있게 하는 제일의 힘이 희망에 있음도 부정할 수 없다. 무시간(無時間)의 진실을 보아야 할 우리에게 과거와 미래만 보게 하는 희망은 큰 걸림돌이 아닐 수 없다.

생각의 발명품인 시간에서 벗어나 무시간을 보는 순간 '깨달음'의 문은 활짝 열린다. 생각의 모든 것은 과거인데, 그것을 잘 포장하여 미래에 투사하는 것이 희망이다. 존재하는 것은 현재뿐임을 안다면 희망에 물들을 일도 없다.

진실로 지금 이 순간에 있어 보라.

시간의 흐름은 없다.

지금만이 영속한다.

어제의 냄새가 지금도 있는가?

어제의 소리가 지금도 있는가?

가져올 냄새도 가져올 소리도 없고,

가져갈 냄새도 소리도 없다.

가질 것이 하나도 없다.

그러면 지금까지의 세상과 전혀 다른 자유를 만끽하게 된다.

이보다 좋은 일이 있겠는가.

참으로 찾아야 할 나의 진면목이 이것이다.

사실상 우리는 현재 순간에서 죽음의 냄새를 맡지 않기 위해 미래를 요구한다. 우리는 미래를 요구하며 매 순간 기대와 미완성 속에서 살아가며 미래 속에서 자신을 만나고 싶어 한다. 내일, 또 내일, 그리고 또 내일을 원한다. 자신이 한때 과거에 존재했으며 따라서 내일도 존재하리라는 기억에 매달리며, 희망으로 현재를 구속하고 제한하면서 기억과 기대 속에서 살아간다. 내가 그려 놓은 과거, 현재, 미래라는 시간의 그림에 안주하는 것이다.

『반야심경』은 "모든 것이 공(空)하다"고 한다. 이는 모든 것이 소립자로 이루어져 비어 있는 듯하다는 의미이며 시간도 그러하다는 뜻이다. 오직 현재만이 영원히 존재한다. 과거의 소리, 미래의 소리가 없이 현재의 소리만이 존재하듯이, 맛도 현재의 맛이고, 냄새도 현재의 냄새이며, 모든 광경 역시 현재의 광경만이 존재한다. 과거나 미래의 어떤 것도 만지거나 보거나 느낄 수 없다. 시간은 실재하지 않는 것이다. 반야심경의 핵심 사상인 공(空)마저 떠나서 '있다, 없다'마저 떠난 중(中)에 있으라는 것이 불교의 핵심 사상인 중관(中 觀) 사상이다. 소립자로 이루어진 모든 것이 인연 화합에 의해 각기 상(相)을 취하지만 그것은 가합(假合)일 뿐 허상임을 알아서 상(相) 을 취하지 말아야 한다. 없는 시간에 경계를 그어 과거, 현재, 미래를 만들지 말고 영원한 현재에 있으라는 말이다. 무시간 속에 있으라.

모두의 화두인 '생사'이지만 시간이 없다면 태어남도, 죽음도 있을 수 없다. 그곳이 하늘나라다. 그리스도는 그 하늘나라가 우리 안에 있다고 말한다.

예수께서 젖을 먹고 있는 아이들을 보시고 제자들에게 이르시되 "이 젖 먹는 아이들이 하나님 나라에 들어가는 이들과 같도다." 제자들이 그에게 일러 "그러면 우리가 아이들처럼 그 나라에 들어갈 수 있겠삽나이까?"
예수께서 이르시되 "너희가 둘을 하나로 하고, 안을 바깥처럼 바깥을 안처럼 하고, 높은 것을 낮은 것처럼 하고, 암수를 하나로 하여 수컷은 수컷 같지 않고, 암컷은 암컷 같지 않게 하고, 새 눈을 갖고, 새 손을 갖고, 새 발을 갖고, 새 모양을 갖게 되면, 그러면 너희는 그 나라에 들어가리라."(도마복음 22절)

예수께서 이르시되 "너희들은 너희 자신의 모습을 보면 즐거워하려니

와, 너희가 나기 전에 생겼고, 죽지도 않고, 보이지도 않는 너희들의
형상을 보면 너희가 얼마나 감당할 수 있겠느냐?"(도마복음 84절)

붓다의 피안(彼岸)과 그리스도의 하늘나라는 우리의 본향, 곧
본성을 가리킨다. 그곳이 이 세상이다. 따라서 붓다의 '모두가 부처'라
는 말씀과 그리스도의 '하늘나라가 너희 안에 있다.'는 말씀은 같은
곳을 가리켜 보인다. 공연히 희망을 내세워 존재하지 않는 미래에
가 있을 일이 아니다. 지금의 진정한 나를 찾을 일이다. 지금 여기가
천국이다.

창세기에 따르면, 아담에게 부여된 첫 번째 과제는 자연계의 동식
물에 이름을 지어주는 것이었다. 최초의 경계를 그은 아담이 우리에
게 합당치 않음을 예수는 이렇게 지적하였다.

"예수께서 이르시되 '아담은 큰 능력과 큰 부요함을 가지고 나왔으나,
저는 너희에게 합당하지 않느니라. 저가 합당하였다면 저는 죽음을
맛보지 않았으리라.'"(도마복음 제85절)

희망을 노래하며 경계를 그어온 아담의 후예들은 생과 사를 만들어
내어 스스로 죽음을 맞이한다.

완전할 필요는 없다

내가 나라고 여기는 나는 '내 과거의 복합체'일 뿐이다.
완전해지려고 애쓰지 말고 오롯이 현재에 있으라.

• • •

자신을 안정적으로 만들고 그냥 생존하는 수준으로 퇴행해버릴 것인가? 과거의 관습들을 자유롭게 떨쳐버리고 더 잘 사는 '모험'을 시작할 것인가? 많은 경우 생명이 안정을 취하기 위하여 맹목적으로 현 상태의 지속을 구현하고자 한다. 하지만 문명이 앞으로 나아가기 위해서는 모험은 필수과목이다. 맹목적인 안정에 안주하느니 모험을 택하는 것이 더 낫기 때문이다. 변화는 모험이 따르기 마련이다. 생존에 안주하며 마주하는 고난과 투쟁하면서 살아가느니 변화된 나를 찾기 위해서는 모험을 선택하는 것이 마땅하다. 보이지 않는 나를 찾아 떠나는 모험은 진정한 나를 찾아 떠나는 여행이다.

우리가 수행을 하는 것은 완전해지려고 하는 것이 아니다. 모든 것을 하나의 총체로서, 있는 그대로, 지금 존재하는 그대로 보기 위함이다. 완전해지려고 수행을 한다면, 완강한 저항을 받게 될 것이다. 해야 할 어떤 일이 있는 것이 아니기 때문이다. 무엇인가를 이루려고 하는 것은 하면 할수록 나의 실체와는 멀어져만 간다. 노력한 만큼 다가가는 것이 아니라 멀어져만 간다. 티끌만큼이라도 다가가려 해서는 안 된다.

고통으로 가득 찬 세계의 실존적 악몽에 눈뜬 자아는 의식의 진화와 성장을 위해 모험의 길을 떠나게 된다. 그 길을 떠나는 것은 완전해지기 위해서가 아니다. 넘어지고 넘어지는 연습을 통해 완전해지기 위해서가 아니다. 그 길은 나를 찾아가는 길로서, 완전과 불완전과는 하등 상관이 없다. 그것은 '내 안에 있는 나'를 그냥 보는 일이다.

찾아도 찾아도 보이지 않는 '나'를 찾아 이리저리 헤매이며,
이렇게도 찾아보고 저렇게도 찾아보다
아무리 찾아도 찾을 수 없을 때,
불현듯 '내 안에 있는 나'를 보게 된다.
모든 것이 총체적으로 하나인 나를 본다.
하나로 되는 것을 보는 것이 아니고 그냥 하나인 나를 본다.

완전해지려고 노력할수록 사실은 더욱 더 불완전에 가까이 다가가게 된다. 완전은 불완전에 근거하게 되고 불완전은 완전에 근거하게 되는 것이니, 완전성이 커지려 하면 불완전성도 그만큼 커지게 마련이다. 따라서 완전할 필요가 없고, 완전할 수도 없음을 알게 된다.

성숙을 향한 발걸음은 항상 필연적으로 미성숙한 것처럼 보인다. 산다는 것은 변화하는 것이며, 변화하는 것을 그대로 수용하게 될수록 더 성숙된 삶을 살게 된다. 달리 어떤 방법이 있을 수 있겠는가?

완벽한 일 처리를 하려고 애닳아 할 필요가 없다. 과거로 돌아가, 보다 더 잘 처리할 수 있었을 것 같은 일을 지금 하면 완벽하게 해낼 수 있겠는가? 그때와는 다르게 할지 몰라도 완벽할 순 없다. 마찬가지로 다르게 다르게 또 다르게 해보아도 결과는 항상 불만족스러울 수밖에 없다. 왜냐하면 그 모든 일이 과거의 일을 지금 돌아보니 불만족스럽게 보이는 것일 뿐이기 때문이다. 현재에 있으면 '있는 그대로'일 뿐 잘 잘못이 없다. 지금에 있을 뿐이다.

우리는 전적으로 '기억의 산물로서 존재하는 나'를 '나'라고 여긴다. 그것이 문제이다. 나를 현재에 두지 않고 과거의 나로 항상 분리하여 보기에, 진정한 나와는 떨어져 있다. 나와 떨어져 있으면서 어떻게 나를 만족하게 할 수 있겠는가? 지금의 나를 보는 것이 과제인데, 과거의 잘못을 완전하게 돌리려는 것이 우리의 할 일이라 여기면 빗나가도 한참 빗나간 것이다.

내가 나라고 여기는 나는 '내 과거의 복합체'일 뿐이다. 내가 누구인지 살펴보라. 어느새 과거로 돌아가, 과거의 나를 지금의 나라고 내세우고 있음을 볼 수 있을 것이다. 그 과거를 완전하게 바꾸려고 하는 것이, 완전을 향한 노력으로 아름답게 보일 뿐이다. 바꿀 수 없는 과거를 바꾸기 위해 수련하는 사람은 없다.

수행은 온전히 현재에 있으려는 것으로

'진정한 나'를 보려는 것이다.
과거의 산물인 생각에서 빠져나와
'영원한 현재'에 있으려는 것이다.
거기에 완전하고, 불완전하고는 없다.
완전할 필요 없이 오롯이 현재를 즐기는 것이다.
"지금 이 순간을 살아라"가 아니라,
과거도 미래도 없는 현재만이 있음을 깨달아
"지금에 있는 것이다."

상실(喪失)의 은혜

상실은 '새로운 깨달음'이라는 놀라운 선물이 담겨 있는 상자와 같아서,
나한테서 '없어지는' 무엇이 아니라 내게로 '다가오는' 무엇이다.

• • •

　사람은 무엇인가를 잃으면서 살아간다. 건강을 잃고서 아픔에
시름하기도 하고, 사랑하는 사람과 헤어지는 아픔을 겪으며 살아간
다. 사람은 그런 아픔을 통해 배우고 알아간다. 사랑하는 사람을
보내고서 그 사람의 소중함을 알게 되고, 한 다리를 잃은 사람은
두 다리로 땅을 딛고 서는 것이 어떤 건지, 그게 얼마나 큰 축복이요
놀라운 기적인지를 뼈저리게 알게 된다. 알려고 해서 아는 게 아니라
절로 알게 된다. 상실이란 그런 거다. 머리로 아는 지식에서 몸으로
아는 것은 하늘땅만큼 달라서 머리로 아는 것은 아는 게 아님을
알게 된다. 몸이 알아야 비로소 안다고 할 수 있는데 그런 앎은
반드시 값을 치러야 해서, 눈으로 사물을 보는 게 얼마나 큰 은총인지
는 눈을 잃은 사람만이 알 수 있다. 그때야 비로소 안다고 할 수
있다. 그것이 상실에서 얻는 은혜다.

자기한테 있는 것을 잃어버린 적이 없어서, 그래서 그것이 얼마나 소중한지를 모르고 불만과 불평으로 사는 인생보다는, 무엇인가 소중한 것을 잃은 경험을 통해 아직 남은 것들을 소중히 여기고 감사하며 사는 인생이 더 값지게 보인다. 다리 하나 잃은 사람이 없어진 다리 하나만 생각하며 원망과 불평으로 세월을 보낸다면 세상에 그런 비극이 어디 있겠는가?

그래서 없어진 무엇을 아쉬워하기보다 그로 말미암아 새로이 알게 된 '진실'을 바로 챙기는 지혜가 필요하다. 상실은 속에 '새로운 깨달음'이라는 놀라운 선물이 담겨있는 상자와 같아서, 나한테서 '없어지는' 무엇이 아니라 내게로 '다가오는' 무엇이다.

몸이 아파 봐야 건강의 고마움을 알게 되고, 집을 나오고 나면 집이 그리워진다. 상실의 아픔을 겪어봐야 참된 가치를 보게 된다. 집을 나와 개고생하고 있는 우리에게 온갖 시련이 주어지는 것은, 아버지 집으로 돌아오라는 아버지의 부름 소리인 것이다. 상실의 아픔에서 얻게 되는 것은 관념적인 이해가 아닌 체험이기에 진실을 볼 수 있게 한다. 이해는 사리를 분별하여 얻어지는 생각의 산물이라서 제한된 사념에 가려지게 되어 있다. 생긱은 언어의 제한성에 가두어 실재를 왜곡시킨다. 생각을 떠나, 갖고 있는 관념을 떠나, 실재를 보라고 시련이 주어지는 것이다.

갖은 사고와 자연재해 속에서 살아가는 것이 인생이다. 평온할 때는 당연한 듯이 살아가다가도 시련이 올 때면 '왜 나인가?'라고 저항하는 것은 그것이 자연현상임을 모르기 때문이다. 쾌청한 날이 이어지다가도 폭풍우가 치고 눈보라가 몰아치는 것이 자연현상이듯이 내게 닥치는 모든 일이 인연 따라 일어나는 자연현상임을 알면 어떤 시련도 당연하게 받아들일 수 있다. 내게서 앗아간 그 자리에는 반드시 무엇인가가 채워진다. 바다에 파도가 일듯이 우리의 본질에서 일어나는 현상들이다. 그것을 보라고, 본질과 현상이 하나임을 보라고 하는 소리를 들을 수 있어야 한다.

생각이 아닌 체험에서 직접 보라고 주시는 기회를 흘려보내는 것은 상실의 아픔이 견딜 만하기 때문이다. 자신의 실체를 본 많은 선각자들은, 죽음에 이를 만큼 아픈 상태에서 깨달은 경우가 많다. 얼마나 아픈지 생각이 사라지고 아픔의 실재 속에 있을 때 자신의 본성을 보게 되는 것이다. 그리고 그것이 아픔이 아닌 '나'의 현상일 뿐임을 알게 된다. 모두가 하나인 가운데 이것저것 분별함이 없이 본질의 발현일 뿐임을 깨닫는다.

생각은 실재하지 않는다. 생각에 사로잡혀 있기에 실재를 보지 못하는 것이다. 지금껏 가져온 생각으로 이해하려는 것은 지금까지의 것으로 갇혀 있겠다는 것이다. 지금껏 가져온 '나'에게서 나의 본성을 보고자 한다면, 내게 오는 아픔을 피하려고 해서는 안 된다. 그 아픔에 직접 대면해야 한다. 직접 대면할 수 있는 기회는 무엇인가를 얻는 기쁨에서보다는 상실의 아픔에서 더 크게 찾아온다. 그러기에 고난에 직접 접하면서 고통을 수반하는 고행 수행도 마다하지 않는 것이다. 이루려는 생각으로 고행 수행을 해서는 얻고자 하는 마음을 떠날 수 없다. 얻기 위해서가 아니라 실재를 직접 대면하고자 하는 간절함에 고행을 하는 것이다. 다만 이루려 함이 걸림이다.

생각을 떠나면
나는 나로 있는 존재가 아니라
천지 만물과 하나임을 보게 된다.
그때 모든 진실을 보게 되고 참된 평온이 찾아온다.
하지만 생각을 멈추기가 참으로 어렵다.
멈추는 순간 보이는데
그것이 그리도 어렵다.

상실은 그 기회를 제공하는 은혜다.
생각에서 떠날 수 있는 은혜.

상실에서 오는 아픔과 허전함을 앞세우지 말고
그것이 우리에게 주는 무엇을 느껴보라.
참으로 아픔이 커서 어찌할 수 없으면
생각이 멈춰지는 은산철벽 앞에 서라.
앞뒤 어느 곳으로도 피할 수 없이
옴짝달싹할 수 없게 막혀 있을 때에
생각이 멈춘다.

옳음이라는 병

스트레스가 일 때마다 묻고 물어서 옳음은 내 생각일 뿐
'옳음은 없다.'는 데에 이르면 마음이 평온해진다.

• • •

옳고 바르게 살고자 하지 않는 사람이 있을까? 모두가 '바름'이라는
것을 설정해 놓고, 바르게 살려고 한다. 바르게 살려고 하지만, 실수가
있을 뿐이다. 인간인지라 완벽하지 않아서 내가 잘못을 저지르기는
하지만 실수일 뿐 '옳음은 있다'는 무서운 신념이 세상을 갈라놓고
있다. 그 갈라치기는 남이 잘못 보고 있음을 지적하고 안타까워할
뿐 남의 잘못이 자기의 옳음에 기인하고 있음은 알려고 하지 않는다.
자기가 남의 잘못을 잘못 보고 있다고는 고려할 여지조차 두지
않는다. 자기의 옳음과 다르면 옳지 않다고 여기는 것이 얼마나
많은 폭력을 불러왔는지 보아 왔음에도 자신이 옳다는 신념에는
변화가 없다.

배운 옳음은 신념이 되어 굳어져 간다. 윤리 도덕의 규범이 있든

없든 사람들을 통제하여 도덕적인 인간으로 만들 수는 없는 일이다. 불경과 성경은 진리를 가리키는 손가락에 불과한데도, 교리와 율법에 갇혀 스스로 진리를 찾아 나서기보다는 옳음에 서 있으려는 기준으로 경전을 내세우곤 한다. 이래야 하고 저래야 된다는 기준은 선을 그어 이쪽저쪽으로 갈라놓는 일이다. 기준을 내세워 옳음을 주장하고 그 옳음으로 남을 심판하며 잘못된 길은 가지 않겠다는 일념으로 함께하려 하지 않는다.

이 무서운 '옳음의 함정'을 어떻게 하면 바로 볼 수 있을까? 옳음은 없다는 진리를 어찌하면 전할 수 있을까? 자기를 드러내려는 최상의 함정인 옳음! 옳음의 편에 서서 정당한 분개를 한다고 하지만 그것은 그른 것에서 옳은 것이라고 가려낸 것에 불과하다.

옳고 그름의 세계에 빠지면, 나는 나에게서 더욱 더 멀리 떠나갈 수밖에 없다. 나와 내 생명력이 떨어질 수 없음에도 생명은 모두의 것임을 보려 하지 않는다. 남이 없이 내가 존재할 수 없다는 당연함이 어떻게 외면당할 수 있을까? 생명은 나의 생명, 남의 생명이 다른 것이 아니다. 생명은 모두의 생명이다.

코로나19로 전 세계가 하나로 엮여 있다는 것을 보면서도, 우리나라만이 코로나에서 벗어날 수 없다는 것을 보면서도, 더 나아가 바이러스라는 미생물과의 관계도 공생 관계라는 것을 보면서도 기어이 내가 독립적으로 존재한다는 허망함에 있으려 한다. 이성적 사고가 얼마나 인간 본위의 사고인지, 합리주의가 얼마나 인류를 피폐하게 하는지를 안다면 옳음의 굴레에서 벗어나 모두와 함께하게 될 것이다. 적어도 지구와는 동일체로 보아야 한다.

지구 위의 모든 것이 하나이다. "내가 율법이나 선지자나 폐하러 온 줄로 생각지 말라 폐하러 온 것이 아니요 완전케 하려 함이로다"(마태복음 5:17) 하는 그리스도의 말씀은 옳음을 주장하려는 말씀이 아니다. 옳음에 서서 그 길을 가라는 것이 아니다. 우리가 사랑임을 보라는 말이다. "나는 너희에게 이르노니 도무지 맹세하지 말찌니 하늘로도 말라 이는 하나님의 보좌임이요"(마태복음 5:34) 하늘로도 옳음을 내세우지 말라, 옳음은 하나님의 보좌이니 개체성에 사로잡혀 있으면서 어떻게 누가 옳음을 알 수 있겠느냐? 질타하고 계심이다. 옳음은 아버지 몫이라고 하여도, 예수님의 말씀이 자기 생각으로 변질되어 있음은 고려하지 않고 옳음이 없이 어느 길을 갈 수 있느냐고 물음을 던진다. 이성이 지배하는 세상에서 '없음의 세상'을 보려는 마음이 없다. 분별없는 하나의 세상은 내가 있다는 믿음으로 멀어져만 간다.

'옳음이 있다.'는 가정과 '옳음이 없다.'는 가정 중 당신은 어느 편에 서 있는가? '옳음이 있다'는 편에 서 있으면 항시 그름과 싸우면서 살아가는 괴로움에 있겠지만, '옳음이 없다'는 편에 서 있으면 다툴 일이 없이 모든 것을 아버지께 내맡길 수 있다.

우리 인생은 가정을 어디까지 확장하여 보느냐에 달려 있다. 태어나 할 일이 식, 색에 있다고 하거나, 윤리 도덕에 어긋나지 않게 살아야 한다거나, 경의 말씀에 따라야 한다거나, 아버지 말씀에 따라야 한다고 할 때, 가정이 다르기에 진위 판단이 다 달라서 옳음으로 옳음을 단죄하게 된다. 옳음의 가정이 경(京: 10의 16제곱)에까지 이르렀다 하여도 괴롭기는 마찬가지여서, 모든 것을 내려놓고 아버지께 가야 한다.

아버지께 가는 길에서 그 길을 바르게 가고 있는지, 생각의 바탕인 그 근본을 자꾸 살펴보아야 한다. 스트레스가 있다 함은 가정에 달려 있기에 가정을 살펴서 진실에 다가가야 한다. 스트레스인 상태를 당연시하면 남을 원망할 일이 생긴다. 스트레스는 가정을 잘못 본 자기의 생각일 뿐이다. 스트레스가 일 때마다 묻고 물어서 옳음은 내 생각일 뿐 '옳음은 없다.'는 데에 이르면 마음이 평온해진다.

옳음이라는 병의 치유법은
'과연 옳은가?' 묻고 물으며
그것이 내 생각임을 깨닫는 데에 있다.

옳음은 오로지 '나 없음'에만 있다.
아버지의 사랑이 전부다.
'옳다'라는 말은 'ALL 다'라는 말로, '모든 것이 다 옳다'라는 말이다.
모든 것이 하나인 절대세계에는
옳음만이 있을 뿐이다.

옳음은 오직 하나 아버지뿐이다.

'모든'과 '어떤'

전체가 하나임을 보면 모든 것을 품에 안을 뿐 배척함이 없다.
모든 것은 나름대로 선하며, 모든 것은 나름대로 아름답다.

• • •

'모든 것에 대하여 P이면 Q이다.'와 '어떤 것에 대하여 P이면
Q이다.'는 확연히 다르다. 모든 것에 대하여 '참'이기 위해서는 어떠한
것이라도 하나도 빠짐없이 다 성립해야 하므로, 거짓임을 밝히는
데는 성립하지 않는 것 하나만을 보이는 것으로 족하다. 이것을
'반례'라고 한다. 반면에 어떤 원소에 대하여 참이 성립하려면 성립하
는 것 하나면 족하므로 그 이상의 설명이 필요치 않다. 세상 사람
모두가 우리나라 사람임을 밝히는 데는 외국인 한 사람을 예를
드는 것으로 거짓임이 분명하게 드러나고 그 예를 '반례'라 하며,
어떤 사람이 우리나라 사람임을 밝히는 데는 우리나라 사람 중에
한 사람이면 족하다.

내 생각으로, 내가 생각하는 어떤 생각에 대하여 생각을 이끌어간

다면 그 생각에 대해서만 성립하면 되므로 다른 어떤 것도 살펴볼 필요가 없이 옳음이 확연히 드러나게 된다. 자기 생각에 불과하지만 그 생각에 한해서만은 참이라는 것이다. 그래서 자유롭기보다는 옳음의 자리에 서 있기를 원하며, 범위를 조금만 확장하여도 성립하지 않는 것이 보이련만 자기 생각에 사로잡혀 다른 것을 보려 하지 않는다. 이것이 문제이다.

나는 그렇게 협소한 존재가 아니라는 자각이 없이는 에고 수준에서 머물며 항상 옳음에 서 있다고 믿게 된다. 깨닫기 전의 나는 그래서 어떠한 경우에도 진실에서 멀어져 있는 것이다. 성립하는 하나만을 혹은 몇 가지만을 붙들고서 그것에 한해서만 참이라는 것을 모른다. 자기가 보는 시야 내에서만 진실이라는 것을 모르고, 전체를 다 본 양 옳음을 내세운다. 전체가 하나이니, 옳음도 그름도 없다. 전체가 하나임을 보면 모든 것을 품에 안을 뿐 배척함이 없다. 모든 것은 나름대로 선하며, 모든 것은 나름대로 아름답다.

모든 것에 대하여 '참'이기 위해서는, 성립하지 않는 '반례'를 찾을 수 없어야 한다. 그럼에도 우리가 사는 세상의 일은 상대적이기에 반례는 늘 있게 마련이어서 반례를 들어 그것이 참이 아님을 말하면, '반대하는 자'로 매도당하기 일쑤이다. 자기처럼 살아야 한다는 폭력을 거침없이 휘두르고 있으면서도 자기의 폭력은 늘 옳다고 정당함을 내세운다. 온 우주와 하나이고 아버지와 하나인 나를 나로 본다면 모든 것이 참이다. 모든 것에 대하여 참이다. 하나뿐인 곳에서 다른 것이 있을 수 없다. 그것을 내가 있고서는 결코 참을 볼 수 없음을 불경과 성경은 예시하고 있다.

46

내가 있고서 하는 보시는 그것이 무엇이든 나를 내세움이어서 자비가 아니다. 그것을 금강경에서는 "삼천대천 세계에 가득한 칠보로 보시함이 사구게만이라도 수지독송하여 수기하고 해설하는 것만 못하다."고 설한다. 보시하는 게 무엇이 잘못되었느냐고 항변하지만 받는 자를 수혜자로 여기고는 주었다는 뿌듯함에 자기만족을 느끼며 옳음의 자리에 서 있음이 '나 없음'에 미치지 못한다는 것이다. 성경에 있는 "오른손이 하는 일을 왼손이 모르게 하라."라는 말을 '했다'는 마음을 내지 말라는 뜻으로 해석하지 못하고 아무도 모르게 했으니 그 말씀을 지킨 것으로 여기면서 '아무도'에서 자기는 빼고서 흐뭇함에 서 있다.

내가 끼면 어떤 것이라도 에고의 일이라서 '어떤 것'에 대한 참일 뿐이다. 예수님의 '자기 부정'이나 붓다의 '무아'가 이것을 일컬음이며, 이것에 대한 각성이 전부이다. 왕국을 버렸다 한들 내가 있으면 버린 것이 하나도 없다. 행위는 있지만 행위자는 없는 '함이 없이 함'이어야 한다. '나 없음'이어야 한다.

하나임을 보고도 업의 굴레를 벗어나지 못하여, 하여지지 못하고 하게 되는 경우가 허다하거늘, 에고의 굴레 안에서 어찌 '함이 없이 할 수 있겠는가?'

진리는 철저하게 내 생각을 믿지 않는 곳에 있다. 나에게 일어나는 모든 것은 업의 윤회임을 분명히 보고, 떠오르는 어떠한 생각도 나의 경험의 소산임을 알아야 한다. 보고 배운 대로 일어날 뿐이다. 일어나는 생각에 끌리지 않고 나의 견해를 없이하는 것, 수행이란 이것을 일컬음이다. 본래 어떤 마음도 없다. 나는 아버지께 내맡기고 나라는 존재는

'있다, 없다' 할 것이 없이 모두와 함께 하는 것이다. 불가사의한 나의 본성, 나 너머의 참나를 보기 위해서는 나를 철저하게 부정해야 한다. 알아야 할 것이 하나도 없이 완벽한 아버지 나라에 있는 길은 일어나는 마음마다 '내가 끼어 있는가?' '나는 지금 어디에 있는가?' 묻고 또 묻는 것이다. 이것이 알아차림이다. '어떤 것에 대하여'라는 말은 분리이며 망견(妄見)이다. 생각이 끊어진 그 자리에서 전체가 보일 때 모든 것이 얼마나 완벽하며, 불생불멸이요, 시간이 없고 거리가 없는 공간을 이루고 있는지 '형용할 수 없는 나'의 실체를 보게 된다. 시간도 거리도 내 생각의 소산물에 지나지 않음을 본다. 내 쌓은 업이 그것을 보지 못하게 가리고 있을 뿐이다. 내 생각에 괴로울 뿐, 전체는 완벽하며 항상 옳고 아름답다.

그대는 분명 나이거늘,
내가 그대가 되는 것이 참으로 어렵구나.

업의 굴레는 너무도 촘촘히 얽혀 있어
항상 분리하여 놓은 채 나를 맞이한다.
내가 그대가 되는 것이 그리도 어려운 것은
그대를 보는 나의 눈이 맑지 않음이니
그것은 나를 두고 그대를 보기 때문이다.
나의 생각이 남아 있음이다.
없는 생각에서 벗어났나 싶으면
어느새 찾아와 자리하고 있는 생각.
아버지, 나는 없이 항상 아버지와 하나이게 하옵소서.

자기 부정

우리는 본래 하나였다. 이 하나를 보는 것이 깨달음이다.
하나이어서 분별할 것이 하나도 없기에 아무것도 없는 것이다.

• • •

　깨달음의 길은 자기 부정의 길이다. 자기를 부정하고 무아(無我)를 체득하는 것이다. 그 길에 제일의 걸림돌이 '옳고 바르게'이다. 옳고 바르게 사는 게 무엇이 잘못인지에 대한 끝없는 걸림은 자기를 부정하는 데 커다란 장애가 된다. 이 세상이 '마음이 만들어낸 이야기'에 불과함을 믿고서 자기 눈에 씌워진 콩깍지를 벗겨내고 '있는 그대로' 보기만 하면 단박에 깨달음의 자리에 서 있는데도, 옳음이라는 필터로 걸러내어 보려고 하는 마음 때문에 걸려 넘어지곤 한다. 필터가 누구 작품인지도 모르면서, 부모가 물려준 눈으로, 선생님이 가르쳐 준 눈으로 보면서 자기 눈으로 자기가 보고 있다고 착각하는 상태가 지속되어서는 참 자기를 찾을 길이 없다.

자기를 부정하는 일은 철저하게 자기의 모든 것을 부정하는 것이다. 철저하게 에고를 부정하며 자기의 마음을 믿지 않는 것이다. 무심(無心)은 해결하지 못할 일이 하나도 없다. 그 어떤 생각도 내 생각임을 철저하게 인지하여 "그 생각이 없다면 나는 누구일까?"를 묻고 물어서 아무것도 없음을 보는 것이다. 옳고 그름을 비교 선택하여 옳음의 길에 서려 하는 것은 그 길이 누가 닦아놓은 길인가는 보려 하지 않고 자기의 길이라고 착각하고 있음이다.

죽어야 할 자기가 살아서 옳음이라는 병에 걸려 있음에도 치료를 거부하고 그 병을 가지고 사는 데에 보람을 느낀다. 깨달음은 '옳음병'을 치유하는 데서 시작해야 한다. 치료약은 자기를 부정하며 '진실인가?'에 대한 물음을 이어가는 것이다. 에고에 있으면 아무리 거룩하고 성스러워도 그것은 관념에 불과하다는 것을 인지하여 관념에서 벗어나야 한다. 개념은 모든 것을 가린다. 내가 있는 인생은 자기로 가득 차 있다. 모든 것이 내 생각에 맞춰 있다. 나의 관념 안에 살고 있다.

우리가 품어 안을 핵심은 이 한 가지뿐이다. '나'를 믿지 않는 것. 있다 없다도, 옳고 그름도, 그 어떤 것도 없다는 것. 떠오르는 이야기는 에고의 이야기일 수밖에 없으니 믿을 것이 없다는 철저한 믿음이 중요하다. 참나를 볼 때까지 이 마음이 흔들림이 없이 지속되어야 한다.

나에게 아들이 생겼을 때 아들이라는 생각보다는 신기하고 예쁘고 사랑스러웠다. 아들이기보다는 나였고 그 아들은 나였기에 아무런 거리가 없었다. 아이가 무슨 짓을 하든 사랑스럽기만 했다. 아들의 웃음이 내 웃음이었고 아들의 울음이 내 울음이었다. 아들에게 해주는 일은 모두 내 일이요 나를 위한 일이었다. 그러다가 아들이 점차 '이래야 하는 아들'로 자라게 되었고 '그렇게 되어야 하는 아들'인 만큼 거리가 있게 되었다. 아들이 성장해 갈수록 원하는 아들로 아들다워지자 그만큼의 거리가 더 생겨났고, 그만큼 더 멀리 있던 아들이, 아들이라는 생각이 없을 때 아들은 나였다. 생각이 없어지자 모두가 나였다.

우리는 본래 하나였다.
이 하나를 보는 것이 깨달음이다.
하나이어서 분별할 것이 하나도 없기에 아무것도 없는 것이다.
거기에 옳음이 있을 일이 없다.
판단하는 선악과를 따먹고서
그 죄에 빠져 허우적거리고 있으면서도
그것을 모르고 있는 중생에게
붓다와 그리스도는 그리도 애타게 손짓하고 있다.
너를 부정하고 아버지께 가자고, 같이 가자고.
"자기를 부정하고 십자가 지고서 나를 따르라."

나누어 표현되는 세상

'나'라는 관념이 모든 것을 흐려놓는다. 나눌 때도 자기를, 합할 때도
자기를 집어넣고 셈을 하기에 문제가 복잡해지고 어려워지는 것이다.

• • •

두 노복이 자기의 생각이 옳다고 주장하다가 황희 정승에게 누구의
생각이 옳은지 판단하여 주기를 청했다. 황희 정승이 '둘 다
옳다'고 하자, 이를 듣던 마님이 정승께 물었다. '하나가 옳으면
다른 하나는 그르다고 해야 할 터인데 대감의 뜻을 알 수가
없습니다.' 그러자 정승은 '부인 말씀도 옳소'라고 했다.

코끼리를 보고 다리로 또는 몸통으로 표현하는 장님 코끼리 다리
만지기식 표현을 보고 황희 정승은 다 옳다고 할 수밖에 없었을
것이다.

나누어 보는 것이 어찌 나쁘기만 하겠는가? 나누어 놓고 그것을
전체라고, 실체라고 여기기에 문제가 된다. '관념의 상(相)'이 사실과
다르다는 것을 모르는 것이다. 코끼리를 코끼리 다리로 알아서야

되겠는가? 쪼개어 분리해 놓고 제 나름의 생각으로 보는 관념의 허상이 문제이니 전체와 부분을 같이 보는 눈이 있어야 한다는 이야기다.

부분을 보는 눈이 에고요, 전체를 보는 눈이 참나다. 참나의 눈으로 보면 온 우주가 하나이기에 하나임을 보라는 것이다. 그것을 절대세계라 하며, 모든 것이 하나이기에 사랑으로 충만한 아버지 집이다. 다리를 코끼리로 아는 장님의 눈으로는 결코 코끼리를 볼 수 없기에 자기의 생각을 버려라, 자기를 부정하라 하는 것이다. 본인을 가족으로 보고 가족 구성원을 자기처럼 여기는 것은 사랑으로 포장한 어긋난 사랑일 뿐이다.

사랑의 이름으로 묶어놓은 가족 중 일원에게 가슴이 미어지는 슬픈 일이 닥쳐도, 정말로 도울 수 있는 일은 하나도 없다. 그러면서도 가족의 일에 관여하는 것은 가족의 일이 자신의 일이라고 여기기 때문이다. 아내는 남편의 일에 남편은 아내의 일에 왜 그리도 관여할까? 자기의 일이라고 보기 때문이다. 남이라면 아무런 문제도 없을 일이 둘 사이엔 큰 문제가 된다. 남편을 나로, 아내를 나로, 분리해 놓지 못해 일어나는 일이다. 내 뜻대로 되지 않는 아내와 남편이 야속한 것이다. 분리하여 다름을 인정하는 것은 현명한 일이다. 나누어진 그대로 보고 나누어 놓지 않는 것이다. 나와 가족을 따로 또 같이 보는 것이다.

세상은 나누어 표현되어 있다. 인류를 국가라는 이름으로 분리해 놓고 애국을 지상 최고의 선으로 포장하고서 국가에 충성하기를 강조한다. 국가를 떠나 인류애를 발휘해 주기를 바라는 염원은 교황이나 하는 정도로 여기고서는 우리와는 무관한 것처럼 딴청을 피우지만 이러한 분리가 인류를 전쟁의 소용돌이 속에서 헤어나지 못하게 하고 있다. 쪼개고 쪼개어 가족에 이르면 이웃 사랑이 과제가 되어 다시 또 합하는 미덕을 강조하지만 나누고 합하는 지혜가 필요한 것이다.

나누어 놓은 범위가 달라서 생각하는 내용이 다르고 경우에 어긋나는 일이 생긴다. 공감대를 형성하는 나눔은 무리의 이익을 위해서가 아니면 참으로 소중한 것이다. 서로를 이해하는 기본으로 친구들이 만나서 종교와 정치 얘기를 하지 말자고 하는 것은 나눔의 범위를 살피는 지혜로운 일이다. 나눔의 지혜가 돋보이는 이야기를 보자.

한 노인이 숨을 거두면서 세 아들에게 유언을 했다.

"소 17마리가 내 전 재산이다. 큰아들은 반을, 둘째 아들은 3분의 1을, 막내아들은 9분의 1을 가지고 잘 키우도록 해라."

아버지 장례를 마치고 유산으로 남긴 소 17마리를 아버지 유언대로 나누려 했다. 그런데 유언대로 나누기가 곤란했다.

큰아들의 몫인 절반은 $17 \div 2 = 8.5$로 8마리 반이니 잘 키우라는 소를 반으로 잘라 죽여야 했다. 둘째 아들은 $17 \div 3 = 5.6666 \cdots$마리이고, 셋째 아들은 $17 \div 9 = 1.8888 \cdots$마리로, 계산 자체가 되지 않았다.

세 아들은 마을에서 가장 지혜롭고 어진 사람을 찾아가 도움을 청했다. 이들의 이야기를 다 듣고 난 후 현자는 자신의 소 한 마리를 보태어 (17+1=18마리) 아버지 유언대로 소를 나누어 주었다.

큰아들은 18마리의 절반으로 소 9마리를, 둘째 아들은 18마리의

1/3인 소 6마리를 가졌고, 막내아들은 18마리의 1/9인 소 2마리를 갖게 하였다. 이렇게 유언대로 나누어 (9 + 6 + 2 = 17) 주었는데, 오히려 한 마리가 남았다.

"남은 1마리는 원래 주인인 내가 가져가겠네."

현자의 해결법에 세 아들은 무릎을 쳤다. 저마다 아버지의 유언을 받들었고 저마다 아버지가 유언한 자기 몫보다 더 많이 받았기 때문이다.

소 한 마리를 보태어 유언보다 더 많이 나누어 주고도 현자가 다시 한 마리를 되찾아갔으니 참으로 놀라운 산술법이다.

이처럼 나눔의 기술은 참으로 소중하다. 나눔에 자기를 집어넣어 나누려 하기에 셈이 어려워진다. '나'라는 관념이 모든 것을 흐려놓는다. 나눌 때도 자기를, 합할 때도 자기를 집어넣고 셈을 하기에 문제가 복잡해지고 어려워지는 것이다. 덕(德)이 커야 복을 받는다는 말은 나눔의 덩어리들을 하나로 보는 종합적인 안목을 의미하기도 하지만, 나눔의 제일의 미덕은 '나'를 없이 하는 것이다. 나타나는 모든 현상이 본질의 화현이다. 그 하나하나가 나의 발현이다.

나 없이 세상을 보면
에고도 이쁘고 고마운 나다.
세상이 같은 것이 없기에
그 하나하나는 그리도 아름다운 것이다.

바르게 사는 길

제발 옳고 그름은 아버지만이 알고 있다는 믿음으로
내 생각을 내려놓아야 한다. 생각을 멈추고,
자기를 부정하여 '나 없음'에 있는 것이 바른길이다.

· · ·

우리는 옳고 바르게 살기 위해 배우고 익히며 해야 할 일과 해서는
안 되는 일을 분별하여 놓고 바르게 사는 길을 가고자 한다. 성경이
이렇게 살라 하고 불경 또한 마찬가지다. 많은 지침서가 있지만
그 길을 따라 살기가 여간 어려운 게 아니다. 바르게 살려 하지만
뜻대로 되지 않고, 예수님처럼 살고 싶지만 그 길이 어려운 것은
내 생각과는 거리가 있기 때문이다. '다 버리고 나를 따르라.' 하는데,
다 버리고 어떻게 살아갈 수 있을까를 생각하면 아무나 할 수 있는
일이 아니라고 의문을 제기하고, 그런 일은 예수님께 떠넘기고서
나에게 이롭다고 여기는 길을 간다.

그렇다. 사람들은 자기에게 이로운 길을 간다. 성경과 불경의
말씀이 아무리 아름다워도 나와 어떤 관계가 있느냐의 문제이며

사람들은 하고 싶은 일을 하게 되므로 아무리 성스럽고 바른길이라 하더라도 해야 한다는 수준을 넘어서 하고 싶어지기 전에는 나와는 거리가 있게 마련이다. 말씀이야 좋은 말이지만 그렇게 살 수 없음을 안타깝게 여길 뿐 그리 살 수 있을까에 대한 의문을 던지고는 각자의 바른길을 찾아 나선다.

옳고 바르게 산다는 것은 지적인 깨달음이 아니다. 만약 그렇게 간단한 일이었다면, 그것은 우리의 생각을 바꾸는 문제에 불과했을 것이다. 이것이 참으로 중요한 문제다. 어떻게 살아야 한다는 지침은 옳고 그름의 분리에서 비롯된 생각에 기인하므로, 진실이 아님을 보는 진리의 눈을 떠야 거기에서 해방된다.

성경과 불경의 이야기가 어쩌다 바른길로 제시되었는지 모를 일이다. 성경과 불경은 아버지 집을 향한 손가락이지 윤리 도덕 교과서가 아니다. 바른길을 제시하여 그 길을 가라는 이야기가 아니다. 우리가 아버지의 아들임을 알아서 아버지 집으로 돌아오라는 말이다. 그리되면 '해야 하는 일'에서 자연히 그리되는 것이니 '하라, 하지 말라' 할 것이 없다. 바른길이기에 가야 하는 길인 것이 아니라 저절로 가야 할 길을 걷게 된다.

나를 버리고 아버지께 나아감이 진정한 행복이요 나를 위한 길임을 보아야 한다. 아버지 집에서는 '해야 할 일'이라서 하는 게 아니라 저절로 하고 싶어지기에 절로 그리 한다. 아버지 집은 내 안에 있기에 찾아다닐 일이 전혀 없다. 나를 내려놓기만 하면 절로 보이는 나의 본향이다. 바르게 살려는 생각이 그 길을 보일 수가 없게 하는 것이다. 이것이 참 문제다.

우리는 무엇이 옳은지 알 수 없다. 어떠한 경도 옳음에 관한 이야기는 한마디도 없다. 이것을 믿지 않고 찾아다니는 것이 제일 안타까운 일이다. 제발 옳고 그름은 아버지만이 알고 있다는 믿음으로 내 생각을 내려놓아야 한다. 생각을 멈추고, 자기를 부정하여 '나 없음'에 있는 것이 바른길이다. 내가 있음은 나 우선이 되어 남을 배려할 여유가 없다. 나는 없이 모두가 하나임을 볼 때 옳고 그름은 사라지고 마음은 평온하다.

옳고 그름이 없다는 것은 아무렇게나 살아도 된다는 것이 아니다. 옳음에 서 있으려는 갈라치기를 벗어나야 한다는 것이다. 좋은 습관은 삶을 윤택하게 한다. 자리이타(自利利他)의 삶은 평소 갈고 닦아야 할 중요한 덕목이다. 다만 바르게 살려고 노력하다 보면 진실을 보지 못하는 어리석음에 있게 된다는 이야기이다. 옳고 그름으로 나누어 갈등 속에서 살아감이 안타까워 옳고 그름이 없는 하나인 세상을 보라는 것이다. 좋은 습관을 기르는 것보다 참된 생활이 있을까? 우리는 습관의 지배를 받고 살아가고 있지 않은가? 그 습관에 판단하는 일만큼은 외면하라는 것이다. 이것저것을 비교하여 판단하는 것이 갈등을 불러온다. 아버지 집에서는 판단할 일이 하나도 없다. 통째로 하나인 곳에서, 분별이 없는 곳에서, 비교할 일이 있겠는가? 바르게 사는 길은 아버지 집으로 돌아가 아버지와 같이 사는 것이다. 모든 것인 아버지와 하나이면서 삼천대천세계에 가득한 칠보를 준다 한들 너무도 보잘 것 없는 그것에 눈길이 가겠는가?

부모를 죽인 죄는 부처님께 참회할 수 있지만 지혜를 비방한 자는 참회할 곳이 없나니, 자비는 '나 없음'을 깨달은 후에 남아 있는 것이다.

"사람의 모든 죄와 무릇 훼방하는 훼방은 사하심을 얻되 누구든지 성령을 훼방하는 자는 사하심을 영원히 얻지 못하고 영원한 죄에 처하느니라"(마가복음 3:28-29).

염치없는 사람들

주인이 주인임을 모르고 종으로 살기를 원한다.
종이기를 원하면서 자유를 그리워하니, 이보다 더한 안타까움이 있을까?

• • •

"말씀이 길가에 뿌리웠다는 것은 이들이니 곧 말씀을 들었을 때에
사탄이 즉시 와서 저희에게 뿌리운 말씀을 빼앗는 것이요"(막 4:15)

사람들은 저마다 자기의 세계에서 살아간다. 보고, 듣고, 배운
대로 생각의 집을 짓고 살아간다. 제 좋은 대로, 제가 원하는 대로
취하고 버리는 일을 끝없이 반복한다. 이뤄내는 고통에, 지키는
고통에, 잃어버리는 고통까지 삼고(三苦)를 안고 살면서도, 잃고
나서 오는 허망함은 어느새 잊고서는 끝없이 취하고 버리기를 반복한
다. 생각이 만든 세상에서 그 생각을 믿으며 살아간다.

생각일 뿐인데 그 생각을 믿으며, 스스로 고통을 만든다. 고통
속에 살면서도 저희에게 뿌리운 말씀을 저버리고 주인 된 길을

벗어나 스스로 죄인 된 길을 걸어간다. 주인이 주인임을 모르고 종으로 살기를 원하는 것이다. 종이기를 원하면서 자유를 그리워하니, 이보다 더한 안타까움이 있을까? 하늘나라가 너희 안에 있으며, 너희는 나의 아들이라는 말씀을 저버리는 어리석음은, 붓다와 그리스도의 삶이 너무도 어려워 차라리 종으로 죄인 되어 살겠다는 것이다. 주인만 잘 만나면 종처럼 편한 삶이 없다는 생각이다. 아버지는 자비로워 정죄치 아니하시고 징계하시기를 더디하신다는 믿음을 내세워 길가에 뿌려진 씨앗이 되기를 마다하지 않는다. 그러고선 속죄양 예수를 화목제물로 앞세우고 그 은혜를 찬송하고 찬미한다. 죄는 예수가 대신 지게 하고 자기는 모든 은혜를 누리겠다는 심보다. 그것이 얼마나 염치없는 일인지 결코 인정하려 하지 않는다. 신이 된 예수가 그리하겠다는데 믿지 않는 것이 오히려 어리석은 일이라는 것이다. 자기를 부정하고 십자가 지고서 따르라는데 자기는 미약하여 그리할 수 없단다. 예수를 주님이라 받들어 모시고 '주의 은혜'를 믿는다는 믿음으로 자신의 길은 따로 마련하여 놓는다. 주님으로 대접하니 그러면 되는 것 아니냐는 배 째라는 심보가 아니고서야 세상에 이런 일도 있으려나, 믿기지 않는 일이 일어난다. 너무도 어처구니없는 일이, 당연하게 일어난다. 자신의 길은 아니란다. 그리고 그것이 이치에 합당하고 가야 할 길이기 위해서는 예수는 신이 되어야 했다. 자신의 길을 저버리고 남에게 짐을 지우는 것보다 황당한 일이 있을까?

자기 대신 죄 받으라 보내놓고 그에게 은혜를 바라는 낯 두꺼운 일이 거침없이 일어난다. 어떻게 이런 일이 2천 년이 넘도록 당연하게 일어날 수 있었을까? 하나님의 독생자라 추앙하고 찬미하는 것으로 우리와 다름을 내세우며 믿으면 되는가? 예수 대신 돈마저 면죄부로 팔아먹을 수 있는 어리석은 중생이고 보면 우리 하나하나가 독생자임을 보지 못하는 죄가 제일 큰 죄인지도 모르겠다.

어리석음 중에 어리석음이 깨닫지 못하는 어리석음인가 보다. 이름을 부여하여 해석하고 판단하는 일을 저지르고 에덴동산에서 쫓겨나더니, 이제 아버지 보려는 마음은 저버리고 종으로 살겠단다. 그 어리석음이 죄이며, 죄는 깨닫지 못하는 데에 있다. 그래서 죄는 이미 충분히 받았다고 하는 것이다. 얼마나 무서운 힐책인지 생각해 보라. 깨닫지 않으면 죄 속에서 영원히 윤회하며 살게 될 것을 말씀하고 계심이며, 깨달아 아버지께 오라는 부름이기도 한 아버지의 사랑을 깊이 묵상하라.

어느 길을 갈 것인지, 끝까지 종이라 칭하며 편한 길을 갈 것인지, 아니면 아버지 뵈러 갈 것인지, 그것은 당신 몫이다. 내가 나를 찾아 나의 고향인 아버지 집을 보기만 하면 저절로 붓다의 길, 그리스도의 길을 가게 된다. 자기 부정, 그리고 따르는 것이다. 그 길이 참된 길이요, 진리 찾음이다. 진리 안에 있음이 참된 평온이다.

지금도 면죄부는 계속 팔리고 있다. 죄 많은 이놈을 용서하시고 복을 달라 빌고 또 빈다. 이는 자기의 본성을 모르기 때문이다. 자기를 부정하고 아버지와 하나인 자기를 본다면, 굳이 아버지와 나를 분리하여 자신을 종이라 칭하고 아버지의 심판을 두려워할 이유가 없다. 예수의 아름다운 삶은 뒤로하여 그 삶을 예찬하기보다는 예수를 독생자로 내세워 중재를 부탁하고 대신 속죄하라 내맡기는 상상할 수 없는 일을 그려낸 것은, 순전히 아버지와 예수와 나를 하나로 보지 못하는 데서 비롯된 것이다. 아버지는 결코 심판하시지 않는다. 깨닫지 못하여 아버지 집에 돌아오지 못하는 아들이 안타까울 뿐이다. 네 뜻대로 살아라, 자유의지를 주셨다. 자기를 부정하고 십자가 지고서 따르는 것이다. 예수의 아름다운 삶이 증거되어 보여주고 있지 않은가!

중생의 어리석음은 어떤 생각도 가능하게 하여 이루어질 수 없는 어떤 것도 가능하게 한다. 그것이 허상임을 모르기에 이루어질 것이라 믿으며 희망이라는 아름다운 이름으로 포장하여 그 안에 가두고 있다. 달에 옥토끼가 살고 거북이 등에 털이 나는 것도 아무런 문제가 되지 않는 관념에 갇혀 있다. 관념에 자기를 내맡기는 어리석음에서 벗어나는 길은 오직 하나, 아버지의 말씀을 깨닫는 것이다. 다른 길은 없다. 우리는 아버지의 아들임을 붓다와 그리스도는 그리도 외치고 계신다. 말씀이 어디에 뿌려지는가는 아버지에게 있는 것이 아니라 우리에게 있는 좋은 땅을 찾는 데 있다.

내가 누구인지를 알면 죄 있고 없음도 떠나
여기가 천국임을 안다.
내가 누구인지를 몰라
죄지을 수밖에 없는 부족한 존재로 살아가는 것이다.
깨달은 자인 부처나 기름 부음 받은 자인 그리스도가
같은 뜻이련만, 그들을 추앙하고 경배할 뿐
그들이 걸어간 길은 자신의 길이 아닌 신의 길이라고 돌려놓고
나는 갈 수 없는 길이란다.

내가 가야 할 길을 외면하고
종의 길을 걷는다.

붓다의 피안이나 그리스도의 하늘나라가 우리의 본향인 것을
알아서 아버지 집으로 돌아오라는 말씀을 모른다. 하늘이 영어로는
sky이듯이 피안과 하늘나라는 같은 말이다.

내 안의 하늘나라를 보기만 하면 내가 누구인지를 안다. 그 길이
염치없는 길에서 벗어나 떳떳한 아버지의 아들이 되는 길이다.

우리 모두는 아버지의 독생자들이다.

이름에 갇혀 사는 삶

피자를 먹어보기 전에는 피자 맛을 알 수 없다. 체득하는 것만이 진실이요,
그러기 위해서는 이름에 갇혀 있어서는 안 된다.

• • •

"말씀이 돌밭에 뿌려졌다는 것은 이들을 가리킴이니 곧 말씀을
들을 때에 즉시 기쁨으로 받으나 그 속에 뿌리가 없어 잠깐 견디다가
말씀을 인하여 환난이나 박해가 일어나는 때에는 곧 넘어지는 자요"
(마가복음 4:16-17).

'내가 있다'라는 마음이 나와 남을 구별하게 하고 남은 나의 투사임
을 모른 채 이름에 갇혀 살아가게 한다. 모든 게 제 생각임에도,
좋고 싫음이 밖의 대상에 있는 것으로 착각하여 자기를 돌아볼
줄 모른다. 환난이나 핍박은 밖에서 오는 것이 아니라 내 안에서
일어나는 나의 분별일 뿐이다. 남에 의해서 일어나는 것이 아니라
내가 그렇게 받아들임으로써 내 생각과 다름에 분노하고 제 풀에
넘어져서 남의 눈치에 잡히곤 하는 것이다. 남에게 붙잡혀 사는

삶은 남이 나의 생각과 달리 나를 몰라 줄 때마다 언짢아하고 화를 낸다. 수시로 화를 불러들이는 어리석음에 갇혀서 살아간다. 화가 이는 순간 이미 말씀과는 멀어지고 자기 생각에 사로잡혀 혼란을 일으킨다. 그러다가도 그 생각을 떠나 말씀을 접하고, 사람은 이래야 한다는 생각이 들 때면 새로운 앎에 기쁨이 일지만, 그 기쁨도 잠시 말씀에 직접 접하지 못하면 흔들리고 넘어진다.

이름을 지키는 것은 과거를 지키는 것이다. 이름 명(名) 자는 보이지 않을 때 부르라는 뜻글자이다. 낮에는 그냥 보면 알 수 있으나 밤이 되어 어둠이 깔리면 보이지 않으니 부르라는 것으로 夕[저녁 석]에 口[입 구]를 합하여 名이라 한 것이다. 낮에 본 사람을 떠올리며 알아보라는 것이다. 이름은 그것 자체가 아니며, 과거의 것이다. 사실 모든 생각은 과거의 경험이 떠오르는 것이다. 지금에 있지 않다. 미래를 염려하며 앞날을 생각하는 것도 사실은 과거의 학습된 내용을 바탕으로 상상하는 것이다. 생각하는 한 과거에 있게 되어 변함을 인정하지 않는다.

변하지 않는 것은 죽음뿐이며, 살아 있는 것이 변하지 않는 것은 없다. 무상함을 회의적으로 생각하는 것은 삶 전체를 회의적으로 보는 것이다. 변함은 축복인데 변하지 않으려는 것이 얼마나 허망한 생각인지, 변하지 않는 삶이 상상이나 될까? '날마다 오늘만 같아라'는 말은 축하의 말이 아니라 저주의 말이다. 그날이 그날로 업의 굴레에서 윤회하며 살자는 얘기이다.

'생각하지 말고 보라.'는 말은 참으로 중요하다. 보는 체험이 아니고는 관념에 불과하여 넘어질 수밖에 없다. 피자라는 이름은 이름이 피자일 뿐 피자가 아니다. 피자는 피자일 뿐이다. 피자 맛을 아무리 설명해도 그것은 피자 맛이 아니다. 피자를 먹어보기 전에는 피자 맛을 알 수 없다. 체득하는 것만이 진실이요, 그러기 위해서는 이름에 갇혀 있어서는 안 된다.

생각이 병이다. 무념, 무아, 자기 부정, 모두가 생각을 떠나라는 말이다. 모든 경계를 떠나 하나임을 보는 체험이 '좋은 땅에 뿌리웠다.' 고 하는 것이다.

나와 남이 없는 나의 진실 상을 볼 때 나인 남을 배척할 일이 없다. 저절로 그리되는 것이다. "네 마음을 다하고, 목숨을 다하고, 뜻을 다하고, 힘을 다하여, 너의 하나님을 사랑하라. 그리고 네 이웃을 네 몸과 같이 사랑하라." 하는 말씀은 이웃이 나이고 아버지와 하나임을 알라는 것이다. 모두가 하나요 하나님 아버지와 하나임을 보면 절로 자리이타의 삶이 하고 싶어지는 자연스러운 일이 된다. 이타(利他)는 없고 자리(自利)만이 남는 참 앎인 깨달음이 무엇보다 중요함이 이것이다. 모두가 '나의 일'일 뿐이다.

아버지를 붙잡고 살아가는 삶보다 중요한 것이 있을까? 흔들리지 않고 아버지와 함께 하는 삶은 "좋은 땅에 뿌리웠다는 것은 곧 말씀을 듣고 받아 삼십 배와 육십 배와 백 배의 결실을 하는 자니라"(막 4:20)로 사는 것이다.

자기 사랑

연꽃이 대리석 위에서 자랄 수 없고 진흙과 함께하듯이, 꽃은 우주 전체와
함께 존재한다. 나도 우리 모두와 함께 존재하고 우주 전체와 함께 존재한다.

. . .

"어떤 이는 가시떨기에 뿌려진 자니 이들은 말씀을 듣되 세상의
염려와 재물의 유혹과 기타 욕심이 들어와 말씀을 막아 결실하지
못하게 되는 자요"(마가복음 4:18-19).

사람은 자기가 전부이고, 자신을 위하여 살아간다. 자신의 안위를
위하고, 모든 것이 자신을 위한 것이어야 한다. 자신의 욕망을 채우려
구하는 마음은 끝이 없다. 구하고 구하다가 생을 마칠 때까지 구하며
살아간다. 인간의 끝없는 욕심이 '말씀'을 막아서는 것이다.

가난한 고통 버리고 부자 고통을 취하고, 홀로 있는 고통에서
같이 있는 고통을 택하니 고통에서 고통으로 가는 것이 무슨
가치인가? 모든 고뇌가 구하고 원하는 데서 나오건만 멈출 줄을

모르고 지금 있는 것으로 충분함을 모른다. '내가 있다'는 한 생각이 모든 것을 삼키어 나 말고는 보이는 게 없다. 나를 위해서는 이래야 하며, 내가 본 것은 항상 진실하며 옳다. 내 세상이라고 해 보아야 이제껏 보고 배운 것에 지나지 않건만 그것이 세상 전부인 줄 알고서 제 생각에 빠져 있다. 자기 생각에 빠져 있는 것이 얼마나 허망하며 주위 사람을 얼마나 힘들게 하는지 모른다. 배우자가 힘들고 자녀가 힘들어하건만 자신의 생각을 앞세워 가족마저도 자신의 뜻을 따라야 한다. 자녀가 잘되기를 바라는 마음마저 실은 자녀가 협소해지기를 바라는 것인지를 모른다. 부모 말 들으면 자녀는 넘어지는 줄을 모른다.

내가 부여한 가치를 남도 똑같이 귀중하게 여기리라 믿지만 그것은 망상이다. 내가 믿는 생각은 내 생각일 뿐 나 외엔 아무런 가치도 없다. 아상(我相)에 사로잡혀 오로지 자기 세계밖에 보지 못하면서 세상을 다 보는 듯이 착각하며 산다. 똥통에 빠진 사람을 보면 어서 나오라고 하거나, 손을 내밀어 그를 잡아당기려 할 뿐, 같이 똥통에 빠져 같은 처지로 함께하려 하지 않는다. 나 본위의 사고방식이 세상 곳곳에 배어 있다.

꽃도 자신이 홀로 존재할 수 있다는 생각을 버려야 한다. 연꽃이 대리석 위에서 자랄 수 없고 진흙과 함께하듯이, 꽃은 우주 전체와 함께 존재한다. 나도 우리 모두와 함께 존재하고 우주 전체와 함께 존재한다. 모든 것이 '나'임을 안다면 원할 것이 하나도 없을 것이련만 나 외에는 모두가 남이어서 배제하는 것이다. 내가 누구인지를 모른다. 이 몸이 나려나 찾아보면 아니고, 이 마음이 나려나 찾아보아도 없다. 희로애락이, 생로병사가 다 뜬구름 같은 내 생각에 불과하여 부처님은 제상(諸相)이 비상(非相)임을 설하셨다. 독립적인 존재로서의 '자아'라는 관념을 없앨 수 있다면 수많은 고뇌로부터 자유로워질 수 있다. '독립적인 자아'는 다른 독립적인 개체와 비교함으로써 생기는 스트레스와 고통을 초래하지만, 진실은 '나는 그대 안에, 그대는 내 안에' 있다.

그리스도는 신으로부터 인간을 해방하라는 하나님의 사랑의 전달자이다. 그 말씀을 붓다는 방편 설법으로, 예수는 비유 설법으로 전하고자 하였다. 하지만 둘은 다르지 않다. 방편이 비유요 비유가 방편이다. 붓다는 연기법으로 불이(不二)를 말하며 모두가 하나임을 가리켰고, 예수는 "원수를 사랑하고, 네 이웃을 네 몸같이 사랑하라."라는 비유로 나와 남이 없는 하나임을 가리킨 것이다. 윤리가 아닌 '사실'을 일깨움이며, 모두가 하나님 아버지의 아들로 아버지와 같이 있음을 일깨운 것이다. 예수가 설법한 팔복이, 붓다가 설법한 팔정도이다. 모두가 하나이니 남에게 해로운 일을 하는 것은 곧 자신을 해롭게 하는 일임을 알아서 자신에게 좋은 일이 남에게 보시하는 것임을 설하신 것이다. 우리가 사랑이라는 것이다.

불성이 성령이며, 피안이 하늘나라요, 천상천하유아독존이 독생자이다. 무아(無我)가 자기 부정이다. 두 분이 가리키는 것이 똑같이 하나님 한 분이다. 우리는 하나같이 하나님의 독생자이고, 너희는 사랑하는 나의 아들이요 딸임을 알라는 것이다. 더 이상 중재자는 필요 없다는 것을 전하려 한 것이다. 하나님과 우리를 갈라놓는 중재자가 있을 수 없다는 강력한 메시지다. 너희의 집이 하늘나라임을 알고 모든 것이 충분히 갖춰져 있음을 보고 모든 괴로움에서 벗어나 자유롭게 살라는 은혜의 복음인 것이다. "너희가 내 안에, 내가 너희 안에 있다."는 가르침이며, 나를 '숭배'하지 말고 나와 연결, 교감하자는 아버지의 사랑의 메시지이다. 성부, 성자, 성령이 삼위일체로 하나이듯, 부처, 중생, 불성이 하나로 경계가 없다는 무한한 사랑이다.

우리는 죄인이 아니며 업보로 존재할 뿐, 업을 지어 그 과보(果報)를 받는 존재가 아니다. 공성(空性)이 불성(佛性)이며 모든 존재의 본성으로, 모든 것은 홀로, 스스로 존재할 수 없다. 불생불멸(不生不滅), 수행을 통해서 새로 생긴 것이거나 없어지는 것이 아니며, 불구부정(不垢不淨), 번뇌와 같은 더러운 것은 제거하여 이루어지는 것이 아니며, 부증불감(不增不減), 수행을 통해서 어떤 것을 채우거나 없어서 된 것이 아니다. 나는 본래 소소(昭昭) 영영(靈靈)한 존재이다.

심판은 없다.
깨닫지 못하는 것이 심판이다.
성령을 훼방하는 자는 영원히 죄 사함을 받지 못한다.

깨달음의 가치가 얼마나 큰지에 대하여 부처는 『금강경』에서 다음과 같이 강조하고 있다. "삼천대천 세계에 가득한 칠보로, 더 나아가 갠지스강의 모래알만큼 많은 갠지스강의 모래알만큼 많은 삼천대천 세계에 가득한 칠보로 보시함이 사구게(四句偈)만이라도 수지 독송하여 수기하고 해설함만 못하다." 또한 "갠지스강의 모래알 만큼 많은 몸으로 보시함이, 더 나아가 갠지스강의 모래알만큼 많은 몸을 아침, 점심, 저녁으로 몇 억겁을 보시하여도 사구게만이라도 수지 독송하여 수기하고 해설함만 못하다." 그리고 "연등부처님 시대 이전의 수많은 부처님을 온 마음을 다하여 모셨지만 사구게만이라도 수지 독송하여 수기하고 해설하는 것만 못하다"고 하였다.

금강경의 사구게만이라도 체화하여 깨닫는 것이 그리도 큰 것이다. 깨달음의 가치를 이렇게 구체적으로 강조하는 표현이 또 있을까? 생각해보면 깨달음 공부보다 더한 가치는 없음이 분명하다. 자기 사랑에 빠져 협소하게, 너무도 협소하게 고(苦) 속에서 헤맬 일이 아니다.

깨달은 순간 아버지와 하나요,
모든 관념에서 해방된 자가 부처다.
진실로 이 세상은 나 하나다.

진실을 본다는 것

내 생각은 믿을 것이 하나도 없음을 깊이 통찰하여
어떤 생각도 믿지 않고 그 마음을 내야 한다.

• • •

어릴 때 본 것이 젊을 때 보면 달리 보이고, 중년에 보면 또 달리 보인다고 하는데, 노인이 되면 또 다를 것이다. 살아온 경험한 바가 다르기에 시야가 다르고 생각하는 바가 다를 수밖에 없다. 모든 것이 자기 생각의 소산이다.

그러면 깨닫기 전에 본 내용이 깨닫고 난 후에는 어떻게 얼마나 달라지 게 될까? 말로 논할 수 없고, 생각으로 살필 수 없는 것에 이르면, 보는 내용은 얼마나 차이가 있을까? 남보다 더 아는 것이 과연 참을 아는 것인지부터 그것이 과연 가치가 있는 것인지, 아니면 잘못된 지식은 아닌지, 깊이 생각해 볼 문제이다.

역사적으로도 참이라고 여겼던 지식이 참이 아닌 것으로 밝혀진 내용이 얼마나 많은가. 내 생각으로 보는 이 세상을 책을 통해 바르게 볼 수 있을까? 책의 내용도 내 생각으로 이해하는 것일진대, 이 세상은 내가 보는 대로 이루어져 있을까? 그래서 부처님은 상(相)에 머물지도 말고, 비상(非相)에 머물지도 말며, "머무는 바 없이 그 마음을 낼지니라." 하고 말씀하셨다.

여기서부터가 우리가 심각하게 접근해야 할 문제가 나타난다. 이 세상에서 서로 다름을 인정하고 다름 안에서 살아가기 위해서는 다름을 잘 구별하는 능력 즉 판별지식이 매우 요긴할 것이다. 이것은 저것과 이렇게 다르고, 저것은 이것과 저렇게 다름의 식별 능력이 많이 아는 척도가 된다. 하지만 이것과 저것이 다르지 않고, 이것이 있음에 저것이 있고, 저것이 있음에 이것이 있다는 것을 아는 것은 깨침의 길이요 우리의 본성을 찾는 길로서, 서로 다름을 분별하고 식별하는 것과는 전혀 다른 길이다. 분별하고 식별하는 것이 아니라 모두가 엮이어 하나로 있음을 보는 것이다. 그래서 앎이 아니라 공(空)을 이야기하는 것이다. 무엇이 비었다는 것일까? 이것을 보는 것이다. 찾는 게 아니라 빈 것이 무엇이고 그 자리에 무엇이 있는가를 보는 체험이 요구되는 것이다.

무아(無我)의 길을 가고자 하면 앎의 길과는 너무도 차이가 나서 "문자를 해석하고 그 뜻을 해석하는 것은 탐진사견(貪瞋邪見)을 키우는 일이다"(선가귀감). 홀로 스스로 존재하는 독립적인 존재가 있는가를 살펴보면, 그런 존재는 하나도 없다. 이것은 앎에서 얻어지는 지식이 아니라 깊은 관찰에 의해서 터득하게 되는 체험이다. 배워서 알게 되는 것이 아니라 직접 살펴보니까 그렇더라는 것을 보는 것이다. 그리스도의 말씀에서 부처의 설법에서 배워 아는 게 아니고, 말씀을 따르고 설법을 따르다 보니까, 설하신 대로 끝까지 보니까, 그렇더라는 것을 보는 것이다. 이 점이 매우 중요하다. 따르고 좇기 위해서 배워야 하지만 '거기에 머물지 마라'는 말씀이다. 내 말을 믿고 보일 때까지 가리키는 '손가락에 머물지 말라'는 말씀이다.

"비유가 아니면 말씀하지 아니하시고 다만 혼자 계실 때에 그 제자들에게 모든 것을 해석하시더라"(마가복음 4:34).

왜 혼자 계실 때에 제자들에게 해석의 말씀을 하셨을까? 끝까지 따라올 사람이 많지 않고, 알아들을 수 있는 사람도 적음을 아셨기 때문이다. 비유와 방편은 많은 사람의 길잡이다. 길잡이 보고 목적지에 다 온 것처럼 이렇게 저렇게 해석하고 바른 해석임을 내세워서야 되겠는가? '내 생각'은 이 세상을 살아가는 데 필요한 것을 배운 데서 나온 것이다. 그러니 내 생각은 믿을 것이 하나도 없음을 깊이 통찰하여 어떤 생각도 믿지 않고 그 마음을 내야 한다. 옳음에, 성스러움에 마음을 빼앗기면 '탐진사견(貪瞋邪見)'을 키우는 일에 떨어지게 되고, 이 세상 것을 어느 것 하나라도 믿고 얻으려 한다면 깨달음의 길은 너무도 멀어진다.

그름이 없으면 옳음이 있을 수 없음을, 왼쪽이 없으면 오른쪽이 있을 수 없음을 안다면, 옳고 바르게 살려 하는 것이 그르게 잘못 살겠다는 것과 같은 말이다. 이 세상의 어떤 것도 어느 하나만으로는 존재할 수 없다. 따라서 깨달아 바로 볼 것이냐, 하는 문제만이 남는다.

당신이 없으면 나도 없어서
당신과 나는 하나이다.
우리 모두가 하나다.
구별할 일이 없다.
전 우주가 하나로 존재한다.
나누어 볼 뿐,
나누어 놓지 않은 전체로 하나다.

볼 수도, 들을 수도, 만질 수도 없는 그것

분별함이 없이 모두가 하나로 자신이 얼마나 큰 존재인지를 보면,
저절로 아들은 아들임을 알아차리고 아버지 집에 돌아갈 것이다.

• • •

보려고 해도 보이지 않는 것[夷], 듣자 해도 들리지 않는 것[希],
잡으려 해도 잡히지 않는 것[微]. 이 세 가지는 따지고 물어서는
안 된다. <노자, 도덕경 14장>

도(道)를 이르는 이 말이, 성경에도 다음과 같이 쓰여 있다. "이사야
의 예언이 그들에게 이루어졌으니 일렀으되 너희가 듣기는 들어도
깨닫지 못할 것이요 보기는 보아도 알지 못하리라 이 백성들의
마음이 완악하여져서 그 귀는 듣기에 둔하고 눈은 감았으니 이는
눈으로 보고 귀로 듣고 마음으로 깨달아 돌이켜 내게 고침을 받을까
두려워함이라"(마태복음 13:14-15).

사람이 진리를 보고자 하나 보는 눈이 뜨이지 않고는 성경이나

불경도 '닫힌 문서'가 되어 그 뜻을 알 수 없는 문서가 되고 만다. 율법주의, 형식주의, 계율주의에 가려 이 세상 눈으로 경을 보면 바르게 해독되지 않는다. 깨달아 자유한 자가 성경을 보면 참 스승인 예수와 해후하지만, 종 된 자가 읽으면 율법과 계율의 노예가 되고 불안과 절망과 공포와 죄의식 속에서 병든 실존으로 전락할 것이다. 성경도 불경도 비유와 방편으로 암호화된 문서이다.

> 제자들이 예수께 나아와 이르되 어찌하여 그들에게 비유로 말씀하시나이까 대답하여 이르시되 천국의 비밀을 아는 것이 너희에게는 허락되었으나 그들에게는 아니 되었나니 무릇 있는 자는 넉넉하게 되되 없는 자는 그 있는 것도 빼앗기리라(마태복음 13:10-12).

> 하나님 나라의 비밀을 너희에게 주었으나 외인에게는 모든 것을 비유로 하나니(마가복음 4:11).

> 예수께서 이러한 많은 비유로 그들이 알아들을 수 있는 대로 말씀을 가르치시되 비유가 아니면 말씀을 아니하시고 다만 혼자 계실 때에 그 제자들에게 모든 것을 해석하시더라(마가복음 4:33-34).

알 수 없는 하늘나라의 이야기를 비유와 상징으로 표현하는 길 말고는 이희미(夷希微)가 되어, 선악의 경계가 허물어지기 전에는 그 의미를 알 수 없기에 허락된 자, 즉 깨달은 자에게 길을 예비하신 것이다. 깨닫기 전에는 결코 볼 수 없기에 비유와 방편, 은유로 표현하여 길을 예비하신 것이다. 마에 휘둘려 조금 아는 것을 하나님의 계시를 받은 것처럼 성경을 인용하는 적 그리스도와 거짓 선지자들이 많음을 볼 때, 하나님의 안배에 감사하지 않을 수 없다. 비유와 상징으로 안배한 길을, 그것을 인용하여 언어의 제한성에 가두고 혹세무민하는 마귀가 얼마나 많이 활개치며 활동하는가? 성경을 사사롭게 풀고 해석하는 마귀의 유혹을 뿌리치기는커녕 그 힘을 사용하여 지배하려는 욕심이 앞서는 이들에게 하늘 문을 활짝 열어놓을 수는 없는 것이 아닌가? 인봉(印封)하여 놓고, 성령을 받은 자, 즉 자신이 성령임을 깨달은 자, 자신이 불성임을 깨달은 자에게 성경을 풀고 불경을 풀게 하신 것이다.

아버지는 아들이라는데 아들은 스스로가 종이라 칭하기를 원한다. 주인이길 거부하는 종에게는 하늘 문을 열어놓아도 '닫힌 문'과 같을 뿐 아버지 집이 자기 집인 줄을 모른다. 거짓 선지자들은, 살아서 보지 못하면 영원히 볼 수 없는 열린 하늘 문을 죽으면 갈 수 있는 것처럼 왜곡하여 풀어 놓는다. 그럼에도 불구하고 아버지는 아들 곁을 떠나지 않고 집에 돌아오는 길을 계속해서 안배해 놓으신다. 아담이 따먹은 선악과, '분별의 과일'에서 떠나지 못한 아담의 후예들은 기어코 주인과 종으로 구분하여서는 스스로 종으로 전락하고, 자기들끼리도 주인과 종으로 구분하여 지배하는 즐거움을 맛보려 한다. 아버지도 아들을 지배하는 즐거움을 맛보려 하시는 것으로 해석해 놓은 적 그리스도는 심판의 기치를 높이 들어 아들을 종으로 세뇌하는 일에 심혈을 기울인다. 이를 아시기에 이희미(夷希微)로 예비하셔서, 아들로 돌아오기 전에는 볼 수도, 들을 수도, 잡을 수도 없게 하신 것이다. 분별의 바벨탑을 쌓아 서로 다름을 내세워 지배자가 되기를 갈망하는 분별의 화신들임을 아시고, 스스로 깨달아 진실을 볼 때까지 기다리고 계시는 것이다.

아버지 집에 가는 길이 결코 어렵지만은 않다. 지금까지의 믿음에서 벗어나 잘못 보고 있음을 발견하는 것이다. 신들의 영역과 미혹한 인간 세상으로 구분하여 나누어 놓음은 사실에 근거한 진실인가? 너무도 단순한 이것을 확인하는 것이다. 성인들마저 신으로 받들어 모시고 자신들은 종으로 자임하는 길이 당연하다 여기도록 배우고 그렇게 살아온 오랜 습관이 문제다. 질기고도 무서운 습관이 인생을 지배하여 주인이 종으로 사는 어처구니없는 일이 당연하게 된 것이다. 죽을래야 죽을 수도 없는 불생불멸의 자신을 고작 100년의 인생으로 끝이라 여기면서, 오래 살고 싶은 욕망에 몸부림치면서도, 죽음의 길을 자청하는 것이다. 애벌레가 나방이 되어 날아가면 죽은 거라 여기는지, 태어나고 죽음이 없음을 말씀하시건만 그 말씀이 비유와 상징이라서 이희미(夷希微)일 따름이다.

파바 마을에서 춘다의 공양을 받은 부처님은 식중독의 아픔을 안고서 쿠시나가르의 쌍수 밑까지 보름 동안이나 열반하실 곳까지 걸으셨다. 가마도 수레도 타지 않고 걸어가신 부처님이 얼마나 힘들었는지 우리는 모른다. 생각해 보면 부처님은 카필라성을 나온 이후 한 번도 걷지 않으신 적이 없다. 평소에 하시던 그대로 하던 일을 하신 것이다.

십자가 지고서 골고다 언덕을 오르는 예수님이 얼마나 힘들고 괴로웠을까 하는 생각은 우리들의 생각일 뿐, 예수님이 어떠했을지, 우리는 알 수 없다. 예수님은 십자가에서 '다 이루었다.' 하시면서 아버지께 가셨다. 죽음에 임하고도 살려고 몸부림치며 괴로워하는 우리보다 더 힘들고 괴로웠으리라 여기는 근거는 어디서 가져온 생각일까? 그저 우리의 생각을 믿는 데서 오는 허구에 잠식되어 있음을 모른다. 자기의 관념이나 소신의 얽매임에서 벗어나 진정한 자유를 얻고자 한다면 자신의 관념과 생각들을 놓아버려야 한다. 생각의 굴레에서 벗어나 '내 생각을 한 생각도 믿지 않고' 의문을 제기하여 '이것이 무엇인가?' 생각하고 생각하여 생각이 끊어지면 '나'라는 에고를 벗어나 이 세상에 '나' 아닌 것이 없이 모두가 하나임을 본다. '나'가 존재하지 않으면 이 세상에 '나' 아닌 것이 없어 이희미(夷希微)의 봉인은 풀어지고 모두가 하나로 아버지와 하나임을 보게 된다. 내 생각을 믿지 않고 붓다와 그리스도를 따르는 것이다. 그러면 봉인은 풀어지고 아버지와 나는 하나임을 본다.

생각이라는 봉인은 언제 풀어지나? 그대가 생각에서 떠날 때이다. 그때 진실이 확인된다. 우리가 아들임이 확연히 드러난다. 중재자는 필요 없음이 드러나고 대자유는 그대의 것이다.

권위

우리로 하여금 행복을 맛보지 못하게 가로막는 것들은
모두가 우리 스스로 덮어쓴 것들이다.

• • •

우리에겐 자유의지가 있다. 자신이 생각하는 대로 자기의 의지를
피력하며 살아가는 것을 이기적이라고 할 수 있는가? 자기가 생각하
는 대로 사는 것은 이기적인 것이 아니다. 자기 생각대로 남들도
그렇게 살아야 한다고 주장하는 것이 이기적이다. 모든 사람이 그렇
게 살아야 한다고 하는 권위를 내세우는 것이 이기적이다. 누군가가
다른 누군가를 위하여 선행을 하고, 더 좋은 세상을 위해 악을 근절해
야 한다고 하면 그것은 망상이다. 착한 마음, 깨끗한 마음 모두가
더러운 마음과 마찬가지로 '마음'이다.

착하다는 것이 무엇을 뜻할까? 착함이 따로 있는 것이 아니라
선을 그어 나누어 놓고 생각이 그렇다고 여기는 것이다. 개념적
사고의 틀에 갇혀 언어의 제한성에서 비롯된 자연 이해가 자연

82

자체를 심각하게 왜곡하고 있다. 생각은 기존의 개념에 나를 묶어놓고 지나온 경험 속에 나를 잠들게 한다. 그러한 권위에 나를 맡길수는 없다. 의존할 권위나 인도할 사상이 하나도 없다는 사실이얼마나 매력적인가를 깨달을 때, 나를 도울 능력이 다른 사람에겐없다는 것을 알 때, 내가 나의 주인이 된다.

천사가 당신에게 나타나서 "무엇이든지 원하는 대로 들어주겠다." 하면 당신은 무엇을 달라고 하겠는가? 왜?

우리로 하여금 행복을 맛보지 못하게 가로막는 것들은 모두가우리 스스로 덮어쓴 것들이다. 우리를 괴롭히는 유일한 원인은 우리안에 있다. 다른 사람들이 아니라 그들에 대한 당신의 반응이 문제다. 사람들이 당신을 어떻게 대해야 한다는 생각, 당신 생각이 더 옳다는믿음에 있다.

다른 사람들이 어떻게 했기 때문에 괴로운 것이 아니라
당신이 바라는 대로 그들이 움직여주기를 기대했는데
그 기대가 어긋났기 때문에 괴로운 것이다.

무엇이 당신을 그곳으로 인도했는가? 성스러움? 거룩함? 위대함? 우리를 지배해온 권위가 굳어진 신념체계가 되어 이래야 한다는믿음이 당신을 괴롭히는 것이다.

내 안에 있는 성스러움과 거룩함이 나에게서 발견될 때 그것과함께할 수 있는 것이지, 내게는 없는 권위에 나를 맡길 수는없다. 극기하여 수신하는 것은 혈구지도(絜矩之道: 자기의 처지로 남의 처지를 헤아리는 것)로, 역지사지하여 '내 마음이 네 마음'이라는 것을 앎이지 권위를 좇는 것이 아니다. 율법에 기대어 권위 있는 사람들을 따르는 것이 아니라 내 안의 성령으로 살아가는 것이다.

식욕은 삶의 일환일 뿐 맛있게 먹으려는 식탐에 끌려가지 않음이며, 성욕이 수욕(獸慾)이기에 멀리하려는 것이 아니라 그것이 허망하여 끌리는 마음이 없으므로 지나칠 수 있는 것이다. 내 안의 즐거움이 많은데 무엇을 찾으려 하겠는가? 생로병사(生老病死) 이대로가 불생불멸인 것을 에고를 죽이고 살릴 일이 있기나 한 것인지? 에고가 없으면 내가 없음인데, 어찌 에고를 죽일 수 있겠는가? 에고와 더불어 에고에 휘둘리지 않으면서 참나에 사는 즐거움이 참삶이거늘 사람들은 어찌하여 에고를 죽이려 달려드는가?

생각하는 나는 '관념의 나'요 '과거의 나'이니
'지금 여기의 나'를 보라는 것일 뿐
에고를 죽일 필요도 없고, 죽일 수도 없다.
본성과 현상계가 하나인 것을 어찌 그중 하나를 없앨 수 있겠는가?
"자기를 부정하라" 하는 것은
생각하는 '관념의 나'를 부정하라는 것이다.
이웃마저 내 몸처럼 사랑하라 하는데
어느 성인이 에고를 죽이라고 하였겠는가?
인생을 있는 그대로 보지 않거나 보지 못하거나 보려 하지 않고
권위에 짓눌려 생긴 신념이
자기가 무엇을 하고 있는지도 모르게 한다.

권위는 믿을 것이 못 된다. 그것은 배워서 나온 것이므로 내 것이

아니다. 우리가 배우고 가르침 받아온 지식, 그리고 살아오면서
모아놓은 경험은 우리의 배경이 되고 우리의 조건화가 되어 우리의
사고를 형성한다. 그리고는 우리를 지배해 온 패턴에 따르게 만드는
권위로 우뚝 서 진실을 가린다.

진실은 내 안에 있다.
만물이 나임을 보고
하나님과 하나인 나를 보면
사랑하지 않을 것이 하나라도 있겠는가?
진실로 섬기면서 '그렇지 아니함과 그러함'을 따질 것이 없이
모두가 하나임을 보는 것,
진정한 나를 보는 것, 그것이 진리 찾음이다.

받아들임

우리가 우리를 중심에 놓고 우리의 의지대로 살아간다는 생각에서
벗어나면 살아있는 그 자체가 기적이며 감사해야 할 일이다.

• • •

우리는 어려서부터 열심히 노력하여 상황을 극복하는 의지가
투철한 자만이 뒤처지지 않고 성공할 수 있다고 배워왔다. "일찍
일어나는 새가 먹이를 잡는다.", "준비된 자만이 기회를 잡을 수
있다." 등 피지배자가 되어서는 안 된다는 모토로 앞서려는 노력이
찬미되었고, 지배하는 위치에 서야 하기에 경쟁에서 이겨야 한다고
격려되었다. 우리의 의지와 노력 여하에 미래가 달려 있다고 강조되
어, 자연 대상물과 사건들과 인간 상호 작용을 마치 해결해야 할,
해결할 수 있는 문제인 것처럼 바라보게 하였다. 그리하여 부지불식
간에 현실을 좌지우지할 수 있다는 태도로, 세상이 지성과 의지력에
의해 변화될 수 있고 극복할 수 있는 대상인 듯이 여기게 하여,
다 내 할 탓으로 돌려세우게 하였다.

모든 일을 적극적이며 능동적으로 대하고 처리해가야만 했다. 성공한 사람은 다 그렇게 살아왔으므로 우리 또한 그렇게 살아야 한다고 배웠다. 하지만 돌이켜 생각해보면 그것은 사실과 거리가 있음을 알 수 있다. 실패는 의지와 노력이 부족해서가 아니라 그 실패를 수용하지 못하고, 부족해서 일어난 일로 치부하고 자신을 탓하는 데 있었다. 실패 없는 성공이란 있을 수 없기에 실패를 있는 그대로 받아들여 그것을 기반으로 한 것이 성공이요, 성공과 실패는 하나이다.

진정한 사고는 지배하려 들거나 통제하려는 동기를 배제한 채 무언가를 있는 그대로 관찰하고 그 가치를 인식하는 수용 행위이다. 선입견과 사고 습성들과 통제하려는 욕구에서 벗어나, 자유로이 지금 순간을 의식적으로 수용하고 적극적으로 받아들이는 주의 깊은 사려가 요구된다.

수용하라고 하면 운명을 받아들이는 소극적인 사고라 여기지만, 사실 받아들임은 적극적인 사고다. 호시절의 상황은 저절로 받아들여 수용하게 마련이지만, 고난이 오면 그것을 받아들이기가 쉽지 않다. 그래서 수용하는 이야기는 고난의 상황을 받아들이라는 이야기로 국한하는 경우가 많은데, 그것은 호시절도 마찬가지다.

복권이 당첨되어 패가망신한 사례가 얼마나 많은가. 그것은 복권 당첨을 횡재로 여기고 당첨된 상황을 수용하지 않은 데에 있다. 당첨된 상황을 적극적으로 수용하여 변화된 상황에 적응한다면 사업에 성공하여 변화된 상황을 적극적으로 활용하는 것처럼 좋은 결과를 기대할 수 있으련만, 횡재했다는 생각으로 소비와 쾌락으로 흥청망청

한다면 그 결과는 뻔하지 않겠는가. 그래서 이루기보다 수성이 어렵다고 하는 것이 아니겠는가.

자연은 냉혹하리만치 불인(不仁)하다. 자연재해로 인한 고난이나 교통사고 같은 사회적 재난이 닥치면 "하필이면 왜 나인가?" 하고 원망하며 쉽게 인정하고픈 마음이 일지 않는 것은 인지상정이지만, 그 상황을 받아들이지 않고는 괴로움을 더해갈 뿐이다. 그 상황을 적극적으로 받아들이고 그 상황에 감사할 때 비로소 삶은 평화로워진다. 그래서 삶을 적극적으로 수용할 때 자신의 내면세계를 풍요롭게 가꾸어 갈 수 있다. 자신의 무능함처럼 보이는 모든 것은 그 상황에 녹아들어 그렇게 된 것임을 인정하고 그 누구의 책임도 아닌, 일이 그렇게 일어나는 것일 뿐임을 알아야 한다.

일어나는 모든 일은 날 위해 일어난다.
삶은 그것이 무엇이든 의식의 전환,
즉 깨우침에 가장 도움이 되는 경험만을 준다.
상실은 많은 가르침을 준다.
죽음만한 스승이 있는가.

사람들은 이상하리만치 성공과 실패를 자기 탓으로 돌리는 경향이 많다. 그렇게 된 환경과 상태마저 자기가 정복한 듯이 여기곤 한다. 성공했을 때는 특히 자신의 역량인 양 우쭐대지만, 실은 여건이 성공할 때였기 일쑤다. 여건이 성공할 수 있도록 무르익었을 뿐이다. 충분한 역량이 있음에도 시대와 맞지 않아서 평생을 은둔한 선인들이 얼마나 많은가를 생각해 보면, 수용하여 펼칠 기회가 있었음에 감사할 일이다. 아무리 철저한 준비와 능력을 갖추고 있어도 때를 만나지 못하면 결코 성공할 수 없다. 따라서 어떤 고난이 닥쳐와도 그 고난을 내 것으로 받아들이고 거기에 적응해가면 기회는 오기 마련이다. 문제는 저항하느냐, 수용하느냐이다. 실패한 탓을 자신에게 돌리기보다는 너무 서두르지 않았는지, 상황을 점검하기보다는 상황을 정복하려 들지는 않았는지 살펴볼 일이다. 내 생각의 좁은 시야로 무엇인들 제대로 볼 수 있겠는가? 내 뜻대로 되는 일은 없다. 내 생각대로 보는 것에서 벗어나 현실을 바로 보면 일어나는 모든 일은 완벽한 우주의 일부일 뿐이다.

엄밀히 말하면 수용은 감사함을 바탕으로 일어나는 마음의 자세이다. 감사하면 받아들이지 못할 일은 없다. 그것이 성공이든 실패든 있는 그대로 수용함에는 감사가 함께한다. 극심한 고통조차도, 얼어붙을 것 같은 공포도 살아있음에 감사하면 수용할 수 있다.

우리가 우리를 중심에 놓고
우리의 의지대로 살아간다는 생각에서 벗어나면
살아있는 그 자체가 기적이며 감사해야 할 일이다.
내가 살아가는 것이 아니라 살아지고 있음을 알면
모든 것에 감사하며 나와 남을 분별할 일이 별로 없다.
있는 그대로 수용하게 된다.

수용을 받아들이기 어려운 것은 나의 의지가 아닌 타의에 타협하는 것으로 느끼기 때문이 아닐까 싶다. 순종이 타인의 지시에 잘 따르거나 명령에 복종하는 것이라면, 수용은 상황을 적극적으로 받아들여 나의 상태를 있는 그대로 살피는 데서 시작한다. 거기에는 타협이 끼어들 여지가 없다. 수용은 현실과 타협하는 것이 아니다. 있는 그대로 받아들이는 것이다. 우리가 있는 그대로 받아들이기가 어려운 것은 내가 보고 싶은 대로 보고 그에 따라 선택하기 때문이다. 쉴 사이 없이 선택하고 그 선택한 범위 내에서 보기에, 성공했다고도 보고 실패했다고도 보는 것이다. 그것은 이것과 저것을 분별하는 분별심에서 기인하는 것으로, 경계를 넘어서 보면 성공도 실패도 없이 그러한 현상만이 있을 뿐이다.

기어이 나라는 존재를 내세워 남 위에 서려는 분별심이 우리를 힘들게 한다. 사실 성공했다고 느낄 때에도 그것이 얼마나 존속하던 가? 그것도 잠시 또 다른 경쟁에 내몰리어 현실을 떠나 있게 한다. 수용은 현실을 직시하고 그것을 긍정하며, 삶을 변화시키는 지혜요, 감사이다. 어떤 상황이 올지라도 그 일이 내 일인 줄 알고 경계 없는 나를 보면 구별할 것이 하나도 없기에 수용하지 못할 것이 전혀 없다. 무엇이 존재하든 무엇이 일어나든, 형상에 대해 저항하지 않고 있는 그대로 받아들이는 것이다.

자신의 삶에 대해 질문을 받은 스티븐 호킹 박사는 "이 이상 무엇을 더 바라겠습니까?"라고 대답했다. 그는 그 당시 운동 신경 질환인 루게릭병에 걸려 가슴에 꽂은 파이프를 통해서 호흡을 하고 휠체어에 부착된 고성능 음성합성 장치를 이용하여 의사소통을 하고 있었다. 그런 그가 저항을 완전히 포기하고, 있는 그대로를 모두 받아들인 것이다.

수용은 있는 그대로를 무조건 받아들여 감사하는 것이다.
이것이 우주의 가장 큰 힘을 여는 열쇠이다.

하지 말고 보라

떠오르는 생각마다에 "무엇인가? 무엇인가?" 묻고 또 물어서
그것의 허상에 넘어지지 말아야 한다.

• • •

우리는 지금껏 "이것을 알고 싶으면 저것을 하면 된다."라고 배워
왔다. 신화의 의미를 알고 싶으면 그에 관한 책을 구해 읽고, 10
+10＝20임을 알고 싶으면 덧셈을 배워 마음속으로 계산한 후 결과를
검토하면 된다. 비가 오는지를 알려면 창밖을 보고 확인해보는 등
노출된 자료를 보거나 파악하면 된다. 이것이 우리가 해온 지식
축적의 방법으로서, "보라"가 아니라 "이것을 한 다음에 봐라."다.
그렇게 내재 된 지식을 바탕으로 진실의 유무를 판단하고 그 의미를
창출해냈다. 내가 확인하고 경험한 것들의 총화를 바탕으로 '해보니
까 그렇더라'는 확신을 가지고 접근한다. 이렇게 알게 된 것이 내가
믿는 나의 세계다. 그 밖의 세계는 보이지도 않을뿐더러 없다. 그러니
내가 만들어 놓은 내 세계에 산다.

이러한 세계 밖을 보려면 지금껏 해온 방식과는 달라야 하는데, 보이지 않는 것을 보는 이것이 문제다. 보이지 않는 것과 어떻게 씨름하려는가? 어떻게 하려 하지 말고 보아야 하는가? 그러기 위해서는 지금껏 가졌던 나의 모든 생각이 허상임을 인지하여 내 생각으로 세상을 조작하여 보았음을 인식하고 내 생각을 믿지 않아야 한다. 해보고 아는 것이 아니라, 이미 있는 것을 그대로 보아야 한다. 그냥 보기만 하면 된다.

"나는 누구인가?"에 대한 답을 찾고자 한다면 나에게 할 일이 무엇이 있겠는가? 나를 그냥 보는 것 말고는 할 일이 무엇이겠는가? 보려고 하는 것조차 떠나서 무심히 보여지는 대로, 그대로 볼 뿐이다.

우리는 철저하게 수동적이며 능동적일 수 없다. 숨은 쉬어지고 피돌기는 피가 돌아진다. 내가 누구인지를 아는 게 아니라 나의 본 모습을 있는 그대로 보는 것이다. 있는 그대로를 보면 되므로 할 일이 하나도 없다. 따라서 찾으려 하거나 뭔가를 하려는 그 생각을 내려놓아야 한다. 이 말이 '내려놓음'이다. 즉 지금껏 가졌던 모든 생각을 내려놓을 때, 그때에 보인다는 것이다. 궁극의 장소를 '무심처'라 하는 것은 무심인 그곳에 '진정한 나'가 있기 때문이다. 거기에 모두가 하나로 있다. 하나님 아버지와 하나로 있다.

'지혜' 또는 '신성한 무지'란 언어적인 것이 아니라 언어를 넘어선 초언어적인 것이고, 마음의 것이 아니라 '무심'의 것이며, '언설적인 철학'이나 '종교에 관한 이야기'가 아니라 '영혼 속에서 빛나는 관조적 진리의 빛'이다. 그리고 이 진실 또는 돌연한 계시를 직접적으로 볼 수는 있지만, 그것을 완전하게 말하거나 언어적으로 전달하는 것은 불가능하다. 그것은 어떤 일도 하는 것을 허락하지 않는다. 단지 태고 전부터 있어왔던 그대로를 보는 일이다.

하려고 해서는 결코 볼 수 없다.
하려는 순간 생각이 자리하고,
생각은 우리를 생각 내에 가두어 그것을 넘어설 수 없게 한다.
'진정한 나'를 보지 못하게 가리고 막아서는 장벽의 뿌리가
생각이다.

만약에 자신들이 상상하는 '하늘나라'를 위해서 금욕적이고 억압적인 수행으로 '이 세계(에고)'를 기꺼이 파괴하려 하거나, 동굴 벽에 비친 그림자를 껴안고 시간의 세계 속에서 시간 없는 세계를 찾느라 유한한 영역을 무한한 가치로 탈바꿈시키려고 애쓰면서 구원의 손길을 원한다면, 이는 똑같은 잘못을 저지르고 있는 것이다. 왜냐하면 '이 세계'에서는 결코 얻을 수 없는 어떤 것을 얻고자 하기 때문이다.

구원을 얻고자 한다면 자기를 완전히 비워야 하는데, 그것은 생각 없이 '무심처'에 있는 '진정한 나'를 보는 것이다. 할 일이 하나도 없이 '있는 그대로' 보는 것이다. 비우는 일을 하는 것이 아니고 자기의 마음을 보는 것이다.

오는 생각을 흘려보내고,
어떤 생각이 되었든 거기에 머물지 않고
"보는 자가 보여질 수 있는 언제나 그대로인 나"가 보일 때까지
보는 것이다.

생각을 믿어서는 안 된다. 아무리 성스러운 생각일지라도 생각일 뿐이다. 생각의 출현은 온갖 불행의 뿌리이다.

생각을 믿지 않고, 떠오르는 생각에
"무엇인가? 무엇인가?" 묻고 또 물어서
그것의 허상에 넘어지지 말아야 한다.
그러다 아무런 생각이 없이 완전히 비워졌을 때
홀연히 보여진다.

비이원적인 전체가 하나로 나타난다. 실로 이보다 더한 것은 없다. 라마나 마하르쉬의 말처럼, 어떤 유한한 대상도 무한성의 해방 없이는 진정한 휴식도, 자유도 없다. "주시되는 대상과 주시자는 마침내 녹아들어 궁극적으로 오로지 절대의식만 지배한다."

마이스터 에크하르트의 말이다. "모든 사물에 계신 신을 평등하게 사랑하라." 왜냐하면 신께서는 모든 피조물에 똑같이 가까이 계시기 때문이다. 신께서는 이 모든 피조물 중 누군가를 다른 누구보다 더 사랑하지 않는다. 신은 일체이자 하나다. 일체의 사물은 신에 다름없다.

지혜 즉 반야는 '이 세계가 환상이라는 것, 실재는 만물이 신과 하나다.'는 것을 아는 일이다.

황벽 선사는 말한다. "명상을 통해 그대가 부처가 된다고 생각하지 마라. 그대는 언제나 부처였지만, 그 단순한 사실을 잊었을 뿐이다."

반드시 해야 하는 일들

우리 마음 안에 있는 것들은 끊임없이 필터로 걸러진 것들이다.
"내 것"이라는 생각이 우리를 괴롭힐 뿐이다.

• • •

반드시 해야 하는 일들이 있는가? 반드시 어떻게 해야 한다는
수많은 의무들에 묻혀서 살고 있는가? '반드시 해야 하는 일들'이
옛날부터 인습적으로 내려온 매듭 끈이라는 사실을 알고 있는가?
그것들에는 우리가 더불어 할 일이 별로 없다. 생명도 없고 실재하는
것도 아닌 정신적 마약이다. '해야 하는 일들'을 위하여 살아가는
사람에겐 자신의 생각이 따로 없다. 두목이 웃을 때 따라서 웃는
졸개들처럼, 누군가에 의하여 만들어진 생각과 즐거움을 좇아서
살아갈 뿐이다. 밖에서 오는 칭찬과 인정이 그들을 정당하게 만들어
준다.

바깥의 권위를 어려워한다면, 그것은 자기 자신을 신뢰하지 않는다
는 얘기다. '해야 하는 일들'의 수준을 넘어서지 않고는 현실을 제대로

인식하지 못하고, 현실에 대한 자신의 생각을 정해진 예절과 행동 규범 안에서 살아갈 따름이다. 우리는 현실을 '있는 그대로' 보지 못한다. 자기 자신을 보지 않고 자신에 대한 나의 마음이 만들어낸 이미지를 보는 것이다.

우리 마음 안에 있는 것들은 끊임없이 필터로 걸러진 것들이다. 마음이 판단하지 않으면 괴로움도 없고 흔들리는 감정도 없다. "내 것"이라는 생각이 우리를 괴롭힐 뿐이다.

건물은 그냥 건물이고, 아내는 아내일 뿐이다. 모든 것이, 인간관계 마저도 내 마음의 투사요 기능에 지나지 않는다.

"누가 내 어머니요 형제자매인가?" 모두 내게는 없는 사람들임을 예수는 단호하게 말하고 있다. 어떻게든지 자신의 '홈 베이스'를 미워해야 한다고, 그것을 넘어서기로 선택해야 한다. 가족의 잡동사니, 지역교회의 잡동사니, 문화의 잡동사니, 민족과 애국의 잡동사니를 넘어 앞으로 나아가는 길은, 극히 소수의 사람만이 적극적으로 그리고 철저하게 따라갈 수 있는 그런 길이다. 우리 모두 더 크고 진짜인 집을 찾기 위하여 집을 떠나야 한다. '반드시 해야 하는 일들'은 오히려 이런 일들이다.

남이 부여한 '해야 하는 일들'에서 벗어나 '반드시 해야 하는 일들'은, 판단하지 않고 우리의 머리와 가슴을 더럽히는 것들에 저항하는 것이다. 모든 것이 자기 생각에 의하여 만들어진 발명품임을 알아차리고, "내 생각을 믿지 않는 것"이다.

아무것도 판단하지 않는 '비어 있음'에 있으면, 소란조차도 우리를 어지럽히지 못한다. 소란은 현실이 아니라 우리의 머리에 있는 것이다. 소란을 못 견딜 어지러움으로 만드는 것은 우리의 판단이다. 같은 상황에서 다른 사람은 아무렇지도 않을 수 있다. 다르게 판단하기 때문이다.

우리가 '반드시 해야 하는 일들'은
내 생각을 믿지 않고 "나는 누구인가?"를 아는 것이고,
그래서 모두가 '나'임을 알면
더 이상 자기 자신과 남들을 구별하지 않는다.
바야흐로 붓다가 붓다를 보살피고,
그리스도가 그리스도를 위하여 잠자리를 마련하고,
하나님의 아들이 하나님의 아들을 먹이는 것이다.
오른손이 왼손을 돕듯이 자연스럽게, 따로 애쓰지 않고서,
저절로 베풀고 섬긴다. 누가 자기 자신을 돕고자 하지 않겠는가?

깨어남으로 가는 여정은 사람이 해야 할 가장 값진 모험이며, '반드시 해야 하는 일'이다. 자기와 남들을 위하여 이보다 유익한 일은 있지 않다. 우리의 마음 수련은 우리 자신에게 도움을 줄 뿐 아니라, 라마나 마하르쉬에 따르면, "당신이 남에게 줄 수 있는 가장 큰 도움이다."

우리에게 주어진 임무는, 할 수 있는 만큼 온전히 자기 마음을 닦는 일이다. 그렇게 함으로써 조금씩, 남을 깨우쳐주는 법과 온갖 모양으로 존재하는 중생을 사랑하고 섬기는 법, 모든 사물에서 성스러움을 보는 법, 그리고 이 문제 많은 세상을 보살피는 법을 배우는 것이다.

발자국

어떤 발자국도 나 있지 않은 순수한 내 발자국만으로 그려질
내 인생, 나의 삶일 때, 나는 살아봤다고 할 수 있을 것이다.

• • •

앞서간 이의 발자국이 뒤에 오는 이에게는 길이 된다. 인류의
역사는 앞서간 선배들의 지식과 경험으로 축적된 발자국들로 이어져
내려왔다. 그리고 사람들은 그 길을 안전하고 평화로운 길이라고
믿고서 그 발자취를 따라 걸어갔다. 남들도 가고 나도 걸으며 모두가
가기에 별다른 생각 없이 당연히 가도 되는 안전한 길로 여겨진다.
그러다 걸어온 길을 뒤돌아보면 내 발자국을 찾아볼 수가 없다.
남들이 걸어온 발자국에 파묻혀 내 발자국을 찾을 수 없을 뿐만
아니라, 나는 내 길이 아닌 남의 길을 따라서 걸어왔다는 것을 깨닫게
되는 것이다. 내 길이라고 따로 걸은 적이 없다. 내 삶이기에 나만의
발자국은 분명 있어야 하는데도, 남의 생각을 내 생각인 것처럼
살다보니 나만의 발자국은 보이지 않는 것이다. 그러니 살아도 내가
사는 것이 아니다. 무엇인가를 좋아하는 것조차 남이 좋아하니까

더불어 좋아한다.

우리는 참 많은 것을 구하고 원한다. 그것들이 나에게 필요하고 요긴한 것이어서라기보다는, 남의 눈에 어떻게 비칠까를 의식하며 남보다 나은 위치에 있고픈 마음이 앞서서인 경우가 많다. 나를 위해서라기보다는 남의 눈에 비친 나를 돋보이려는 마음으로 이것저 것을 갖추려 하는 것이다. 하찮은 존재가 되어서는 안 되기에 남이 가는 길을 그럴 듯하게 같이하며 초록은 동색임을 내세워 많은 사람이 가는 길을 함께 걷고자 한다. 내 길을 찾기보다는 함께 가는 길이 안전하다 여기는 것이다. 유행을 따르고, 힘이 있는 곳에 줄을 서서 자신의 안위를 보장받으려 한다. 그것이 권력이든 명예든 금력 이든 힘을 좇아 줄을 서는 것이 현명한 길인 양 밖에서 자신의 길을 찾으려 한다. 그리고는 인정받고 칭찬받고 사랑받으려 밖으로 맴돈다. 나의 길을 밖에서 찾는 것이다. 남들이 가는 길이 넓고 커서 안전하다 여기고는 위험이 따를지도 모르는 좁은 길을 피한다.

힘은 소멸하는 것이다. 힘은 일시적인 것일 뿐, 반드시 없어지게 마련이다. 힘을 좇는 것은 남들이 걸어온 길을 무작정 따라가는 것이다. 그것이 참인지는 살피지 않고 힘을 얻기 위한 길에 전부를 맡긴다.

하지만 살아가는 데에는 많은 힘이 필요치 않다. 모든 힘이 돈으로 귀결되는 작금의 현실에서, 살아가는 데 필요한 돈은 그리 많이 필요치 않다. 다만 남과 비교하여 뒤지면 지배받을까 하는 염려가 앞서기에 진실을 볼 수 없는 것이다. 생각이 밖으로 나돌아다니기에 남 위에 우뚝 서 있고 싶은 마음이 많은 돈을 필요로 하는 것이다.

성인들의 말씀을 빌지 않더라도 필요한 만큼은 항상 충분하다. 굳이 무거운 짐을 지고 다닐 것이 없이 내 길은 내 안에 있음을 보고 내 안에서 찾을 일이다.

우리는 어쩌다 발자국 따라가는 길에 익숙해 있을까? 남이 정해준 길이 내 길이 아님은 분명한데, 익숙해진 길에서 익숙함에 젖어 있다. 나의 길은 누구와도 함께할 수 없다. 오로지 나의 길일 뿐이다. 모험이 따르고 익숙할 수 없는 여정이지만 내 인생이다. 내 길을 가지 않고 남이 제공한 헛된 길을 가고도 내 삶이 평온하기를 원할 수 있을까? 힘 앞에 굴복하여 얻은 것이 내 삶의 전부가 되어서야 어찌 평온할 수 있겠는가?

내 인생이기에 내가 내딛는 발자국이 첫 발자국일 수밖에 없다. 처음이어야 하고 당연히 위험이 따르고 모험이 수반된다. 모험이 주는 신선함과 짜릿함은 남이 밟지 않은 하얀 눈 위를 처음 밟는 그 기분이다. 싱그럽고 나만의 세계를 나 홀로 걷는 것이다. 어떤 발자국도 나 있지 않은 순수한 내 발자국만으로 그려질 내 인생, 나의 삶일 때, 나는 살아봤다고 할 수 있을 것이다. 나만이 그려지는 나의 발자취, 얼마나 싱그러운가!

그럴 뿐

모든 눈송이가 저마다 정확히 자기 자리에 내려앉는다. 그
럴 뿐인 대로 자재(自在)하는 것이다.

• • •

"만약 마음 밖에 부처가 있고, 본성 밖에 진리가 있다고 말하면서,
이런 생각에 굳게 집착한 채 부처의 길을 구하는 자가 있다면, 그는
무량겁(無量劫)의 오랜 세월 동안 소신공양(몸을 불로 태움)하고,
연비(팔을 불태움) 하며, 뼈를 부수고 골수를 뽑아내며, 피를 내어
경전을 쓰고, 장좌불와(눕지 않고 좌선함) 하며, 하루에 아침 한
끼만 먹으며, 나아가 대장경을 전부 읽고, 온갖 고행을 다 닦는다
하더라도, 이는 모래를 쪄서 밥을 짓는 것과 같아서, 스스로 괴로움만
더할 뿐이다." (수심결: 4. 부처를 저절로 얻는다.)

더 좋은 인간, 더 나은 사람이 되려고 노력하는 것은 칭찬받을
만하고 바람직한 일처럼 보이지만, 의식의 전환이 일어나지 않고는
결국은 실패할 수밖에 없는 노력이다. 무엇을 위해 노력한다는 것은

'나'라고 여기는 이미지를 더 크게, 더 강하게 만들려는 욕망과 아무 차이가 없다. 성경과 불경의 말씀을 옳고 바른 길을 인도하는 말씀으로 이해하여 그 길을 가고자, 부처가 되려고 하거나 그리스도의 길을 걷고자 하는 것은 실패할 수밖에 없기에 그분들을 신으로 떠받드는 일이 일어나는 것이다.

옳고 바름을 구하는 마음은 에고의 일이다. 에고가 만들어 놓은 관념이 옳고 바름이다. 옳고 바름은 없다. 좋은 사람이 되려고 노력한다고 해서 좋은 사람이 되는 것은 아니다. 이미 자신에게 있는 좋은 것을 보고, 그 좋은 것과 함께함으로써만 좋은 사람이 될 수 있다. 성경과 불경은 그러한 자신을 보라고 가리키는 손가락이다. 자신의 본성이 본래 청정하고, 생멸한 바가 없으며, 모든 것이 갖춰져 있기에 구할 것이 없음을 보는 것이다. 그때 모든 것은 그러할 뿐이어서 할 일이 없다.

우주는 전자동시스템이다. 모든 것이 저절로이다. 이렇게 완벽한 시스템이 있을까? 누구에 의해서 운영되는 것도 아니고 그러해야 하기에 그러한 것이다. 부처가 빛나는 새벽 별을 보고 깨달은 것이 이것이다. 새벽 별은 빛나고 있다. 모든 것이 인연 따라 그대로 이루어져 있다. 인연 현상일 뿐 모든 것이 하나로 둘이 아님(不二)을 보시고 모든 문제를 해결하신 것이다. 태어남이 없으니 멸함도 없고, 괴로움은 괴롭다고 보는 나눔의 문제일 뿐, 있는 그대로에 무슨 괴롭고 즐거운 것이 있을 수 있겠는가. 고(苦)의 문제는 고(苦)로 보기 때문이며 고(苦)라는 것은 원래 없던 것으로 인연 따라 나타나서 그럴 뿐이다.

나 자신이 곧 부처요 그리스도임을 모르고, 이룰 부처가 있다거나 이룰 그리스도가 있다는 생각에 집착하여 무엇인가를 이루려 하기에 분별하고 나누는 것이다. 불이법(不二法)을 떠나면 분별하게 되고, 개념으로 관념으로 접근하게 되어 왜곡되어 진다. 있는 그대로가 아니다. 기쁨이 있기에 슬픔이 있고, 좋음이 있기에 싫음이 있으며, 건강을 원하기에 아픔이 있다. 모든 것은 그럴 뿐이다. 아무것도 없다. 통으로 하나이며 인연 따라 있다가 인연 따라 사라질 뿐인 것에, 있다가 사라지는 것에 집착할 것은 없다. 없는 생사를 생겨나고 없어지는 것으로 착각하여 있고 없고를 분별한다. 있는 것도 없고, 없는 것도 없다. 그럴 뿐이다. 그럴 뿐인 것에 있는 그대로 자재(自在)하는 것이다. 내 뜻에 합당하게 이루어 내려는 마음으로, 내 맘대로 되었으면 하지만, 자유자재(自由自在)는 마음대로 할 수 있음이 아니다. 원함에서 벗어나, 있는 그대로에 내 마음이 함께 하는 것이다. 그럴 뿐인 그곳에 그럴 뿐인 대로 있는 것이다.

내 안의 것을 변화시키지 않고는
세상의 어떤 것도 변화시킬 수 없다.
내가 어찌할 수 있는 것은 없다.
나를 있는 그대로에 맡겨 흘러가는 것이다.

내가 원하는 그대로 현실이 바뀐다면 우주가 내 뜻에 맞추어 운행 궤도를 바꾼다는 뜻이다. 그런 일은 없다. 우주가 개입하지 않을 수 있는가? 우주가 개입하지 않는 일은 하나도 없다. 우리 가족이 살고 있는 집을 처음엔 내가 선택하여 얻은, 내가 해낸 일로 여겼다. 하지만 지금은 아니다. 이 집이 우리 가족을 선택한 것이다.

세상은 빈틈없는 완벽한 우주의 개입으로 발현된 것임을 확실하게 알게 되었다. 모든 것이 우주의 개입으로 이루어지는 인연과다. 우주의 활동에서 벗어나는 것이 있을 수 있을까? 우리는 연기적 존재이다. 인연을 떠나 자신의 뜻대로 이루어지는 것은 없다. 전에 살던 집이 팔리고, 그리고 때맞춰 현재 살고 있는 집이 매물로 나와 내 눈에 뜨이고, 정말 우연처럼 나타나는 필연의 결과다. 시절 인연의 산물인 것이다.

모든 것이 홀로 존재할 수 없다.
전 우주적 인연과인 것이다.
모든 것은 지금 이내로 본질이 나타난 현상이다.
깨달아 얻으려는 것은 깨달음이 아니다.
깨달음은 단지 보지 못하고 있는 진정한 나를 보는 것이다.
내가 부처요 그리스도인 것을 보는 것이다.

'있는 그대로'를 벗어나 왜곡된 세상을 원하는 원함이 괴로움이다.
원함이 없으면 괴로울 것이 없다.
끊임없이 변하는 삶에 불안을 느끼고 변하지 않는 확실성을 얻고자 끊임없이 바라는 것이다. 이상을 향한 마음이 현실을 외면하게 만든다. 진리를 추구하며 진리를 밀어내는 어리석음이 여기에 있다. 이상을 향한 원함이 문제라 여기고서, 탐진치(貪瞋癡)의 원흉인 에고를 없애려고 하는 '하려는 마음'이 문제다. 현실을 부정하고 '하려는 마음'대로 이루어지면 세상이 바뀌는데 그런 일이 일어나겠는가?

모든 눈송이가 저마다 정확히 자기 자리에 내려앉는다. 그럴 뿐인

대로 자재(自在)하는 것이다. 이 순간의 그러함이 현실이며, 지금 있는 그대로의 모습과 방식 외에는 다른 것이 있을 수 없다.

파란 하늘에 구름이 없다면
저녁노을 물든 황홀한 아름다움이 어떻게 펼쳐지겠는가?

조견오온개공 도일체고액(照見五蘊皆空 度一切苦厄)이다. 공(空)과 색(色)이 하나요, 번뇌와 보리가 하나이다. 변하고 변하는 나인데도 '내가 있다'라는 망상이 있어 현실을 왜곡하는 것이다.

몸도 마음도 삶이 본래 그러하거늘,
모든 것은 인연 따라 일어나는 것으로
아무것도 없이, 얻을 것이 하나도 없이,
있는 그대로 그럴 뿐이다.
이 순간의 본래 그러함일 뿐이다.
변화에 응하되 마음에 둘 것이 하나도 없다.
자성은 본래 청정하여
지금 이 순간의 그러함에 동요함이 없다.

텅 빔

갖고서 씨름하는 것보다 내려놓음으로써 가벼워지는
홀가분한 마음을 경험하면
가지고 가야 할 것이 있는지를 곰곰이 생각하게 된다.

• • •

붙잡을수록 얽매이고, 비울수록 가벼워진다. 사랑에 속고, 돈에
우는 것은 그것을 붙잡고 놓지 못해 일어난 인연 과(果)다. 그럼에도
불구하고 그것이 없으면 죽을 것 같은 심정으로 매달리다가, 인연
따라 왔다가 인연 따라 가고 나면 상실의 괴로움에 휩싸이게 된다.
인연 따라 오가는 것은 내 것이 아니다. 내 것이 아닌 것에 내 것처럼
매달리어 무서운 짐만 차곡차곡 쌓여가는 것이 우리네 인생이다.
살아갈수록 쌓여만 가는 짐의 무게가 억누르고, 억눌러도 더 많은
것을 가지려는 허망함이 인생을 괴롭게 하는 것이다. 나와 나 아닌
것의 분별은, 보다 많은 내 것을 확보하려는 노력이 당연시되어
짊어질 수 있는 한 많은 것을 짊어지려고 한다. 그것들이 전부 인연
따라 오가는 것임을 모르고 나의 노력으로 얻은 소중한 결과라고

여기면서 허상에 속고 살아간다. 없으면 못 살 것 같은 것으로부터 떠나고 난 후, 그것으로부터 해방된 후, 얼마나 마음이 평온해졌는지를 경험해 보고도 그 소중한 경험은 까맣게 잊고서 또 다른 짐을 짊어지려 노력한다. 우리는 비움에서 오는 가벼움과 평온을 적어도 한 번쯤은 갖고 있다. 그것을 뒤돌아보면 비움이 얼마나 많은 평온을 가져다주는지 가늠할 수 있다.

잃어버린 건강을 회복하고 나서 건강의 고마움과 더불어 많은 것을 생각하게 하는 비움의 철학을 얻게 되고, 잃어버린 돈에 '어찌 살아갈까?' 말할 수 없는 고통에서 벗어나면 가난이 고통스러운 것만은 아니라는 것을 알게 된다. 미워하고 좋아하던 마음을 내려놓고 나니 후련하던 마음들을 뒤돌아보면, 비움의 진리를 체득할 수 있다.

갖고서 씨름하는 것보다 내려놓음으로써 가벼워지는
홀가분한 마음을 경험하면
가지고 가야 할 것이 있는지를 곰곰이 생각하게 된다.
사람과 물질을 떠나,
나라고 여기고 있는 몸과 마음마저도
가지고 다닐 이유가 전혀 없음을 깨닫게 된다.

몸은 나에게 원하는 것이 없다. 몸은 스스로 알아서 작동한다. 오히려 내 몸이라는 생각이 자기 마음대로 하는 폭력을 몸에게 행하고 있음을 모른다. 몸에 부당한 것을 먹이거나, 자신이 좋아하는 것이라고 자신의 만족이 채워질 때까지 먹고, 마시고, 몸에게는 묻지도 않고 혹사시킨다. 해야 할 일이라고 여기면 몸 상태와는 관계없이 밀어붙이고 몸을 노예 취급하며 자기 마음대로 부려먹는다. 몸은 마음이 필요하지 않다. 몸은 마음도 나도 필요치 않다.

마음은 나를 항상 도외시한다. 느낌 그대로 놓아두는 법이 없이 항상 마음대로 다르게 각색하여 생각을 앞세우고 원래의 것은 간 곳이 없다. 배우고 경험한 과거의 것으로 판단하고 해석하여, 지금 느낀 것은 순식간에 사라진다. '마음먹은 대로 된다.'는 확신에, 다 먹어도 먹어서는 안 되는 마음을 제 맘대로, 마음먹은 대로 휘두른다. 보고, 듣고, 느낀 어떤 것도 그대로 있게 내버려두는 법이 없이 각색하고 해석하여 정리한다. 일체유심조(一切唯心造)라는 말은 모든 것이 마음먹기에 달렸다는 것이 아니라, 일체가 마음이 드러난 것이라는 말이다.

마음은 나를 따돌리고
진실을 볼 수 없게 자신의 세상을 만들어버린다.

몸도 마음도 나와는 무관하게 각자 자신의 일에 몰두하고 있다. 몸은 몸대로, 마음은 마음대로, 각자의 일을 인연에 화합하여 작동하는 것이다. 내가 관여할 일이 전혀 없다. 괜스레 내가 관여하여 서로가 피곤하기만 하다.

머물지 말고 그 마음을 내라는 말은, 가지고 갈 것이 없다는 말이다. 내가 가지고 다닐 것이 하나도 없다. "무거운 짐 진 자들아 다 내게 오라."는 그리스도의 말씀이나, "무심(無心)에 있으라."는 붓다의 말씀은 모두, 가질 것이 없으니 텅 비어 있으라는 말이다.

텅 비어 있으면, "있는 그대로"일 뿐이다.

말(언어 유희)

통째로 보기 위해서는 '나 없음'으로
내 생각을 통째로 날려버려 무심(無心)이어야 한다.

• • •

참되고 바른 견해는 특별한 어떤 견해가 아니다. 알음알이에
갇혀서 조작하는 생각을 바로잡는 것이다. 어떤 형태의 앎이라도
그것은 모두 우리의 마음 안에서 일어나는 사건이기 때문이다.
마음 안의 사건을 외화(外化)하고 대상화하여 '보편적'이라고
주장하는 것은 우리의 착각이고 오만이다. 지금껏 배우고 경험한,
알고 있는 지식을 생각의 바탕에 깔고서 하는 수행은 큰 오류에
빠질 수 있다. 고행이나 선정에 들어서 바른 견해를 얻는 것이
아니라, 바르게 사유하는 것이다. 말에 끄달리어 이쪽과 저쪽을
넘나드는 사유를 벗어나 알음알이를 내지 말아야 한다.

내가 있다는 것은 마음이 벌이는 사건이다. 모든 것이 마음에서
벌어지는 사건이다. 뜨이는 대로 조작하여 마음을 움직이고 이름을

붙여서 헤아린다. 부처도 그리스도도 이름으로 된 글귀이거늘, 그것을 뒤쫓으며 무엇을 구하려 하는가? 메뉴를 음식으로 아는가? 꽃이라는 말을 꽃으로 아는가? 꽃을 꽃이게 하는 데는 보이는 그대로이어야한다. 말이 가지는 오묘함에 마음을 열어서는 안 된다.

전해오는 많은 말들이 후학들에게 얼마나 많은 오류를 범하게했는가? 언어는 정신의 투명성을 흐리는 부유물일 뿐이다. 부처는 '모두가 부처임을 알라.' 하며 바른 견해를 말하고, 예수도 '하늘나라가 너희 안에 있다.'고 말할 뿐, 단 한 번도 우리를 죄인이라 일컬은적이 없다. 자신의 실체를 바르게 보라 하건만, 우리는 죄인일 수밖에없는 존재로 전락하는 언어의 유희에 놀아나고 있는 것이다. 우리는결코 죄인이 아니다. 꽃에 부족한 꽃이 있고 완전한 꽃이 있는가? 꽃은 꽃으로 있을 뿐이다. 거기에 이것저것을 분별하고 부족함을드러내어 완전한 무엇이 있는 듯이 말하지만, 모든 것은 있는 그대로완전하다. 부족한 것은 없다. 있는 그대로 일뿐이다. 그것이 완벽한이 우주다. 수행하여 얻어지는 어떤 것이 있는 것이 아니라, 본래의완전한 나를 보는 것이다. 괜스레 언어의 유희에 놀아나서 부족하고연약한 죄인으로 인식하고선 신통력을 찾아 부족함을 메우는 것이할 일인 줄 아는 어리석음에 매달리는 것이다. 탐심을 키워 번뇌만을낳는 일에 열중하면 진정한 나는 어찌 볼 수 있겠는가? 우리가 정견(正見), 정사유(正思惟) 해야 함은 언어의 유희에 빠지지 않기 위한길이다. 언어의 제한성에 가두어 바로 볼 수 없는 언어의 구조를이해하면 개념에 연연할 일은 없다. 언어로 표현된 것은 실제로그런 게 있는 게 아니고 인간이 그렇게 쓰고 있는 것이라는 점을 이해해야 한다. 그러면 그 언어의 굴레에서 벗어날 수 있다.

말을 배우는 것은 분리를 배우는 것이다. 배워서 분별하는 것이 늘어나면 그것을 지식이 늘었다고 표현하는 것이다. 대상을 있는 그대로 보지 못하고 일정한 개념이라는 옷을 만들어 입혀놓고서 그것을 '진실한 것'으로 여기는 것이다. 말에 놀아나지 않고 그 옷을 벗겨서 '있는 그대로' 보면 번뇌가 곧 보리임을 본다.

임제 선사는 "수처작주 입처개진(隨處作主 立處皆眞)"이라 하였다. 기존의 해석을 들여다보자.

'그대들이 처한 곳에서 주인이 된다면 그대들이 서 있는 그곳이 그대로 진리의 자리이다.'(법정 역)

'처(處)를 따라 주관을 지우니 세워진 처에서는 모든 것이 참답다.'(고광 역)

그러나 이런 해석은 불교의 핵심인 불이(不二)에 어긋나는 잘못된 해석이다. 주인과 종으로 또는 주관과 객관으로 구분하여 살펴볼 위험을 내포하고 있다. 수처작주(隨處作主)는 '주어진 그대로에 따르면'이라는 말이다. "있는 그대로(主)에 다다르면, 즉 조작하지 않고 '있는 그대로' 보면, 서 있는 그 자리가 참된 자리이다." 이렇게 해석하는 것이 바르지 않을까.

주객일여(主客一如)요, 본질과 현상이 하나다. 있는 그대로이다.

임제가 천화(遷化)할 때가 되어 제자 삼성에게 이르기를 "나의 정법안장(正法眼藏)에 대해 네가 향하는 곳을 묻는다면 그들에게 무엇을 말하겠는가?"

삼성이 곧 "할(喝)!"을 하니 임제가 말했다. "나의 정법안장이 저 눈먼 나귀 근처로 가서 사라질 것을 그 누가 알았을까?"

임제의 이 말을 '어리석은 제자로 인해 자신의 정법안장이 사라지게 됨을 한탄하는 것'으로 이해하는 사람이 많은데, 이는 정반대의 잘못된 해석이다. 삼성의 '할(喝)'은 스승의 뜻을 제대로 받아들인 것이고, 이에 대해 임제는 흐뭇함을 표현한 것이다. 스승의 뜻을 어설프게 알음알이로 전하지 않겠다는 제자의 깨인 답으로, '눈먼 나귀 근처로 가서 사라진다'고 하는 것은 '알음알이에 갇히지 않는다'는 의미로 해석해야 한다. 정법안장을 어찌 말로 전할 수 있겠는가? 이에 임제는 제자를 믿고서 단정히 원적(圓寂)한 것이다. 그리하여 "모양도 이름도 여의어서 사람들이 받아들이지 않으니 취모검*을 써서 마치려면 재빨리 갈아야 하리." 게송을 마치고 단정히 원적에 들었다. 여기서 취모검의 역할이 삼성의 '할(喝)'인 것이다.

언어 없는 사유는 불가능하다. 사람은 태어나면서부터 언어로 세상을 구분하고 분리하여 온갖 세상을 내 생각대로 보면서 살아가는 법을 배우기 시작한다. 배운다는 것은 분별을 배우는 것이다. 나누어 보기를 통하여 인류는 비약적인 발전을 하였고, 나누어 놓을 수 있는 한 나누어 알음알이의 벽을 세워놓았다. 그 벽이 전체를 보는 눈을 가리고, 나누어 놓고 보는 습관은 나누어 놓음이 당연한 것으로

---

* 털 한 오라기를 칼날에 올려놓고 불면 그대로 두 동강 날 만큼 아주 예리한 명검.

배워온 것이다. 분별이 일상화된 것이다. 그것이 전체를 보는 눈을 가리고 있다. 어린아이가 되라는 말은 나누어 보지 말라는 것이 아니라, 나누어 놓지 말라는 말이다. 나무만 보고 숲을 보지 못하는 어리석음에서 벗어나야 함을 일깨움이다. 사유하지 않고 어떻게 진리를 볼 수 있겠는가.

언어는 현상을 이해하려고 도입된 개념일 뿐 실체가 아니기에 그 맹점을 깊이 사유하여 언어에 머물러서는 안 된다. 언어에 갇혀 무엇인가를 찾으려 하는 것은 이룰 것이 있는 듯이 착각하여 이루려 애쓰게 된다.

이루어야 할 것은 하나도 없다.
다만 있는 것을 통째로 보기만 하면 된다.
나누어 놓은 대로 보다가,
그 업이 가로막아, 언어의 유희 속에서 헤매게 된다.
통째로 보기 위해서는 '나 없음'으로
내 생각을 통째로 날려버려 무심(無心)이어야 한다.

말에서 오는 습기(習氣)를 벗어나 분별하여 알고 있는 알음알이를 떠나야 한다. 생각이 끊어지면 나누어지지 않는다. 생각이 끊어지는 경험은 어느 순간 찾아오는 것이며, 고행이나 선정을 통해서도 아니요, 말을 통해서도 아니다.

세상은 우리들 자신의 마음에서 창조되었다. 우리들 자신의 마음에 의해서 커져 가고, 우리들 자신의 마음에서 세상이 존재한다. 사람마다 가지고 있는 세상이 다 다른 까닭은 사람마다 가지고 있는 언어가 다르기 때문이다. 모든 사람은 자기의 이야기를 하고 있을 뿐이다. 자기 세상의 이야기를 하는데 타인이 어찌 알 수 있겠는가? 지적인 이해는 개별적인 것이다. 자유의 정의를 암기한다고 해서 자유가 얻어지는 것이 아닌 것처럼, 지적인 장난을 잊는다면, 언어의 유희를 떠나, 모두가 하나임을 깨닫게 된다. '그대가 나'이므로 사랑하지 않을 수 없는 사랑이 충만한 세상을 본다. 언어는 진리를 가리키는 손가락일 뿐이다. 지혜의 주인이 되어서도 안 되고, 앎을 떠나 비어 있는 것이다. 사랑과 자비가 진정한 언어다.

무상(無常)

'이것이다'라고 하는 순간 벌써 '저것'이 되어 있는 것을
어찌 '참'이라고 할 수 있겠는가? 진실은 변하지 않는다. 거짓만이 변한다.

• • •

유명 가구회사에서 반품된 가구를 새것인 것처럼 판매한 사실이
드러나 많은 소비자들로부터 원성을 산 일이 있다. 어찌 가구뿐이겠
는가? 음식도 주문한 지 오랜 시간이 경과하고 나면 음식이 불어서
제맛을 유지하기 어렵다. 그래서 고객은 원래 주문한 음식과 다르다
며 대금 지불을 거부하기까지 한다.

하지만 본래 세상은 무상(無常)한 것이다. 이 세상 모든 것은
한시도 멈춤이 없이 변하고 변한다. 그럼에도 변함의 차이가 미묘하
지 않으면 다르다고, 원래의 것이 아니라고, 참이 아니라고 항변한다.

그런데 참으로 신기한 것은, 자기 자신만은 항상(恒常)한다고
믿는다는 것이다. 어릴 적의 나도 나요, 지금은 변하여 너무도
많이 달라졌지만 그래도 '나'라고 한다. 어릴 때 헤어진 친구가

못 알아볼 만큼 변하였어도 '나'라는 생각에는 변함이 없다. 외모는 변하였을지라도 마음은 변하지 않았기에 나라고 여기는 것인지 모르지만, 살펴보면 마음도 변하지 않는 때가 없다. 그리도 갈망하던 것도 내 것이 되고 나면 시들해져서 별 가치를 못 느낀다. 심지어 사랑하는 사람마저 내 것이라 믿고 나면 '잡아놓은 고기에 미끼 줄 일 있느냐?'라며 내팽개쳐두고, 제 볼일 차리기에 바쁘다. 이처럼 믿을 것이 못 되는 게 마음이다. 그렇다면 무엇을 보고 '나'라고 굳게 믿고 있는 것일까? 시시각각으로 변하는 그 나를 보고 같이 변해가는 마음이 함께하며 몸과 마음이 같이 하기에 '나'라고 믿는 것인지도 모른다. 손때 묻은 오래된 가구에 오히려 정을 붙이는 것처럼, '나'라는 이미지에도 날로 애착을 더해 간다.

모든 것이 생각이 만들어 낸 마술이다. 생각하기에 따라 변하여 조금이라도 다르면 '아니다' 하고, 아무리 변하여도 제 것이라 여기면 항상(恒常) 하는 것으로 믿는다. 첫사랑이 그리워 만나고 나면 '그 사람'이 아니라고 못내 아쉬워하면서도, 자기가 변한 것은 인정하지 않는다. 생각이 부리는 마술에서 벗어나 '있는 그대로' 보기 위해서는, 무상(無常)함을 확실히 터득해야 한다. 무상을 인정하자니 자기의 정체성이 사라져 인생이 덧없음에 회의를 느끼고 우울해지는 것을 견딜 수 없기에 진실을 보려는 마음을 애써 외면하곤 한다. 하지만 그럴수록 더욱 더 진실을 보아야 한다. 헛된 가치에 매달려 인생을 허비하느니, 하루를 살더라도 진실을 보는 것이 참삶이다.

모든 것이 무상하여 나 있을 곳을 찾을 수 없는 두려움이 엄습할지라도 진실을 보고자 하는 마음이 절실하면 진정한 자기 자신을 볼 수 있다. 온 세상을 품고 있는 '여여부동(如如不動)'한 자신이 있음을 보게 된다. 이것을 깨달음이라 하지만, 깨달음이라 할 것도 없이 있는 것을 있는 그대로 보는 것이다. 한시도 변하지 않고 있는 것이 없는데도, 이 세상이 그대로인 듯이 보이는 것은 생각이 만들어 낸 허상(虛相)임을 숙고하여 무상(無常)함을 깊이 살펴보아야 한다.

'이것이다'라고 하는 순간 벌써 '저것'이 되어 있는 것을 어찌 '참'이라고 할 수 있겠는가? 진실은 변하지 않는다. 거짓만이 변한다. 거짓을 진실이라고 여기는 것은, 그러한 생각으로 살아온 생각의 산물이다. 변해만 가는 '나'를 '나'라고 믿은 것이 잘못이다. 내가 있음에 남도 있어야 하고, 그래서 나와 남을 분리하고 분별한다. 이러한 분별은 무상함을 도외시하기 때문이다.

무상한 것의 실체는 없다. 없는 것을 있다고 분별하는 분별의식에서 벗어나 모두가 하나임을 보아야 한다. 이름과 개념으로 분별하는 것은 생각의 산물일 뿐이다. 생각이 끊어진 자리에서는 나누어질 것도 없다. 생각이 모든 것을 나누어 놓았다.

깊이 살펴보면 모든 것이 생각의 산물이다. 공부도 분별하는 작업이고, 나와 나 아님의 분별도 생각의 작용이다. 분별하여 온 것이 우리네 삶 자체가 되어 버려서, 분별하지 않고 살아갈 수는 없다. 하지만 이것은 살아가기 위한 기술적인 측면이며, 진실을 보고자 한다면 조작되지 않은 '있는 그대로'이어야 하기에 생각을 믿어서는 안 된다.

"하지 말고 쉬라"고 하지만, 이것이 그리도 어렵다. '내가 있다'라는 엄청난 믿음과 고집으로 똘똘 뭉쳐진 생각에서 벗어나기 전에는 결코 쉴 수가 없다. 내가 있다고 믿기에 그 나를 있게 하기 위한 모든 생각이 끊임없이 들고 일어나 한시도 쉬게 내버려두지 않는다. 무상하다고 하면서 '무상한 나'에 갇혀 있다. 변해가는 나에 얽매여 꼼짝을 못하고 있다. 변하여 언제 사라질지도 모르는 나를 나라고 믿으며, 죽음에 다다르기까지 얽매여 있을 것인가?

　나 홀로 어찌 존재할 수 있을까? 어느 것 하나도 홀로 존재할 수 없다. 모두가 하나로 엮이어 공동운명체로 살아간다. 내가 있고서는 그 무엇과도 같이 할 수 없다. 내가 있고 난 후의 가족은 나를 채워줄 존재들일 뿐이다. 내가 있고 난 후의 국가도 마찬가지다. 진정한 사랑은 '자기 포기'이다. 따라서 내가 있다는 생각에서 떠나야 한다. 내가 있다는 이 생각이 끊어지면 나누어지지 않고 모두가 하나다. 모두가 하나이기에 빈 마음에는 온 우주가 호응한다. 자신의 생각을 비우고 가족을 대해 보라. 그러면 확연히 느낄 수 있다. 진실은 믿는 것이 아니라, 확인하는 것이다. 내 뜻을 뒤로 하고, 자신의 생각을 떠나 배우자와 자녀의 얘기에 귀 기울여 보라. 확실하게 확인될 것이다. 무상(無常)함을 무상(無常)하게 보고 나에 얽매여 있을 일이 아니다. '나 없음'의 빈 마음으로 모두와 하나임을 보면 아버지는 사랑임을 여실히 알 수 있다.

　내 생각을 믿지 말고, 무상(無常)을 확인하라. 그러면 아버지와 하나로 여여부동(如如不動)한 유상(有常)이다. 무상(無常)이 곧 유상(有常)이 된다.

뻐꾸기 둥지

'여우도 쉴 둥지가 있지만 나는 머리 둘 곳도 없다'는 말씀은 쉴 곳이 없음을 한탄하는 이야기가 아니다. '온 천하가 내 집'이라는 말씀이다.

• • •

뻐꾸기는 둥지가 없다. 다른 새들의 둥지에 살며시 알을 낳고는 둥지 주인이 알을 품고 부화하여 기르고, 둥지를 떠난 뒤에도 7일 정도 가짜 어미로부터 먹이를 받아먹는다. 일찍 부화한 뻐꾸기 새끼는 같은 둥지 안에 있는 가짜 어미의 알과 새끼를 등에 업고서 둥지 밖으로 떨어뜨리고 둥지를 독차지한다. 그렇게 남의 둥지를 차지하고서도 뻐꾸기로서의 정체성을 가지고 산다. 고마움도 미안함도 없이 당당하게 뻐꾸기로 살아간다.

하지만 인간은 정반대다. 자신이 누구인지를 모르고, 인간이라는 굴레에 갇혀 살면서도 인간이라는 정체성을 드높이며 살아가려고 애쓴다. 자신이 얼마나 잘못 보고 있는지를 모른다. 뻐꾸기 알이 가짜 어미 새의 알이 아닌 것처럼, 우리가 인간이라는 것도 우리의 가짜 정체성일 뿐이다. 우리는 인간이기 전에 모든 것이다. 인간은 인간의 굴레 안에 갇혀 있는 존재가 아니다. 스스로 인간이라고 굴레를 씌워 그 굴레 안에서 살아가는 어리석은 존재이다. 모든 것이 다 갖춰져 있건만 굴레 안에서 살기에, 늘 부족하다고 여기고 구하고 구하다가 인생을 마친다. 천하가 둥지이건만 제 나름의 둥지를 마련하겠다고 남의 둥지에 알을 낳는 뻐꾸기를 뻔뻔하고 고약하다 하지만 제 집 놔두고 따로 집 장만 하여 사는 인간을 뻐꾸기는 뭐라 할까?

우리는 인간이 아니다. 어쩌다가 한 인간을 지켜보게 되었을 뿐이다. 우리는 이 세상 모든 것을 지켜보고 있는 존재이다. 끊임없이 변하는 세상이지만, 우리가 인식하는 그대로의 모습으로 놔두기만 하면 된다. 마치 바다는 파도가 하는 일에 관여하지 않듯이. 그 모두를 있는 그대로 보고 그 모두가 나와 하나임을 자각하는 것이다. 우리는 엄청나게 광대무변한 존재이다. 뻐꾸기가 둥지가 없듯이 우리 모두가 사실은 둥지가 없다. 예수는 '여우도 쉴 둥지가 있지만 나는 머리 둘 곳도 없다'고 하였다. 쉴 곳이 없음을 한탄한 이야기로 오해해서는 안 된다. '온 천하가 내 집'이라는 말씀이다. 모든 것이 갖춰진 아버지의 아들이니, 온 우주가 자신의 것이라는 말씀이다.

인간에 머물러서는 안 된다. 우주 만물이 '나'임을 보라. 시야를 넓혀 경계 없는 세상을 요모조모 살펴서 그것들과 함께 살아가는 것이다. 중생이 부처요, 부처가 중생인 삶. 그대가 나이기에 사랑하지 않을 수 없는 우리가 되어 이 세상이 천국임을 아는 것이다. 아상(我相), 인상(人相), 중생상(衆生相), 수자상(壽者相)을 여의고, 나와 다른 존재가 있다는 상(相)이 사라진 진정한 나를 보는 것이다.

우리의 사고가 인간의 범주를 넘어서지 않고는 스스로에 얽매여 엄청난 시련에 봉착하게 된다. 그것이 필연의 이치다. 이렇게 완벽한 우주에 무슨 할 일이 있다고 인간을 위한 일만을 일삼는다면, 인간이 서 있을 곳이 어디 있겠는가?

우리는 인간이라는 협소한 존재가 아님을 하루빨리 알아차려야 한다. 인간의 욕망이 얼마나 어리석은 것인지를 깨닫지 못하면 풍요 속의 빈곤은 날로 심해져서 모두가 허약한 인생을 살아가게 될 것이다. 힘이 많으면 많을수록 번뇌가 커지는 법이다. 가진 것을 사용하고픈 욕구를 더 갖게 되는 것이다. 그래서 사랑만이 모든 근원적인 해결이요, 우리가 사랑이라는 것이다. 나를 떠나고, 인간의 굴레를 벗어나면 본래부터 그러했던 사랑으로 충만한 나를 본다.

'나라고 여기던 나'는 나가 아니다. 나는 훨씬 훨씬 거대하고 무한한 존재이다. 모든 것을 품에 안은 무한한 존재이다. 유한에 가두어 불편함을 감내하지 말고 모든 고통에서 해방된 자아를 보아야 한다. 진정 우리는 붓다요 그리스도이며 하나님 아버지의 아들로 온 우주의 주인이다. 주인이 주인으로서 하는 일이 현상으로 나타나는 것이다. 현상이 본질이요, 본질이 현상이다. 있는 그대로이다. '있는 그대로' 다 나인 것을 받아들이지 못할 것이 있겠는가? 모든 것이 사랑하지 않을 수 없는 나이다.

놓아 보내기

제 스스로의 모습에 그대로 있는 것이 부처요,
하나님은 스스로 있는 자이다.

• • •

우리는 지나온 경험과 생각과 감정을 토대로 일어난 생각을 점검도 안 해보고 그대로 믿어버리곤 한다. '세 살 버릇 여든까지'라고 잘못 형성된 생각들을 자기의 정체성 삼아 그것을 끌어안고 평생을 살아간다. 도무지 새롭게 살펴볼 마음이 없다. 부여잡고 얽매이느니 놓아 보내고 자유로움이 퍽이나 좋으련만, 자기가 만들어낸 생각을 따르며 거기에 붙잡혀 산다.

나는 왜 내 생각을 믿을까? 무엇이 나를 그토록 믿게 만드는 것일까? 생존의 본능이 자기방어적인 에너지를 방출하는 것이라면 이제는 몸보다 자신의 내면을 돌아볼 때이다. 신체적 안전보다는 심리적 안정을 지키는 것이 보다 더 중요하다. 외부의 힘에 대응하기보다는 내부에서 일어나는 불안과 초조함 그리고 두려움과 맞서 싸워야 할 때이다. 여기에 옛것을 잔뜩 끌어안고 나가 싸울 수는 없다. 에너지의 흐름이 원활하도록 막히는 곳이 있어서는 안 된다. 모든 것이 자유롭게 소통하도록 흘려보내야 한다. 가진 것이 아무리 소중하고 아까워도 그것을 흘려보냄만 못하다. 거기에 연연하여 있느니 새로운 세상과 함께하는 것이 훨씬 중요하다. 그것으로부터 해방된 자유를 만끽하는 것이다. 오는 생각을 미련 없이 놓아 보내는 것이다. 거기에 머물 이유가 없다. 다른 사람들이 뭐라 하든, 무슨 짓을 하든, 그것을 놓아 보내는 데는 아무런 상관이 없다. 진정한 해방은, 스스로 잡혀 있는 생각으로부터 자신을 놓아 보냄으로써 이루어진다. 그 어떤 일이 일어나도 그것을 온전히 놓아 보낼 수 있느냐 하는 것만이 과제이다.

응무소주이생기심(應無所住而生其心), 마땅히 머무는 바 없이 그 마음을 낼지니라. 금강경에 나오는 이 말은 모두를 놓아 보내라는 말이다. 자기를 해방시키는 첫걸음이자 전부라고 할 수 있는 '놓아 보내기'는 '자기를 놓아 보내는 일'이 전부이다. 자기를 잡고 있어서는 놓아 보낼 수 없는 생각과 감정이 언제든지 밀려올 수 있다.

자신을 놓아 버려라, 그러면 모든 것을 놓아 버릴 수 있다. 자신을 헌신짝 버리듯이 내버려라. 그것이 두렵거든, 두려움을 안고 사는 지금의 나를 보라. 무엇을 하든 늘 무거운 마음의 짐을 지고, 고통과 슬픔과 번민이 함께하는 두려움을 느끼거나, 그것을 느끼지 않으려는 갈등과의 싸움 속에 있는 자신을 보라. 지금 두려움에 있다면 두렵지 않은 길이 있음을 보라. 두려움을 일으키는 모든 마음을 놓아 보내라. 즉, 그 생각에 갇혀 있는 자신을 놓아 보내는 것이다.

자신을 버리면 모든 두려움이 사라진다.

잡고 있기에 두려운 것이다.

마땅한 것과 마땅치 않은 것, 옳음과 그름 등등

모든 것에 대한 당신의 정의는

당신에게 문제가 없게 하기 위해

당신이 쌓아올린 방어벽에 불과하다.

모든 일이 이렇게 또는 저렇게 흘러가야만 한다고 정의했기 때문에 생겨난 것이다. 당신을 귀찮게 하지 않는 것은 문제가 없고 귀찮게 하는 것은 문제가 있다. 있는 그대로와는 상관이 없다. 오로지 당신의 정의일 뿐이다. 그러니 있는 그대로 보라. "제 스스로의 모습에 그대로 있는 것이 부처요, 하나님은 스스로 있는 자이다."

죽음만큼 두려운 것도 없다. 모든 것을 잃게 되는 죽음보다 두려운 것은 없다. 하지만 죽기 전에 자신을 놓아 버리면 죽음은 축복이 된다. 죽음만한 스승도 없다. 어떤 사람이나 상황도 죽음만큼 많은 것을 가르쳐 주지 못한다. 가진 것이 귀한 것이든 하찮은 것이든, 그것이 얼마나 하찮은 것인지를 깨우쳐 줄 스승은 죽음이다. 죽음은 모든 것을 순식간에 앗아가 버린다. 존귀함도, 빈천도 모두 앗아가서, 죽음은 단번에 만인을 동등한 위치에 가져다 놓는다. 이것을 마지막 순간까지 기다릴 것이 아니다. 나를 버리는 순간 그것을 깨우치게 된다. 모든 근심과 두려움은 내가 있으므로 나타난다.

어려움이 닥치면 죽음을 생각해 보라. 내쉰 숨을 다시 들이마실 수 없다면 거기에 필요한 것이 무엇이 있겠는가? 한 호흡 간에 이 모두가 바뀌어 버릴 수 있는 것이라면 무엇에 연연할 일이 있겠는가?

살아있는 동안에 자신을 버리면 이 모든 것을 경험할 수 있다. 그 무엇에도 연연할 것이 없이 진정한 자유를 누릴 수 있다. 설혹 왕궁을 버렸다 해도 자신을 버리지 않으면 버린 게 하나도 없음이요, 자신을 버리면 설혹 왕궁을 가지고 있다 하더라도 가진 것이 하나도 없는 것이다. 자유는 '자기 놓아 버림'에 있다.

나를 놓아 보내고 나면 그것이 무엇이든 무슨 상관이 있겠는가? 지옥에서 천국까지 어떤 것에도 걸림이 없다. 그런 현상이 있을 뿐이다. 지옥일지라도 관계없고 천국이어도 그럴 뿐이다. 나는 그런 현상과 유유자적하며 노니는 것이다.

바보야, 돈이 아니야

무엇이든 붙잡으려고 하는 마음에는 평화가 자리할 공간이 없다.
무엇이든 놓아 보내라. 그러면 영적으로 충만해지는 자신을 느낄 것이다.

• • •

　돈이 없는 것도 아니면서 너도나도 돈타령이다. 돈으로 무엇을
하려는지 물으면 의식주를 다 갖추고 유지하기 위해서라고 답변하지
만, 이미 다 갖추어놓고도 돈타령을 떠나지 못하는 경우가 많다.
삶이 어떠어떠해야 문제가 없을지를 정해 놓고 그에 맞추어 꼭
필요한 것이 돈이라고 믿고서, 돈으로 안전을 확보하려고 발버둥치면
서 살아간다. 세상에 돈이면 안 되는 일이 없는 것으로 만들어 놓고,
돈을 위해 살아간다. 나를 위해 돈이 필요한 게 아니라 돈을 위해
내가 있다. 돈이 없이는 아무것도 할 수 없다는 두려움에 가진 돈이
얼마인지는 보려고도 하지 않고 필요할 것이라고 막연히 생각하
는 돈을 좇아간다. 마치 그리스 신화에 나오는 프로크루스테스의
침대 이야기처럼 침대에 사람을 맞추려는 듯이 돈을 따라 삶을
살아간다. 삶에 돈이 필요하기보다는 돈에 삶이 필요한 것이

되었다. 돈을 벌기 위해 살아간다. 삶의 목적이 삶 자체이기보다는 돈이 앞서 있다.

우리는 있는 그대로의 삶에 문제가 있다는, 혹은 펼쳐질 그대로의 삶은 문제가 있을 거라는 생각을 어떻게 하게 되었을까? 자연스럽게 흘러가는 그대로의 삶이 옳지 않다고 누가 말했는가? 그것은 두려움 때문이다. 두려움을 피하려는 마음으로 그것을 건드리는 일만 생기지 않도록 애쓰는 가운데 세상은 갈수록 험한 곳이 되어간다. 내면의 두려움과 불안, 근심과 걱정으로부터 벗어나려고 노심초사하다 보면 삶은 그것과의 전쟁터로 변하여 세상은 정말 무서운 곳이 된다. 그래서 세상과 싸워 이겨야 한다는 강박감에 무한 경쟁을 내세워 경쟁을 미덕으로 새워놓고 패배했을 때의 불안까지 떠안게 된다. 불안으로부터의 안위를 돈에서 찾아온 것이 불안을 더욱 키워온 줄을 모른다. 이렇게 살아도 되는지 모르는 불안까지 더불어 안게 된 것이다.

대안은 삶과 싸우지 않는 것이다. 삶이 내 마음대로 되는 것이 아님을 깨닫고 받아들이는 것이다. 삶은 끊임없이 변해가고, 그것을 통제하려고 해서는 결코 삶을 온전히 살 수 없다. 성장하기 위해서는 같은 자리에서 안전을 추구하느니 변화를 포용하기를 배워야 한다. 삶은 사는 게 아니라 살아지는 것이다. 변화를 허용하고 수용하여 그것과 함께하는 것이다.

돈이 있으면 있는 대로, 없으면 없는 대로, 그대로를 인정하고 수용하라. 미련일랑 그 자리에서 놓아 보내라. 크게 잃을수록 놓아 보내는 보상도 크다. 삶이 돈에 의해서 좌우되는 것이 아님을 보게 될 것이다. 돈은 생존에 필요한 것으로, 생존 본능으로 돈을 쫓지만 신체적 안전에 불안을 느낄 것은 없다. 불안은 나의 생각일 뿐이다. 이제 심리적 안정을 지켜야 하는 때이다.

돈은 사실 아무 힘이 없다. 우리가 부여한 돈의 힘은 마음의 평화를 위해서는 쓸모가 없을 때가 많다.

많이 가진 돈에는 지켜야 하는 불안이 함께 한다.
무엇이든 붙잡으려고 하는 마음에는
평화가 자리할 공간이 없다.
무엇이든 놓아 보내라.
그러면 영적으로 충만해지는 자신을 느낄 것이다.
부여잡고 있을 것이 없다.
무엇이 오든 그대로 흘려보내라.
얼마나 홀가분해지는지 그 자유로움을 즐겨라.

육체는 나라는 관념이나 마음을 필요로 하지 않는다. 신체 그대로 놓아두어라. 신체에 관여할 일이 없다. 신체를 위한 돈은 그리 많이 필요치 않다. 신체의 즐거움을 위한 돈이 필요한 것이다. 그것이 나의 즐거움인 줄 알고 육체를 제 마음대로 학대하여 건강을 망가뜨려 놓고도 그것을 모른다. 돈을 잘못 사용한 데서 온 참사다.

이제 그렇게도 힘을 자랑하여 온 돈의 시대는 가고 마음의 안정을 위한 영성의 시대가 오고 있다. 그대가 원하는 것은 돈인가, 행복인가? 그대 자신을 찾으라. 돈이 아니다. 있는 그대로 보면 이 세상은 더없이 완벽하다. 그대로 놓아두기만 하면 평화롭고 행복한 세상일 것을, 돈을 좇아다니며 험난한 세상으로 만들지 말라. 그대 마음의 평화를 찾으라. 그것은 오로지 그대 뜻에 달려 있다. 무거운 짐을 지고 험난한 세상을 살 것인가, 무거운 짐을 내려놓고 평화로운 세상에서 살 것인가? 그대가 결정하기에 달려 있다.

주식의 시세표 앞에 앉아서 오르내리는 시세에 가슴을 저리며 매매를 궁리하는 사람이 게임에 빠져 있는 자녀를 호되게 나무란다. 자신은 초조해하며 온갖 망상과 싸우고 있으면서 게임을 즐기고 있는 자녀에게는 그게 할 일이냐고 꾸짖는 것이다. 자신의 의지와는 무관하게 움직이는 주식 시세에 자신을 맡겨놓고는 게임을 운영 중인 자녀를 나무란다. 자기는 돈을 벌려는 행위요 자녀는 쓸데없는 일을 하고 있다고 믿는 것이다. 마치 시세표 앞에서 긴장하고 있으면 주식이 오르라도 하는 것처럼 집중하여 보지만, 주식 시세는 자신의 뜻과는 무관하다. 그저 팔까, 살까를 저울질하고 있을 뿐이다. 남들이 자기가 가진 주식을 사주기를 바라고, 사고 싶은 주식은 팔아주기를 바라지만 내 마음과 같은 사람이 있을까? 삶의 모든 것이 주식 놀음과 같아서 '인생은 나이롱뽕'이라 하지 않는가. 집을 사고팔 때도 그렇고, 모든 거래가 그렇지만 내 마음과 같은 사람은 없다. 어쩌다 뜻이 같아 뜻이 이루어지면 나의 선택이 탁월했음을 내세우지만 그것은 시절 인연의 화합으로 그리된 것이다. 내가 했기에 이루어진 것처럼 보이는 것은 그리 보기 때문이다. 일어나는 모든 일은 나에게 일어나는 것이 아니라, 그런 일이 있는 것이다. 투자한 결과를 가지고 생각하는 것은 이야기의 창작물일 뿐이다. 하지 말고 보라는 말을 알기까지는 과거의 이야기를 믿고 허상에 속으며 사는 것이다. 지금에 있으면, 어찌하는 것이 좋을까 애달 아 할 일이 없다. 지금 이대로 충분하다.

'시간은 돈이다.'는 망언이 명언처럼 된 시절이 있었다. 사람마저 상품화하여 돈으로 환산하는 세상에 시간을 돈으로 보는 것은 당연한 일인지도 모른다. 하지만 내 삶을 송두리째 돈으로 환산하는 일은 너무도 서글프다. 인간적 가치가 생산에서 제거된다면, 소비에서도 인간적 가치는 고려의 대상이 아니기 십상이다. 삶의 가치를 어디에서 찾아야 할까?

돈과의 적당한 거리는 나를 돌아보는 시간을 갖게 한다. '나'라는 주체가 있다고 생각하여 객체인 돈을 지배하고자 하는 생각으로 돈에 힘을 부여하여 그 힘으로 지배의 욕구를 충족하려 하지만, 행복을 찾아 떠나는 삶의 여행에 주객의 대립은 걸림돌이 될 수밖에 없다.

돈은 그리 많이 필요치 않다. 위대한 예술은 존재의 가장 깊은 곳에서 나온다. 자신의 깊은 곳으로부터 올라오는 에너지의 흐름을 느껴보라. 그 자리에 물질이 차지할 공간은 없다. 진성한 나를 볼 때, 물질에 신경 쓸 일은 자연스레 사라진다. 물질이 많을수록 짐이 오히려 무거워질 뿐이다. 져야 할 이유가 없는 짐을 지고 다닐 필요가 어디에 있겠는가?

세상에 나 아닌 것이 없다. 가장자리 없는 우주, 그것이 바로 '큰 나'이다. 작은 나에 붙잡혀 있으면 결코 진정한 나를 볼 수 없다.

크고 거대한 나를 보라. 그대가 진정 부처요, 그리스도다.

예의 극치는 나와 남을 구별하지 않는 것이요,
의의 극치는 나와 사물을 구별하지 않는 것이다.
앎의 극치는 꾸미지 않는 것이고,
사람됨의 극치는 편애하지 않는 것이요,
믿음의 극치는 돈을 필요로 하지 않는 것이다.

인과(因果)와 인연(因緣)

한 그루의 나무, 풀 한 포기, 그리고 우리가 있기 위해서는
전 우주가 필요하다. 모르는 것이 당연하고, 모름지기 모름을 지켜야 한다.

· · ·

모든 일의 결과에는 반드시 그 원인이 있다. 원인이 초래한 결과를
인과응보(因果應報)라 하여 반드시 그 과보를 받는다는 믿음으로
세상을 바라보곤 하지만 거기에 어긋나는 듯이 보이는 일이 다반사로
일어난다. 그래서 '과연 신이 계시기나 한지 모르겠다'는 원망과
의문을 함께 쏟아내곤 한다. 선한 일을 하면서 선한 보상이 따를
것으로 믿어 의심치 않지만, 결과는 기대와 다를 때가 너무나 많다.

이는 부처님이 설하신 연기법(緣起法)을 잘못 이해한 데에서 기인
하는 것이다. '인과'와 '인연'은 확연히 다르다. 인과론은 매우 이성적
인 듯 보이지만, 원인에 따른 결과가 반드시 일어나면 원인에 갇혀
사는 협소한 삶이 되기 쉽다. 좋지 않은 결과가 나타나면 모든 문제가
준비 부족이나 잘못한 일에 기인하는 것으로 귀착되기에 자신의

잘못으로 인한 자책감에 시달리게 되기 쉽다.

오늘날 많은 문제가 이렇게 잘못 이해한 관념에서 비롯된 것으로 실패나 패배를 자신의 노력 부족으로 돌려 실패와 패배의 소중한 가치를 묻어버린다. 패배 없는 승리와 실패 없는 성공은 큰 의미가 없다. 패배와 실패 속에서 승리와 성공은 여물어 간다. 패배와 실패는 참으로 값진 경험이며 우리를 일깨우는 소중한 자산이다.

부주의에서 오는 인재(人災)란 없다. 결과에 맞춘 원인을 찾다 보니 주의했으면 하는 아쉬움의 표현일 뿐, 오랫동안 이어온 습관과 관행 그리고 욕망에 눈이 멀어 보지 못하는 것이다. 옳음을 내세워 그름을 단죄하는 인과응보란 존재하지 않는다. 무엇이 옳고 무엇이 그르단 말인가? 단지 인연과보(因緣果報)가 있을 뿐이다. 결과를 보고 원인을 찾고 내세우는 것은 옳음을 내세우는 것과 다르지 않기에 잘못된 결과에 그름까지 덧씌우는 의도하지 않은 결과를 초래할 수 있다. 천지불인(天地不仁)*임을 숙고하여 그것이 무엇이든 의식의 전환에 가장 도움이 되는 경험임을 보라. 일어나는 모든 일은 나를 위해 일어난다.

우리는 어떤 일이 왜 일어나는지 알 수 없다. 일어나는 모든 일이 무수히 많은 인연 화합으로 일어나는데 그것을 어찌 알 수 있겠는가?

---

* 도덕경 5장에 나오는 말로, '하늘과 땅, 즉 자연은 마냥 어진 것이 아니다'라는 뜻이다. 천지불인 이만물위추구(天地不仁 以萬物爲芻狗), 성인불인 이백성위추구(聖人不仁 以百姓爲芻狗). 속뜻을 옮기면 '천지는 어질지 않다. 사람이라고 해서 달리 대접하는 것이 아니라, 만물을 풀과 개와 똑같이 대한다. 성인 또한 마찬가지로, 늘 어질지 않아서 백성을 풀과 개와 똑같이 대한다.'

온 우주의 일을 알 수는 없다. 태양과 지구와 바람과 물의 영향이 없이 일어나는 일이 있을 수 있을까? 태양계는 우리 은하의 영향을 받고, 우리 은하는 온 우주의 영향을 받는다.

한 그루의 나무, 풀 한 포기, 그리고 우리가 있기 위해서는
전 우주가 필요하다.
모르는 것이 당연하고, 모름지기 모름을 지켜야 한다.

다만 알 수 없는 인연으로 일어난 이 순간의 그러함에 순응하는 것이다. 인연이란 단순한 만남이 아니다. 바람도 피할 수 없는 인드라망의 무수한 그물코에 있는 보석이 서로를 빠짐없이 비추며 서로를 하나로 엮은 거대한 것이다. 무엇이 원인이라고 할 수 없이, 통(桶)으로 하나의 일이다.

제일 안타까운 일은 인과론을 믿고서, 열심히 노력하면, 참으로 열심히 수행하면, 깨달을 수 있다는 믿음으로 잘못된 방향으로 헛된 고행을 하는 것이다. 깨달음은 수행하여 얻어지는 그렇게 작은 것이 아니다. 모든 것을 있게 하는 '전체인 나'를 보아야 한다. 생각으로 다가갈 만큼 작은 '나'가 아니다.

제발, 다가가려 하지 마라. 성경, 불경도 생각으로 접근하면 에고의 일이 된다. 떠오르는 생각을 어찌할 수는 없다. 다만 떠오르는 생각과 감정을 알아차리는 것에 길이 있다. 그것이 에고를 다스리는 법이다. 에고는 알아차리기만 하면 참으로 온순하다.

폭풍이 몰아치는 성난 바다가
알아차리는 순간 잔잔한 호수가 된다.

예고를 알아차리는 '나'는
지금 여기에 있다.
지금 이 순간의 그러함에 있는 것이다.
인연의 흐름에 맡기고
왜 그런지는 알 수 없음을 알아서 모름에 있으라.

평화

진실로 나 아닌 밖의 것은 나의 투사일 뿐, 내 안의 것을 변화시키지 않고는 세상의 어떤 것도 변화시킬 수 없다. 오로지 나만 변화할 수 있다.

• • •

모든 사람이 평화를 열망한다. 평화는 온 세상이 함께 부르는 노래이고, 우리 모두가 염원하는 소중한 가치다. 그러함에도 평화롭기는 쉽지 않다. 평화는 늘 아슬아슬하게 유지되거나 쉽사리 깨지고 만다. 온갖 갈등이 일어 괴로울 때마다 갈등에서 벗어나고픈 욕망은 또 다른 갈등을 부른다.

평화의 적은 갈등이다. 평화로움도 잠시, 무슨 생각인가 솟구쳐 올라오면 마음은 갈등으로 번져 평화를 잃는다. 원하는 것이 이뤄지면 평온이 찾아오지만 그것도 잠시, 원함은 끝없이 이어져 갈등에서 벗어날 수 없다. 끊임없이 갈등이 이어짐은 이것저것을 비교하며 좋고 싫음을 분별하는 데서 온다.

갈등의 고리는 이것과 저것을 상대적으로 보는 데 있다. 이것에 대하는 저것이 필연적으로 있다. 저것은 이것으로부터 나왔고, 이것 역시 저것에 말미암은 것이다. 옳은 것에 근거하는 것은 곧 그른 것에 근거하게 되고, 그른 것에 근거하면 곧 옳은 것에 근거하게 되는 것이다. 이러한 갈등의 뿌리는 이성과 논리로써 알 수 있는 것이 아니다. 인간의 지식과 언어 너머, 만물이 스스로 그러함에서 찾아야 한다. 시비(是非)를 비롯한 모든 생각을 버리고 자연의 흐름을 따르면 평화롭다.

우리가 평화롭지 못한 것은 개념이라는 인식의 틀에 갇혀 있기 때문이다. 우리 각자가 가진 인식의 틀은 외부세계에 대한 왜곡이고 자기구속이기도 하다. 마음의 편향과 고집이 진실을 보지 못하게 하고, 시비를 따지고 억지를 부리게 하며, 평화를 깨트린다. 사물을 사물 그 자체를 두고 보는 것이 아니라 우리 생각을 넣어 해석하는 것이 문제를 만드는 것이다.

우리가 보는 세상은 순전히 우리의 생각이다. 사랑하는 사람을 있는 그대로 사랑하는 것이 아니라 우리가 개조해 낸 허구적 존재의 틀에 끼워 맞춰 사랑하고, 하나님이 아니라 우리 자신의 우상 관념을 숭배한다.

마음을 왜곡하는 중요한 요인은 신념에서 온다. 자신이 만든 특정한 신념만으로 모든 상황을 관리하려 든다면, 어느 누구도 막지 못할 것이다. 그렇지만 삶의 일상은 언제나 신념에 의해서만 지탱되는 것이 아니다. 고집스런 일관성이 세상을 지탱하는 힘이 되는 것은 결코 아니다. 생각은 상황에 따라 변하게 마련이다.

또 하나의 근본적인 문제는 자신의 관점을 절대시하고 타인의 관점을 자기의 관점과 동일시하는 편견이다. 자신이 기준이 되어 세상을 본다. 자신의 관점에서만 세상을 본다. 우리는 어느 누구도 결코 타인의 관점에 설 수 없다. 결국, 마음을 어지럽히고 마음이 스스로를 마취시켜 자신과 세계를 왜곡하는 것은 생각이다. 생각이 모든 문제를 야기한다. 시비를 따져 자기의 주장이 옳다는 것을 보이고자 하는 욕망, 남과 다투어 이기겠다는 욕망, 모든 것을 부정적으로 바라보는 비관주의 등, 자신의 견해에 깊이 빠져 있는 자기중심적 견해에서 모든 문제와 갈등이 비롯된다. 생각이 실재를 부풀리고 꾸며서 가리는 왜곡이 일어나는 것이다. 그에 따른 감정의 노예가 되어 마음의 평정을 잃고 평화가 깨지는 것이다.

진실로 나 아닌 밖의 것은 나의 투사일 뿐,
내 안의 것을 변화시키지 않고는
세상의 어떤 것도 변화시킬 수 없다.
오로지 나만 변화할 수 있다.

평화는 개념에서 오는 시비를 떠나 자연 그 자체를 '있는 그대로' 보는 데에 있다. 개념적 사고 없이 사물을 사물 그 자체 그대로 보는 것이다. 그것이 가리어짐은 생각의 왜곡에 있다. 따라서 개념적 사고를 걷어내고 사물을 있는 그대로 보는 길은, 내 마음에 비추어진 영상을 부정하고 그것을 뛰어넘는 데에 있다.

내가 그렇게도 믿어왔던 자아의식이 믿을 것이 못 된다는 것을 깨쳐야 한다. 자아의식이 생명 유지활동에 영향력을 행사할 수 없다는 점과 자아의식 내용이 끊임없이 변한다는 사실로부터 자아의식은 허구적이며 추상적 명칭에 지나지 않음을 알 수 있다. 내 생각으로 구현된 자아의식은 전혀 믿을 것이 못 된다. '나만으로 존재하는 나'는 없다. 그러니 자아의식이 있을 리 만무하다. 있지도 않은 자아의식이 갖추어놓은 불안과 두려움으로 평화를 훼손하고는 그 안에서 괴로워한다. 스스로 훼손한 평화를 찾으려 함이 참으로 안타깝다.

평화에 제일 커다란 두려움으로 다가오는 죽음 또한 자아의식이 만들어 놓은 허구다. 성경은 인류가 타락한 죄로 죽음을 맞게 되었다고 이른다. 선악과를 따먹은 죄를 이름이다. 생명나무 열매를 따먹는 순간 죽음을 맛보리라고 한 그 열매가 '생각'이다. '생각'이 선악과다. 그러니 당연히 생각은 죽어야 하고, 생각이 죽는 것이다. 생각만이 죽음이다. 태어남도 죽음도 생각일 뿐이다. 생각이 없다면 무엇이 있겠는가? 생각을 떠나면 불안과 두려움은 없다. 생각을 믿지 않고 자연 그대로 비추어 보면 모든 것이 평화롭다.

그대, 평화를 원하는가? 그러면 신념을 버려라.
그대, 평화를 바라는가? 그러면 주관적 관점을 버려라.
그대, 평화를 지키고 싶은가? 그러면 생각을 믿지 마라.
생각은 생각일 뿐, 실재가 아니다.
생각에 넘어가 평화를 훼손하지 마라.
그대가 평화요 사랑임을 알라.

떠오르는 생각에 관여할 일이 없이
일어나는 모든 일을 있는 그대로 받아들이면,
하늘에 빌고 빌 일이 없이
내가 하늘임을 보게 된다.

제2부

마음의 초기화

생각에서 깨어나기

세상은 당신의 생각대로 창조된 당신의 세상이다. 그러므로 어느 누구도
당신과 같은 세상에 있지 않다. 이 세상은 당신의 투사일 뿐이다.

• • •

생각이 없다면 이 세상은 어떤 모습으로 다가올까? 적어도
지금과는 다른 세상일 것이다. 이 세상이란 '생각이 만들어 놓은
허상'임을 깨닫게 되면, 생각에 놀아나지 않는다. 배우자와 자녀
도 그들의 실체를 보는 것이 아니다. 자신의 생각이 만들어내는
허상을 보는 것이다. 자신의 이해관계가 가장 밀접하게 얽혀
있는 것이 가족이니, 가족은 진실을 보지 못하게 가로막는 제일의
걸림돌이다. 그래서 예수도 "누가 내 어미요 형제란 말인가?"
반문하였다.

생각으로 규정하지 않는다면, 가족이라고 해서 다른 이들과 다른
것이 무엇이 있겠는가? 있는 그대로일 뿐인데 가족이라는 밀착된
생각 때문에 더욱 더 사랑하고 미워하는 것이다. 생각은 분별에서

나오는 것이기에 사랑하고 미워할 것이 있게 된다. 생각을 믿으면 너와 나는 다를 수밖에 없고, 다르다는 생각을 그대로 믿는 것이다. 깨달아 하나임을 보게 되면 분별할 것이 없기에 가족이라 하든, 무엇이라 하든 있는 그대로 사랑할 뿐이다.

눈에 보이는 모든 것이 생각의 산물이다. 세상은 당신의 생각대로 창조된 당신의 세상이다. 그러므로 어느 누구도 당신과 같은 세상에 있지 않다. 이 세상은 당신의 투사일 뿐이다. 이것이 갈등의 요인이다. 모두가 자기 생각이 옳다는 신념으로 자신의 정체성을 드러낸다. 생각을 믿지 않으면 생각이 만들어 놓은 세상은 존재하지 않음을 안다. 오직 생각일 뿐으로, 실재하지 않음을 안다.

물에 관한 개념은 생각일 뿐 물은 아니다. 물에 대한 생각을 아무리 해도 갈증은 가시지 않는다. 물을 마셔야 갈증이 해소된다. 물은 물이라는 말이 아니다. 물은 물일 뿐이다. 메뉴와 요리를 혼동해서는 안 된다. 실로 생각은 생각일 뿐, 실재가 아니다.

생각은 만물을 창조하고 나누어 분별하고 판단한다. 너와 내가 다르기에 좋고 싫음이 나타나고 사랑하고 미워하는 마음이 생겨난다. 생각의 세계에서 살다 보면, 실재하지 않는 생각일 뿐인 허상에 매달려 끝없는 갈등 구조 속에서 헤매며 인생을 허비할 수밖에 없다.

신심명(信心銘)*에서는 "도에 이르는 일은 어렵지 않아서 오직

---

* 중국 선종(禪宗) 승찬대사(僧璨大師)가 깨달음에 대한 요체(要諦)를 사언절구 게송으로 표현한 책.

간택함을 꺼릴 뿐이니, 미워하고 사랑하지만 않으면 통연 명백하리라."라고 일깨운다. 좋은 것은 취하고 싫은 것은 버리는 생각의 허상에서 벗어나라는 것이다. 사랑도 미움도, 좋고 싫음도, 다 생각일 뿐임을 알아서 생각을 믿지 말라는 것이다. 생각을 사랑하고, 생각을 미워하고, 생각을 좋아하고, 생각을 싫어하니, 얼마나 어처구니없는 일인가? 사랑할 대상이 있어야 사랑을 하든 미워하든 할 것이 아니겠는가? 실제로는 모두가 텅 텅 빈 헛것뿐인 것을 있다고 믿고 있으니 결국 생각을 사랑하고 미워하는 것이다.

사랑하는 사람을 사랑하는 것이 아니라 사랑하는 사람이라는 생각을 사랑하는 것이니, 얼마나 우스운 일인가. 그래도 '사랑하는 사람을 사랑한다' 믿고 있기에, 그 생각을 믿기에 사랑하고 미워하는 갈등은 필연으로 다가온다.

사랑하는 사람이라는 그 생각이 없으면 사랑하는 사람은 없다. 생각이 그럴 뿐, 사랑하는 그 사람이 따로 정해져 있는 것이 아니다. 모두가 하나이기에 각각은 생각이 분별해 놓은 것으로, 생각대로일 뿐이다. 자신이 본래 하나임을 깨달으면 만물은 생각에 불과한 것이며, 모두가 공(空)하다.

사랑도 미움도 생각일 뿐이어서, 실체가 없다. 하나이기에 간택할 일도 없고, 사랑하고 미워할 일이 없다. 도에 이르는 일은 결코 어렵지 않으니, '생각을 믿지 않으면' 사랑하고 미워하는 간택이 있을 수 없다는 것이다. 오온(五蘊)이 다 생각에 불과한 허상으로 공(空)하다는 것이다.

지금껏 살아온 인생이 다 생각에 놀아난 헛된 일이었다. 우리가 고통을 받는 이유는, 좋다거나 나쁘다는 관념에 집착하기 때문이다. 고통은 생각이 선택한 것이다. 무엇이 좋고 무엇이 나쁜지 아는 사람은 아무도 없다.

생각에서 깨어나 생각을 믿지 말고
오가는 생각을 놓아 보내면
세상은 비어 있어 참으로 자유롭다.
세상은 공(空)하다.
생각뿐이다.
잃을 것이 없다.
잃을 것은 오직 생각뿐이다.

생각을 탐하고, 생각에 화를 내고, 생각에 사로잡힌 어리석음에서 깨어나야 한다. 생각에서 깨어나 분별함이 없이 모두를 사랑하는 것이다. 생각이 없으면 분별 되지 않은 통으로 하나이다. 나와 나 아닌 것이 없는 하나이기에 다르게 볼 수 없다. 그러니 사랑하지 않을 수 있겠는가? 생각에서 깨어나면 그냥 사랑이다.

이 세상은 당신이 그려 놓은 그림

이 세상은 내 생각이다. 내가 이 세상의 전부요
이 세상은 내가 만들어 놓은 창조물이다.

• • •

나는 누구인가? 나라고 믿고 있는 나는 과연 진정한 나인가? 참나를 찾으려는 마음은 나라고 믿고 있는 '나 너머의 나'가 있다는 믿음에서 출발한다. '나 너머의 나'를 보려면, 부모님이 물려준 눈과 선생님이 물려준 눈으로 보는 것이 아니라 '자기 눈을 자기가' 떠야 한다. 부모님이 물려준 눈으로, 선생님이 가르쳐 준 대로 보아온 내가 '나의 눈'을 찾아가는 것이다.

지금껏 내 눈으로 내가 본다고 굳게 믿어온 마음을 버리고 또 다른 나의 눈이 있다는 것을 믿기는 여간 어려운 일이 아니다. 지금껏 믿었던 마음을 버리고 새로운 눈을 뜨는 것이 쉬운 일이겠는가? 배워 온 대로 '해야 하는 일들'을 위하여 살아가는 사람에겐 자신의 생각이 따로 없다. 누군가에 의하여 만들어진 생각을 좇아서 살아갈 뿐이다. '해야 하는 일들'의 수준을 넘어설 생각은 꿈에도 내지 못하고, 자신의 생각을 정해진 규범에 맞춰서 살아간다. 자신을 '있는 그대로' 보지 못한다.

'있는 그대로' 볼 수 없게 하는 첫번째 걸림돌은, 옳고 바르게 보는 눈을 찾으려 하는 것이다. 다음으로는, 어디에서 어떻게 찾아야 할지를 도무지 알 수 없기에 이리저리 찾으러 다니는 헛된 노력을 하는 것이다.

개념적 사고를 벗어나 있는 그대로 사물 자체에 다가가기 위해서는 내 마음에 비추어진 영상을 부정하고 그것을 뛰어넘어야 하는 것이 최우선이다. 우리 모두는 몸도 아니요 마음도 아니며, 몸-마음을 지켜보는 진정한 주인공이 있음을 알아차려야 하고, 믿어야 한다. 이것을 선가귀감에서는 '여기에 대광명을 비추는 소소영영(昭昭靈靈)한 한 물건이 있다'고 하였고, 부처는 '모든 것에 불성이 있다'고 하였으며, 그리스도는 '너희 안에 하늘나라가 있다'고 하였다.

이 말을 믿는 오직 한 길이 '자기 부정'이다. 그것이 "자기를 부정하고 나를 따르라."고 한 그리스도의 말씀이다. 내게 보이는 모든 것은 내 눈으로 본 것이 아니고 부모님과 선생님이 준 눈으로 본 것이기에 '진실이 아니다'라는 믿음으로 개념적 사고에서 벗어나야 한다. 내 밖의 어떤 것을 믿는 것이 아니라 '내 안의 나'를 믿는 것이다. '나'라고 믿었고 믿고 있는 에고를 떠나는 길은 지금껏 본 모든 것이 에고가 본 것이기에 내가 본 것이 아니라는 철저한 '자기 부정'에서부터 시작된다. 에고의 자기 합리화에 넘어가서는 안 된다. 내가 보고 있는 '모든 것'을 부정해야 한다. 나 없이 볼 수 있을 때까지 자기를 부정하고 부정해야 한다. 그러다가 어느 한순간 나는 나로 있는 것이 아니라 전체와 하나임을 볼 때 모든 것이 환히 드러난다.

자기 자신이 본 모든 것이 개념이라는 색안경을 통해서 변질된 것임을 확인하고 인정해야 한다. 색안경을 낀 상태에서 판단하는 옳고 그름은 어디까지나 자기 생각일 뿐이다. 거룩하고 성스러움이 있다고 믿고서 따르는 것도, 개념에 불과할 때가 많다.

스트레스를 느낄 때마다 그것에 '나'라는 것이 끼어들어 있는가를 살펴보고 그 생각을 믿지 않으면 스트레스가 사라지는 것을 보게 된다. 살펴보고 물으며 떠오르는 생각이 있을 때마다 "이것이 무엇인가?" 하고 근원을 찾고 찾아가면, 결국 진실을 보게 된다.

내 안에 적을 두고서는 평온할 수 없다. 옳음은 적을 만드는 지름길이다. 나의 적은 나다. 나의 적들은 아직 치유되지 않은 것이 무엇인지를 보여주는 스승이다. 마음이 불편하면 그곳엔 틀림없이 내가 끼어 있다. 근심, 걱정, 불안, 공포 등 모든 괴로움은 내가 만들어 놓은 내 작품이다. 그러니 믿을 것이 없다. 내가 있다는 믿음에서 벗어나 나는 없다는 믿음을 확실히 가지고 가야 한다. 예수와 석가를 믿는 것이 아니라, 내 안에 부처와 그리스도가 있다는 믿음을 확고히 하는 것이다.

사람들은 대부분 자신이 겹겹이 덧씌워진 최면에 걸린 채, 있는 것을 있는 그대로 본다고 여기고 있다. 하지만 같은 것을 보고도 다르게 여기는 것은 무엇 때문이겠는가? 그것을 보는 각자의 생각이 다르기 때문이다. 있는 그대로가 아니다. 관념으로 덧씌워서 보는 것이다.

사람은 첫인상이 중요하다고 한다. 처음 본 그 관념으로 쭉 보게 된다는 의미일 것이다. 적어도 두 번째부터는 관념으로 본다는 얘기이다.

내 생각 이상의 것을 볼 수 있는 사람이 있을까? 이 세상은 내 생각이다. 내가 이 세상의 전부요 이 세상은 내가 만들어 놓은 창조물이다. '나는 생각한다, 고로 나는 존재한다.(Cogito, ergo sum)'고 한 데카르트는 '생각하는 나만은 분명하다'고 믿었다. 그 생각이 모두를 왜곡하고 나마저 왜곡하고 있는지를 몰랐던 것이다.

생각하는 나는 허상이다.
나는 생각 너머에 존재한다.
나는 생각으로는 접근할 수 없는 거대한 무엇이며,
진실은 생각 너머에 있다.
우리가 보고 있는 세상은 너무 협소하지만
진정한 세상은 밖이 없는 무한의 '이름 너머의 세계'다.
이것이 진실이다.
개념적 사고에서 벗어난 자연 그대로이다.

이 세상은 언어로, 생각으로 창조된 허상임을 깨달아야 한다. 이 세상은 내 마음의 발명품이어서, 우리는 어릴 때부터 우리 자신이 아니었고 지금도 아니다. 예수는 '너희는 이 세상에 있으나 나는 이 세상에 있지 않다.'고 하였다. 이 세상이 거짓된 허상임을 가리켜 보인 것이다. 붓다 또한 '오온(五蘊)이 다 공(空) 하다.'라고 하였다.

'나 없음'이 참이요, 내가 있는 이 세상은 거짓이다. 그 어떤 생각이든, 아무리 성스러운 생각이라 하더라도, '나 있음'의 세상은 거짓이다. 그 어떤 생각도 믿지 않아야 자유요 이것이 자유의지다.

에고의 합리화는 사탄이라 불릴 만큼 가공할 만한 힘을 갖고 있으므로 끝없는 의문으로 묻고 또 물으며 생각을 믿지 않아야한다. 이는 수행으로 얻어지는 것이 아니다. 있는 것을 있는 그대로 보는 순간, 누구나 아무 걸림 없는 자유를 누리게 된다. 진리의가치를 온몸으로 느끼게 된다. 무엇을 믿고 무엇을 믿지 않아야하는지, 그것은 오롯이 당신의 몫이다.

이 세상은 당신이 그려 놓은 그림에 불과하다.
진실은 '나 없음'에 있다.

'백문이 불여일견'이라 직접 보는 것보다 더한 믿음의 근거는없다. 여실하게 보이는 현상이 생각으로 덧씌워진 허상이라는것을 믿기는 쉽지 않다. 지금의 모든 변화가 시간의 흐름에 따르고그것을 보고 있음이 확연하다. 그래서 시간이란 것이 생각의소산일 뿐 '시간이 없다'라는 말을 믿으려 하지 않는다. 그러나시간이 한 방향으로 흐르고 있다는 근거나 그것을 본 사람은없다. 하지만 시간이 없음을 본 선각자는 많다. 붓다와 그리스도, 수많은 그리스도의 후예인 신비 체험가들, 그리고 붓다의 후예인조사들과 선승들 참으로 많다. 그래도 믿지 못하는 것은 그것을 내가 직접 보지 못했기 때문이다. 그러니 믿을 수 있도록 믿고 따르며 직접 확인하는 것이다. 그 길이 무엇을 믿느냐에 달려있다. 내 생각에 갇혀 있느냐, 아니면 진실을 보고 확인한 선각자들을 믿고 따르느냐에 있다. 붓다가 확인한 진실이 얼마나 확실한 사실인지를 확인하여 온 2,500년 동안의 조사와 선승들의 증언이 뒷받침하고 있음을 인지하여 내 생각을 해체하고 믿고 따르는 것이다. "하늘나라가 너희 안에 있다." 그리스도의 말씀이다. 지금껏 당신이 그려 놓은 당신 만의 세상에서 '있는 그대로'의 진실한 세상을 보는 것은 순전히 당신의 뜻이다. 당신 안에 그 세상이 있다.

마음이 만들어낸 이야기

'해야 하는 일들'의 수준을 넘어서지 않고는
현실을 보지 못하고 마음으로 걸러서 반영된 것만을 볼 뿐이다.

• • •

우리는 우리가 생각한다고 여기지만, 그것은 진실이 아니다.
부모가 물려준 눈으로, 선생님이 가르쳐준 눈으로, 배우고 경험한
눈으로 본다. 다른 사람들이 주입해 놓은 관념에 의해 보고 듣고
생각한다는 것은, 최면에 걸려 있는 것이나 마찬가지다. 지식을
스승처럼 받드는 마음으로 누군가에 의하여 만들어진 '해야 하는
일들'을 부여잡고 어린 시절에 받았던 허락을 어른이 되어서도
허락을 받아야 하는 것처럼 결정하고 말하고 행동한다. 누구의
눈치도 보지 않고 살아간다는 것은 결코 쉬운 일이 아니다.

과연 나는 무엇으로 무엇을 보고 있는가? 지금 내가 느끼는 이것은
현실에 대한 감각에서 오는 내 느낌인가, 아니면 밖의 권위로부터
주어진 느낌인가? '해야 하는 일들'에서 벗어나, 스스로 보고 생각하고

느끼고 있는가? 우리 마음이 만들어낸 생각들이 우리를 쥐락펴락한다. '넌 이 일을 해야 해.' '그런 일은 하면 안 돼.' '그런 말은 하는 게 아니야.' '너한테는 이것이 필요해.' 등등 '반드시 그래야 하는 일들'이 꼬리에 꼬리를 물고 기다린다. '해야 하는 일들'의 수준을 넘어서지 않고는 현실을 제대로 인식하지도 못하고 정해진 규범 안에서 살아갈 따름이다. 현실을 보지 못하고 마음으로 걸러서 반영된 것만을 볼 뿐이다. 그래서 필터로 걸러지고 검열된 것들만으로 에워싸여 살아간다. 이러한 마음의 발명품들 중에서 가려낸 것들을 옳은 것이라고 여기고 믿으며 살아간다.

에고가 없었으면 악도 없었을 것이다. 500년 전에는 아메리카를 위해 죽고 사는 사람이 없었고, 1,500년 전에는 이슬람이 없었으며, 2,000년 전에는 크리스천이 없었다. 사람들이 생각해서 만들고 정하고 기록으로 후대에 넘겨준 것이다. 하나님이 만드신 자연 그대로가 아니다. '본래의 나'는 그 어떤 것도 분리하고 갈라쳐서 선과 악을 구분하지 않았다. 하나님이 만들어 놓은 자연 그대로였다. 하나님과 함께 하나로 있었다. 그것을 "너희 안에 하늘나라가 있다."고 하신 것이다. 아브라함 이전부터 영원히 불생불멸인 존재로 있는 나를 대신해 에고가 자리잡게 된 것이다. 에고는 끊임없이 좋고 나쁜 것을 만들어내면서 그 판단에 따른 메시지를 보내고 있지만, 그것은 모두 에고의 발명품일 뿐 진실이 아니다.

마음이 만들어낸 발명품 안에 있을 것인지 하나님이 만들어 놓은 자연 그대로에 있을 것인지는 너무도 자명하다. 가정이 거짓이면 결론이 어떠하든 참이다. 그러니 마음이 만들어낸 이야기를 따르면 어떠한 이야기도 참이 되는 허망함에 있게 된다. 마음이 만들어낸 거짓인 이야기를 믿으면 어떠한 이야기도 참이 되는 것이다. 거짓인 가정을 바탕으로 한 결론의 도출이 어떻게 참일 수 있겠는가?

"자기를 부정하고 십자가 지고서 나를 따르라." 하신 예수님의 말씀을 예수님 외에 할 수 있는 사람이 어디 있겠느냐고, 십자가 지기를 두려워하는 것은 자기만을 보는 에고의 속삭임 속에 살기 때문이다. 자기를 부정하고 모두가 하나임을 보면 십자가를 지고 지지 않고는 아무런 문제가 되지 않는다. 모든 시련이, 현실이, 아버지의 은혜임을 보게 된다.

역경이란 단지 현실이 당신의 뜻에 합당하지 않을 때를 가리키는 말이다. 세상은 우리가 어떻게 보느냐에 따라 대상이 그 모습으로 나타난다.

아닌 것

생각이 생각을 보고,
생각이 생각을 듣고,
생각이 생각을 맛보고,
생각이 생각을 느낀다.

'그것'이 아닌 것을 보고 듣는다.

생각은 '그것'이 아닌데
마음이 만들어낸 이야기는 '그것'이 되었다.

생각을 걷어내고
'있는 그대로' 볼 때
그제야 비로소 '그것'을 본다.

전체와 부분이 하나로 녹아 있다

떠오르는 생각에 관여할 일이 없이 일어나는 모든 일을 있는 그대로
받아들이면, 하늘에 빌고 빌 일이 없이 내가 하늘임을 보게 된다.

• • •

"무소의 뿔처럼 혼자서 가라." 이 말은 다른 이에 물들지 않고,
다른 이를 다른 그대로 보고, 모두를 있는 그대로 보며 나에게
가두지 말라는 의미일 것이다. 그런데도 '고고하게 혼자서 가라'
는 의미로 이해하는 경우가 적지 않은 듯하다. 출가를 가출과
같은 의미로 이해하여 가족을 버리고 홀로 떠나는 것으로 알면
비정한 사람이 되어 홀로서기의 의미가 전도된다. 무소의 뿔처럼
혼자서 가는 것이 홀로서기이며 출가는 얽매이기 가장 쉬운
가족에게조차 얽매이지 않고 혼자서 간다는 의미다. 가족을 '있는
그대로' 인정하고 나의 생각에 물든 가족, 즉 내가 원하는 가족에
게서 떠나는 것이다. 가족이 단지 내가 원하는 가족이 된다면
얼마나 안타까운 일인가? 가족이 나와 한몸 한마음이기를 바라지
않고, 가족과 함께하든 함께하지 않든 관계없이 혼자 임이 출가이

다. 어디에 있어도 혼자이고 혼자이어야 한다.

가족 한 사람 한 사람이 가족이라는 이름으로 있다. 아버지도 가족이요 어머니도 가족이요 아들도 딸도 가족이다. 가옥은 많은 재료가 모여 이루어지지만 재료를 어떻게 사용하느냐에 따라 가옥의 형태가 다르다. 전체는 부분의 합이 아니지만 완성된 가옥은 벽돌 하나하나에 녹아 있다. 그것은 마치 성전을 이루고 있는 기둥들에 성전이 녹아 있는 것과 같다. 하나의 티끌 속에 우주가 다 들어 있고 우주 속에 티끌이 다 들어 있다[一微塵中 含十方 一切塵中 亦如是].

아버지는 아들이 있을 때라야 아버지가 된다. 아들이 없으면 아버지가 아니다. 그럼 아버지의 아버지는 누구냐고 물으면 아버지의 아버지지 하며 당연하게 여기지만, 아버지의 아버지는 없고 그분은 할아버지다. 아버지가 되려면 아들이 있어야 하기에 아버지를 있게 하는 것은 아들이고, 그래서 아버지의 아버지는 아들이기도 하다. 진실을 들여다보면 밥이 또다시 밥이다. 밥을 먹고 배설하여 거름이 되고 그것이 쌀이 되어 다시 밥상에 오르는 것이다.

아버지와 아들이 하나이다. 그래서 하나님 아버지는 언제 어느 곳이든 편만해 있다. 그것을 보라고 붓다는 "모두가 부처다."라고 말하고, 그리스도는 "너희 안에 하늘나라가 있다."고 말하고 있는 것이다. 아버지와 같이 있는 자신을 보라 하는 것이다.

빅뱅이 일어나 우주가 시작하던 때에는 수소와 헬륨 밖에 없다가 별들이 생겨나고 죽어가는 과정에서 엄청난 에너지와

열에 의해서 새로운 원소들이 탄생하고 그것이 지구에 뿌려져서 지구 위의 모든 생명체가 있게 되었다고 한다. 내 몸을 이루고 있는 모든 것이 그렇게 해서 이루어진 것이다. 그러면 이 우주가 우리의 아버지다. 그리고 우주는 나와 하나이다.

사실 나 하나가 있기 위해서는
전 우주가 필요하다.
밤하늘을 쳐다보면 시야가 끝없이 펼쳐져서
전 우주를 내 안에 품게 된다.
가리는 빛이 없기에 한없는 흑암에
온 우주가 펼쳐지는 것이다.
텅 빈 허공에 모든 것이 녹아 있다.
이것이 '나'다. 모두를 품에 안은 나.

관념의 세계를 벗어나 전 우주를 보면
나 아닌 것이 없다.
우리는 그렇게 거대한 무엇이다.
우리의 의식은 모든 것을 품기에 충분하다.
우리의 의식 속에 모든 것이 녹아 있다.
시공을 초월한 의식이 모든 것을 감싸고 있다.

지금 이 순간에 그대가 가 있지 않은 곳이 있는가? 우리는 얼마든지 언제든지 가고픈 곳에 가 있다. 아들이 나와 같이 있고, 내가 아들에게 가 있다. 관념이 가려놓은 세계는 순전히 생각이 그리한 것이다.

생각을 떠나 온 우주가 하나로 엮여 있음을 보라. 더하고 덜할 것이
전혀 없는 완벽한 하나다.

　　떠오르는 생각에 관여할 일이 없이
　　일어나는 모든 일을 있는 그대로 받아들이면,
　　탓할 것이 전혀 없다.
　　하늘에 빌고 빌 일이 없이 내가 하늘임을 보게 된다.
　　얼마나 호쾌하고 싱그러운가.
　　생각을 확장하고 확장하여 무한에 있으라.
　　우리는 그렇게 무한한 존재이고 무시무종(無始無終)이다.

영(0)으로 살아가기

허공이 있기에 그 많은 별들이 있다.
'없음'은 모든 것을 품는다. 아무것도 없으면 일체를 품는다.

· · ·

영(0)은 모든 것을 안고 있다. 우리는 있음에 마음을 빼앗겨 살아가고 있지만, 없음이 없다면 있음의 작용은 불가하다.

컵 둘레의 '있음'이 가치가 있는 것은
그 안의 '없음'이 기능하기 때문이요,
방의 사방 벽이 벽으로 기능하는 것은
그 안의 빈 곳이 있기 때문이다.
입속이 꽉 차 있다면 먹을 수 없듯이,
생각으로 꽉 차 있는 나는 더 이상 생각할 수 없는 죽은 삶이다.

비우지 않고는 살 수 없다. 우리 몸은 물론 이 우주는 99.99%가 빈 공간이다. 비어 있기에 살아갈 수 있는 것이다. 허공이 있기에 그 많은 별들이 있다. 없음은 모든 것을 품는다. 아무것도 없으면 일체를 품는다. 아무것도 없는 0에서 전체를 품은 전체인 0까지 그 모든 것이 0이다. 그것이 '나 없음'이다. 내가 우주 전체임을 보는 길은 내가 있고서는 불가능하다.

나를 티끌 하나 남기지 않고 텅 비워놓으면
그 순간 바로 나의 본체인 전체가 된다.
물이 가득 찬 컵에 더 이상의 물을 담을 수 없듯이,
나로 차 있는 나에게는 더 이상의 세계는 담을 수 없다.

나의 생각이 없어야 한다. 생각 없는 0의 상태가 곧 무한이어서, 전체가 담긴다. 나누어 놓은 그대로의 전체인 것이다. 1, 2, 3…… 그 많은 것으로 나누어져 있지만, 본질은 '나누어 놓지 않은 하나'인 전체다.

죽음에는 구별이 없다. 시신은 남녀노소 지위고하 구별이 없이 모든 경계가 끊어져 있다. 경계 없는 그게 바로 나다. 죽음은 끝이 아니고 또 다른 시작이다. 이것은 동서고금의 선각자들이 체험으로 겪은 이야기다. 영생불사의 나로 끊어짐이 없이 영원히 흐른다.

우리가 가지고 있는 본래 마음은
언제든지 고요하고 사랑으로 꽉 들어차 있다.
그런데 마음 쓰기를 할 때는
이상하게도 모두가 다
이미 가지고 있는 것을 사용하지 않고
밖에서 찾아 쓰려고 하기 때문에 괴롭고 허망하게 된다.

본래 자기 마음으로 돌아가면
애착할 것도 두려워할 것도 없다.
본래 자기의 마음으로 돌아가는 것은
내 안에 차 있는,
'밖을 보는 생각'을 다 비워낸 0이 되어야 가능해진다.

0이 되면 아버지와 함께하게 된다. "네 이웃을 네 몸같이 사랑하라." 하신 그리스도의 말씀이나 '중도(中道)'를 설하신 붓다의 말씀은 쌍차쌍조(雙遮雙照)로서 나누어 놓지 않고 하나임을 보는 것이다. 쌍차쌍조란, 양변을 차단하여[雙遮] 있는 그만큼 빼낸 'a-a=0'이 되어 무심(無心)의 상태인 본래의 자리에 있으면서 전체를 비추어[雙照] 평상심으로 살아가는 상태를 나타낸다. 아무것도 없는 0에서 다시 없이 큰 0에 있는 것이다.

소동파(蘇東坡)는 적벽부(赤壁賦)에서 이렇게 노래한다.

저 강물의 맑은 바람과 산중의 밝은 달이여
귀로 들으니 소리가 되고 눈으로 보니 빛이 되는구나.
가지고자 해도 말릴 사람 없고
쓰고자 해도 다한 날 없으니
이것이 천지자연의 무진장이로다.

자연에는 이런 것들이 무진장 있다. 우리가 그것을 챙기지 않거나 못 보고 있을 뿐, 아버지는 선한 자나 악한 자를 구별하지 않고 거저 주신다. 모든 것을 충분히 다 이미 주셨다. 이것을 정말로 실감한다면, 내 것이라고 챙기면 챙길수록 짐만 되어 자유로울 수 없다는 진실을 보게 될 것이다. 아버지께 감사하며 모두를 0으로 비워내고 0으로 사는 것이다. 움켜잡은 짐 내려놓고 양팔 휘두르며 자유로이 거니는 것이다.

생각은 내 것이 아니다. 생각은 그저 나타나는 것이다. 떠오르는 생각을 잡고서 놓지 않으면 그 생각에 사로잡혀 지배당하게 된다. 부처를 만나면 부처를 죽이고 그리스도를 만나면 그리스도를 죽여서 0으로 있어야 한다. 그것이 자연스럽다. 어떤 생각이 떠오르든 그 생각을 그대로 빼내기만 하면 무심(無心)의 상태가 되어 우리의 본심에 있게 된다. a - a = 0이 된다.

성경이나 불경에도 머물러 있어서는 안 된다. 이해되지 않는 생각과 마주하여 생각이 멈출 때까지 묻고 또 물어서 생각이 스스로 떠나 0이 되면, 생각은 이제 아무 의미가 없어지고 대신 자유가 온다. 그 어떤 생각도 존재하지 않음을 확실히 깨달아 존재하지도 않는 것에 연연할 것이 없다. 0에 있는 것이다. 생각은 찰나보다 더 빨리 변한다.

'없이 있는 현재'에 있는 것, 무슨 일이 일어나든 현실은 좋다는 것, 그것은 오로지 '지금 있는 것'과 나누는 끊임없는 사랑 덕분에 가능해지는 일이다. 괴로움이 일어나는 까닭은, 지금 없는 것을 원하기 때문이다. 한센병에 손과 발이 문드러지고 얼굴이 일그러졌는데도 감사하면서 기쁘게 살아가는 사람들이 있다. 팔과 다리를 잃고도 그것을 있는 그대로 받아들이는 사람들이 있다. 그런 사람들을 보면, 그저 '있는 그대로' 받아들여 수용하는 것이 곧 천국임을 보게 된다. 천국이 어떠해야 한다고 조건을 붙이는 것은 천국을 그만큼 제한할 뿐이다.

천국으로 가는 길은,
마음이 그려 놓은 세상에서
그려 놓은 만큼 뺀
$a - a = 0$으로 비워내는 데에 있다.
오가는 그대로 내버려두고,
다 비워낸 0에 있음이다.

없는 마음

마음을 비우려고 애쓰게 되면, 비우려는 그 생각에 갇히게 된다.
비우려는 생각도 내려놓아야 한다.

• • •

생각은 그저 나타나는 것이다.
떠오르는 생각을 잡고서 놓지 않으려 하면
그 생각에 사로잡혀 지배당하게 된다.

하얀 것을 보고 하얗다고 하는데 하얀 마음은 없다.
검은 것을 보고 검다고 하는데 검은 마음은 없다.
어떤 것을 보고 어떻다고 하는데 어떤 마음은 없다.
이런 마음도 저런 마음도 없다.
아무것도 없는 텅 빈 마음이 본래 마음이다.
본래 자리에서 보면
이름에 그것이 없고, 이름이 없는 것에 그것이 있다.
"있다."라고 하는 분별이 눈을 가릴 뿐이다.

모두가 하나이다.
나누어 보되 나누어 놓지 않고 하나로 원용하여
모두가 '나'이다.

마음에는 두 가지 마음이 있다. 에고의 마음과 참나의 마음이
그것이다. 참나의 마음은 전체여서 에고를 품고 있으나 에고는 '무엇
이 있다'라고 하는 육식(六識)에 갇혀서 어리석음 속에서 살아간다.
보고 듣고 냄새 맡고 맛보고 느끼는 감각의 총화를 받아들여 '그것을
의식하는 것'을 전부라고 여기는 것이다. 그것을 내가 하는 나의
일인 것처럼 여기고 있으나 그것은 에고의 일이다.

에고가 하는 일은 파도가 바다의 일인 것과 마찬가지로 참나의
발현이다. 파도가 파도를 고집하지 않으면 저절로 바다 자체이듯이,
에고에 일어나는 어떤 것도 그것에 갇히지 않고 그대로 놓아 보내면
저절로 참나에 있게 된다. 이것이 바로 '비우는 일'이다. 실체가
있는 어떤 대상을 비우는 작업이 아니라, 흘러가게 내버려두는 것이
다. 그러면 참나의 '없는 마음'에 있게 되기에, 텅 빈 곳에 있게
된다. '비운다'는 것은 바뀐 마음자리에 있게 되는 것을 가리킨다.
마음을 바꾸어 진실의 자리에 있게 된다는 것이다. 아무것도 없기에
사실은 변할 것이 없다. 그래서 무상(無常)이 유상(有常)이 되는
것이다. 상락아정(常樂我淨)이다.

하지만 마음을 비우려고 애쓰게 되면,
비우려는 그 생각에 갇히게 된다.
비우려는 생각도 내려놓아야 한다.

166

무념(無念)이 중요하다. 그 어떤 생각도 '에고에 있다.'는 알아차림이 이어져야 한다. 내가 또 혹(惑)했구나, 하고 떠나는 것이 비움이다.

그렇게 비우면 어디로 가게 될까? '하나'인 자리다. 하나이기에 구별할 것이 하나도 없어서 무(無)이다. 구별할 일이 없는 무(無). 구별할 것이 전혀 없이 텅 빈 마음, 무엇이 자리할 수 없는 '없는 마음'으로 고요함을 돈독히 지키는 것이다. 바로 그 자리가 니코스 카잔차키스의 묘비명에 새겨져 있다.

"나는 아무것도 바라지 않는다.
나는 아무것도 두려워하지 않는다.
나는 자유다."

아무것도 둘 자리가 없는 '없는 마음'에 무슨 원함이 있겠는가? 아무것도 원함이 없는 마음이 '없는 마음'이다.

다 비워내 없음.

다 비원 낸 전체, '없는 마음'

나는 없다

삼라만상이 다 변하고 변하니 모두 실체가 없다는 이야기가 아닌가?
나뿐만 아니라 눈에 보이는 모든 것이 있다고 할 수 없는 것이 아닌가?

• • •

나라고 여기며 믿고 살아온 나를 진정한 나라고 할 수 있을까?
몸이 나일까 하고 생각해 보면 하루가 다르게 변해가는 모습에서
나라고 붙잡을 수 있는 것이 없다. 변하고 변하여 '이것이다'라고
할 수 있는 것이 없다. 거울에 비친 모습을 나라고 여기며 살아온
날들이 기억 속에 자리 잡고서, 그 모든 것을 나라고 믿어왔을 뿐이다.
어제 다르고 오늘 또 달라진 모습을 나라고 하기엔 너무도 거리가
멀다.

마음이 나일까? 하면, 이 또한 그대로인 적이 없다. 마음같이
수시로 변하는 것이 없기에 우리가 괴로운 것이다. 마음은 바람에
나부끼는 갈대처럼 흔들리고 흔들리며 우리를 혼란스럽게 한다.
마음먹기에 따라 다르다고 하지만 나는 마음먹을 수 없다. 행복한

마음으로 살아가면 행복하련만, 그렇지 못한 것은 마음이 내 맘대로 되는 것이 아니기 때문이다.

진리는 변하지 않는다. 생생하게 보이는 몸과 생각하는 내가 있다는 믿음으로 살아온 '나'는 수시로 변하는 것으로 '무엇이다'라고 할 수 없는 존재다. 나라고 할 수 없는 존재가 아니라 무엇이라고도 할 수 없는 존재인 것이다. 그러한 나를 나라고 믿어온 나는 '나는 없다'라는 사실에서 '진정한 나'를 볼 수 있다.

"나는 누구인가?" 어쩜 인류의 영원한 과제일지도 모른다. 지금껏 나라고 믿어왔던 나는 '나'가 아니다. 참으로 황망한 이야기일 뿐 아니라 "그럼 나는 누구란 말인가? 나는 어디에 있단 말인가?"라는 의문은 당연하다. 그 의문이 '나'라고 믿었던 나는 없고 진정한 나를 확인하는 출발점이다.

변하지 않는 것은 없다. 삼라만상이 다 변하고 변하니 모두 실체가 없다는 이야기가 아닌가? 나뿐만 아니라 눈에 보이는 모든 것이 있다고 할 수 없는 것이 아닌가? 이러한 물음은 끝없이 이어지고 이어져서 우리로 하여금 진실을 찾아 헤매게 한다. 하지만 보고 듣고 느끼는 모든 것이 공(空)하니, 진실은 손에 잡히지 않는다. 변하는 것에 무슨 실체가 있겠는가. 그 진실 밑에서 우리는 참을 찾아야 한다. '내가 있다'는 잘못된 믿음을 바로잡는 길은 '나는 없다'는 깨달음뿐이다. 나라고 믿은 나는 실제로 없기 때문이다. 진실로, 변하는 나는 '나'가 아니다.

이 세상은 내 생각의 창조물이다. 그래서 모든 사람의 세상이 각기 다 다르다. 사람마다 세상이 다른 것을 인정하지 않기에 서로의 옳음을 내세우며 갈등이 끝없이 이어지는 것이다. 생각일 뿐인 생각을 믿기에 생각이 다른 만큼 세상은 무수히 많다. 생각이 실재하는가? 메뉴가 요리가 아니듯이 생각은 실재가 아니다. 실재하지 않는 생각을 믿고 떠오르는 생각대로 있다고 믿는 것이다. 생각으로 있는 나를 나라고 믿는 것이다.

생각으로 이루어진 세상은 모두가 허상이다. 생각을 믿음이 어리석음이다. 이름이 실재하지도 않으며, 우리가 어떤 것을 무엇이라고 부르든 그 이름은 그것 자체가 아니다. 그럼에도 우리는 생각을 믿고 있다. 생각을 믿지 않으면 아무것도 없다. 아무것도 없는 것이 참이다. 전체가 통으로 하나이기에 이것저것 분리되어 있지 않으며, 온통 전체뿐이다. 생각이 없는 곳에 무엇이 있겠는가? 생각이 없어서 무(無)요, 분별할 것이 없는 전체라서 무(無)다. 오직 하나이기에 모든 것이며, 이것이 진정한 나다. 말이 있기 전이기에 태어난 적도 없고 죽을 수도 없다. 이것을 보는 것이 삶의 진정한 가치다.

내가 없으면 생각이 있을 수 없다. 생각이 없으면 나도 없다. 그 생각 없는 나가 참나다. 생각이 멈추는 순간 진정한 내가 전체와 하나임을 보게 된다. 이 확인이 전부다. 이해할 수 있는 세계가 아니어서 표현할 수 없고 체험으로만 볼 수 있는 세계이기에 '찾지 말고 보라'고 하는 것이다. 오로지 생각에서 떠나야만 볼 수 있는 세계이기에 그리도 어려운 것이다. 생각은 내 것이 아니기 때문이다.

나는 생각할 수 없다. 보고, 듣고 느낀 것에 대한 반응으로 생각되어지는 것이다. 그것은 가르쳐준 대로, 입력된 대로 저절로 떠오르는 것이다. 지금껏 살아온 경험의 산물이다. 나와는 무관하게 지금껏 배운 대로 응하는 것이다. 생각하는 나는 없다. 생각만이 있을 뿐이다. 나에게 입력된 대로 반응하는 것을 내가 한 것으로 착각하는 것이다. 내가 있기에 생각이 있고 생각으로 모든 것이 태어난다. 생각에 대한 믿음은 참으로 많은 혼란을 초래한다. 누가 처음 이런 혼란을 시작했는가? 당신이 그랬고, 그러기에 끝낼 수 있는 것도 오직 당신뿐이다.

지금껏 믿어온 '나 있음'에서 '나 없음'의 진실을 보는 것은 순전히 당신의 일이다.

이해(理解)와 증지(證智)

깨달음이란 모든 것을 잃는 것이다. 지금껏 생각해온 모든 것이
실은 나의 관념에 의해 형성된 것임을 보면,
가지고 있어야 할 것이 하나도 없기에 관여할 것이 없다.

• • •

환경이 다르고, 보고 듣고 배운 바가 달라서 사람들의 생각이
제각기 다 다르다. 살아온 바가 다 다르니 같은 것을 보고도 생각이
다를 수밖에 없다. 살아온 업의 반응이 생각으로 떠오르는 것으
로, 생각은 자기 경험의 소산이다. 따라서 이제껏 가져온 생각이
바뀌는 것은 새로운 업식(業識)에 의해서 새로운 경험이 생각을
바꾸어 놓은 것이다.

어릴 때 생각과 나이 들어 생각이 다른 것은 행업(行業)이 다르기에
나타나는 당연한 변화이며, 경험하는 대로 바뀌는 생각은 새로운
깨달음이기보다는 이해의 변화다. 새로운 내용을 접하여 새롭게
알게 된 것을 깨달음으로 착각할 수 있으나 새로운 내용을 이해했을
뿐이며 새로운 경험에 불과하다. 새로운 경험도 업의 굴레에서 윤회

할 뿐이며 경전에서 얻은 지식이라 하더라도 앎이지 깨달음은 아니다. 그 앎이 시간이 지나면 또 다른 앎으로 대체되기에 계속 변한다. 변하는 것은 진실이 아니기에 변할 수밖에 없고, 무상함은 그래서 참이 아니다. 거짓이란 일시적이라는 말이며 참은 변할 수 없다. 이 세상의 어떤 것도 거짓이라고 하는 것은 무상하여 변하지 않는 것이 없기 때문이며, 무상함에서는 진리를 찾을 수 없다. '항상 하지 않음'이 어찌 진리일 수 있겠는가?

그러니 일어나는 어떤 생각도 믿을 것이 못 된다. 일어나는 생각마다 거짓임을 알아차려 묻고 또 물으며 진실을 보아야 한다. 어떠한 생각이 일어나더라도 그 생각은 내 업의 산물임을 깊이 인식할 때 진실에 다가갈 수 있다. 어떤 생각도 내가 그렇게 보는 것뿐이며, 생각하는 대상과는 무관하다. 생각은 과거의 이야기다. 하여 머리로 이해하는 것으로는 진실을 볼 수 없다. 거기엔 반드시 나의 업이 끼어 있기 때문이다. 이름과 형상(image)이 없는 곳에 생각은 발붙일 곳이 없다. 금강경에는 "그것은 이름이 그러할 뿐 그것이 아니다."는 이야기가 여러 번 나온다. 진실은 이름 너머에 있다는 뜻이다.

깨달음이란 생각을 넘어선 지혜다. 생각의 감옥에서 빠져나와 새로운 것을 보는 것으로, 모든 것이 하나임을 보는 것이다. 분별 되어 있지 않고, 불생불멸이며, 이름 지을 수 없고, 모양을 그릴 수 없는 불변의 고요함을 보아야 한다. 이것은 생각이 아닌 체험에 의해서 체득되는 것이다. 이것이 증지(證智)다. 모든 경전이 이것을 가리키고 있지만, 경전의 내용을 이해로써 접근하기에 바로 볼 수 없다. 경전은 방편일 뿐이며, 있다고 여기는 모든 것은 아무것도 없기에 이해하여 얻으려 하니 얻으려 할수록 멀어져만 가는 것이다. 없는 마음을 어떻게 이해할 수 있으며 어디에서 얻을 수 있겠는가? 없는 것을 없다고 보고 없는 자취도 없이, 내 생각은 하나도 없이, 있는 그대로 보아야 한다. 이곳의 지금에 있으려 하면 영원히 붙잡을 수 없는 지금이고, 여기도 지리적인 여기와는 전혀 무관하게 여기이다.

깨달음의 자리는 생각할 수 없고 표현할 수 없는 '지금 여기'이다. 지금은 항상 지금이며 여기는 항상 여기이다. '항상 하는 것'이다. 이대로 충분하고, 지금 여기 말고는 다른 곳이 없다. 생로병사가 그대로 불생불멸이다. 없는 시간 속을 여행하느라 지금 여기를 못 보는 것이다. 과거도 미래도 관념에 불과하며 시간은 없고 항상 지금 여기에 있다. 그것을 보는 것이다. 지금 여기에 있으려 노력하는 것이 아니다.

시간도 없고 거리도 없는 공간에서
모두가 하나로 있음을 보면
모두가 나이어서
나 아닌 것이 없기에
생각할 것이 하나도 없다.

그저 보는 것으로 족하다. 작음은 작음으로 보이는 것일 뿐 작음이 없듯이, 늙음은 생각일 뿐 늙음이란 없다. 태어남이 없으니 죽음 또한 없다. 고집멸도(苦集滅道)가 없다. 있다고 믿고 있는 생각이 문제일 뿐이다.

깨달음이란 모든 것을 잃는 것이다. 지금껏 생각해온 모든 것이 실은 나의 관념에 의해 형성된 것임을 보면, 가지고 있어야 할 것이 하나도 없기에 관여할 것이 없다. 생로병사가 인연과(因緣果)임을 보는 순간, 모든 것은 무시무종 불생불멸이며 태어나기 전의 나를 보게 된다.

나는 지금 그대로 있으며 영원하다.
그것을 업으로, 생각으로 이해하고 있음을 보고 모두를 내려놓고, '있는 그대로' 보는 것이다.

내 생각으로는 '있는 그대로' 보는 것이 아니다. 내 생각이 하나도 없을 때 비로소 보이는 참나는 전체와 하나이다. 그것을 '있는 그대로' 보는 것이다. 법성게(法性偈)의 송(頌)이다.

모든 법은 하나이면서 전체로 현상과 본질이 원융해서
둘이 아니며 본래 고요한 것이다.
이름 지을 수 없고 모양을 그릴 수 없어서 일체가 끊어진 자리에,
깨달은 지혜로 알 수 있는 내용이지 다른 방법으로는 알 수 없다.

法性圓融無二相 諸法不動本來寂
無名無相絶一切 證智所知非餘境

진실은 이해하는 것이 아니다. 확인하는 것이다.

연기 (緣起)

'가장자리가 없는 나'를 어디에 가둘 수 있겠는가? 나의 무한함을 보면
세상은 동전보다 작아서 구할 것이 없고 원할 것이 없게 된다.

• • •

"하나님의 나라는 사람이 씨를 땅에 뿌림과 같으니, 그가 밤낮 자고
깨고 하는 중에 씨가 나서 자라되 그 어떻게 된 것을 알지 못하느니라.
땅이 스스로 열매를 맺되 처음에는 싹이요 다음에는 이삭이요 그
다음에는 이삭에 충실한 곡식이라, 열매가 익으면 곧 낫을 대나니
이는 추수 때가 이르렀음이라"(마가복음 4:26-29).

시작은 끝이 있다는 의미요, 끝이 있다는 것은 새로운 시작을
의미한다. 하지만 시작과 끝은 사실상 보는 자의 관념에 불과하다.
다람쥐가 돌리고 있는 쳇바퀴가 마냥 돌아가듯이, 낮과 밤은 지구가
도는 현상으로, 낮이라고 밤이라고 분별해 놓은 관념일 뿐, 이 도는
현상의 시작과 끝이 있겠는가? 밤낮은 생겨나고 소멸하는 것이 아니

라 항상 그런 현상으로 그렇게 있을 뿐이다.

지구 밖 저 멀리에서 보면 지구가 한 번 돌면 하루요 30번 돌면 한 달이고 365번 돌면 일 년이지만 그것은 우리의 생각일 뿐, 지구가 도는 현상은 그대로 불생불멸(不生不滅)이다. 무시무종(無始無終)이요 그런 현상이 있을 뿐이다. 부처님이 설법한 연기(緣起), 곧 '모든 인연이 갖춰져서 일어나는 현상'을 예수는 하늘나라가 그와 같다고 비유를 들어 말씀하였다. 밤낮 자고 깨고 하는 중에 씨가 나서 자라되 그 어떻게 된 것을 알지 못하고 그러해야 하기에 그러함을 말씀하고 있다.

생사는 생각이다. 우주 전체를 보면 '불변 수연(不變 隨緣)'일 따름이다. 이 모두를 품에 안고, 시간이 없고 거리가 없는 아버지 집에서 '아버지와 같이 있는 나'가 진정한 나다. 천지창조 이전에도 있었고, 세상의 종말 이후에도 나는 그대로 있어서 움직이는 세상을 품에 안고, 온 세상이 나이니 사랑하지 않을 수 없는 나이다. 인연화합으로 이루어졌기에 지금껏 지어온 업이 내 눈을 가려 보지를 못하고 업에 휘둘릴지라도 '나'는 항상 그렇게 온 세상으로 있다.

언어도단이요 불가사의한 하늘나라이기에
체험하지 않고는 알 수 없다.
하늘나라를 알면 나의 실체를 알게 되고,
나의 실체를 알게 되면 하늘나라를 알게 된다.
이것은 알음알이로 알 수 있는 게 아니다.
알음알이로부터 해방될 때 나의 실체가 보이고
진정한 나를 찾게 된다.

내 생각을 믿지 않는 '나 없음'의 길을 가야 한다.

나는 없이 너와 내가 하나로 '함께 존재'함을 보아야 한다.

새로운 학문이라는 것도 새로운 개념이요 개념은 또 하나의 상(相)일 뿐이다. 상(相)에 메어 관념에 갇힐 뿐 깨달음과는 거리가 멀다. 붓다는 '제상(諸相)이 비상(非相)이면 곧 여래를 본다'고 하였다.

고작 100여 년 살다 갈 내가 아니다. 얼마나 큰 나인지 상상해 보라. 정신의 크기가 무한함을 보면 그 정신을 가지고 있는 나의 무한함을 믿게 되고, 생사에 얽매이는 협소한 나에서 떠나 나의 무한함을 보게 된다.

'가장자리가 없는 나'를 어디에 가둘 수 있겠는가?
나의 무한함을 보면
세상은 동전보다 작아서 구할 것도 없고 원할 것도 없어서
그리도 자유로운 것이다.
얽매임이 없는 모든 것으로부터의 자유, 해탈이다.

이런 기쁨으로 영생하는 삶을 버려두고 어디에서 무엇을 찾는단 말인가? 물 위를 걷고, 공중부양을 해서 무엇을 하겠다는 것인가? 어떤 초능력을 얻는다 해도 그것이 없음만 못한 것은 그것으로 뭔가를 이루려는 욕망을 실현하려 할 것이기 때문이고, 그것이 속세의 번뇌와 다를 것이 없기 때문이다. '나'는 그런 것들을 모두 초월한 존재이다. 꿈꾸는 자가 꿈을 보듯이 본질이 현상을 보는 것이다. 본질의 화현이 현상이다. 이것을 '행위자는 없이 행위만이 있다.'라고 하는 것이다. '내가 한다'라고 하는 믿음이 눈을

가리고 있는 것이다. 내가 하는 일은 하나도 없다. 이미 지난 일을 내가 한 것으로 믿고 내가 하는 것으로 여기지만, 나라고 믿고 있는 나는 할 수 있는 일이 하나도 없다. 모든 행위는 본질이 하는 전 우주적 활동이다. 이것저것 분별함이 없이, 우리는 알 수 없는 그러하게 일어나는 현상이다. 이것을 연기적이라 하는 것이다. 그 많은 연기적 인연을 우리가 어찌 알 수 있겠는가? 우리는 모름에 있으면서, 해야 할 일이 없음을 알고, 지금 있는 그대로를 수용하는 것이 마땅하다. 나에게 일어나는 일이란 없다. 일어나는 모든 일은 날 위해 일어난다. 모든 것을 인연 따라 흘러감에 맡겨두고 '있는 그대로'에 노니는 것이다.

잘 아는 "있음"

그러다가 한 번 보기만 하면, 두 번도 아닌 단 한 번 보기만 하면,
너무도 잘 알게 되어 구할 것이 모두 사라진다.

• • •

"나는 내가 모른다는 것을 알 뿐이다."고 하는 소크라테스의 말처럼, 알고 있다는 것은 자기 생각일 뿐, 우리가 아는 것은 피상적인 것이다. 그럼에도 불구하고 '잘 아는 것'이 있다. 우리의 본성이다. 너무도 확연하여 모를 수가 없다. 나의 진면목을 보면 그것이 '나'임을 너무도 분명하게 알게 된다는 것을 아디야 샨티는 "잘 아는 '있음'"으로 표현한다.

나의 본성은 저 먼 하늘나라에 있는 것도 아니고, 저 먼 밖 어딘가에 있는 것도 아닌 내 안에 있는 것으로, 그 어떤 것보다 확실하게 알 수 있는 것이기에 '잘 안다'는 말이 오만이 아닌 겸손의 말임을 알 수 있다. 구하고 원할 것이 하나도 없이 그저 내 안을 바로 보기만 하면 되는, 너무도 겸손한 '잘 아는 있음'이다. 밖에서 찾고 구하기에

볼 수 없었던 것을 내 안에 있는 것을 보고서, '잘 안다'고 표현하는 것이 오만일 리는 없다. 너무도 환하게 보이는 이것을, 너무도 잘 아는 있음을, 생각을 넣어서 '있는 그대로' 보지 않으려 하는 것이 문제다. 분별하여 보는 그 생각이 없으면 그리도 잘 보이는 있음을 그렇게도 보지 않으려 애쓰고는, 진실을 보려고 애쓰는 아이러니가 연출되는 것이다. 지금 있는 그대로인 것을, 과거도 미래도 아닌 눈 앞에 펼쳐진 그대로인 것을, 기어이 생각을 넣어서 그대로 보지 않으려 애쓴다. 생각으로 보고, 생각으로 듣고, '있는 그대로' 보고 들을 마음이 없다. 그리도 굳건한 관념이 진실을 가로막고 너무도 확연한 '나의 본성' 보지 못하게 한다.

돈을 구하거나 여색을 구하거나 명예를 구하는 일이 잘 아는 있음이라 여겨왔다. 그것을 얻으려는 노력이 해야 할 일이기에 깨달음을 구하고 부처와 그리스도를 구하고 확철대오를 구하는 것이 해야 할 일이 된 것이다. 밖에서 구하고 있는지를 모르고 가야 할 길로 여기는 탓에, 나를 보는 것이 너무도 어려운 일로 여겨지는 것이다. 우리는 이미 여기에 있는, 알 수 있는 길을 가야 한다. 아무것도 구하지 않고 지금 여기에 있기만 하면 너무도 장엄하고 멋진, 표현할 수 없는 내가 '있음'을 보게 된다. 모든 것이 갖춰진 나, 아버지께서 다 주셨기에 부족함이 전혀 없는 나를 보는 것이다. 글로 배우거나 들어서 아는 것이 아니라 밤하늘을 망원경으로 들여다보고 관찰하듯이 내 안을 들여다보는 것이다. 확인하기만 하면 되는 너무도 쉬운 이 일이 어려운 것은, 구하기 때문이다. 구하지 않고, 하지 않고, 보기만 하면 되는 너무도 쉬운 일이, 구하기 위해서 무엇인가를 하려고 하기 때문에 밖으로 내달리게 되는 것이다. 나무에서 물고기를 찾으려 하면 찾을 수 없듯이 밖에서 구하려고 하면 끝내 구할 수 없다. 나는 내 안에 있기에 내 안에서 일어나는 것이 무엇인지 보기만 하면 되는 것이다.

떠오르는 생각을 살펴보고 있으면 생각은 밖에서 온 것이라 밖으로 끌려가게 된다. 오가는 생각 그대로 놓아두고 보아야 한다. 지금껏 잡으려고 하면서 살아왔기에 놓지를 못하는 것이 어렵다. 잡지 않고 놓아주는 길은, 지금껏 해왔던 습관의 반대로 길을 가는 것이다. "내 생각을 무조건 믿지 않는 것", 그리고 내 생각에 머물지 않고 '나 없음'에 있는 것이다. 그곳은 텅 빈 곳이다. 그것을 비우려는 노력을 한다. 공(空)을 보려 하고, 무(無)를 알아보려 한다. 해서는 안 되는 것을 하려는 습관이 문제다. 해야 한다는 고정관념이 보려는 일을 가로막아 보는 것이 어려워진 것이다. 보는 일이 어려운 것이 아니다. 숨 쉬는 일만큼 쉽다.

숨 쉬려고 노력하지 않듯이
내 생각이 만들어 놓은 나를 믿지 않고,
진아(眞我)가 있음을 믿고서 바로 보아야 한다.
습관을 떨쳐내고 '내 생각을 믿지 않는 마음'으로
'이것이 무엇인가?' 묻고 물어
생각이 멈출 때 보인다.

그렇게 한 번 보기만 하면, 두 번도 아닌 단 한 번 보기만 하면, 너무도 잘 알게 되어 구할 것이 모두 사라진다. 사진으로, 그림으로 보던 곳이 한 번 보고 나면 훤해지듯이 잘 알게 되는 것이다.

그 '잘 아는 있음'으로 잘 알고 살아가면 된다. 남대문에 문이 있는지 없는지는 남대문을 한 번 보는 것으로 충분하듯이, '잘 알게 될 있음'을 보는 것이다. 이것이 그리도 어려운 까닭은 습관 교정이 그렇게 어렵기 때문이다. 습관대로 '윤회'하며 살아가는 것이다. 잘 아는, 너무도 잘 아는 '있음'을 곁에 두고 어디에 있을까 찾아다니는 일은 그만두고서, 내 생각은 하나도 믿지 않는 마음으로, 부처를 만나면 부처를 죽이고, 그리스도를 만나면 그리스도를 죽여서 숨 쉬는 나에 있는 것이다. 숨 쉬는 내가 숨과 함께 하는 것이다.

내가 숨을 쉬고 있다. 너무도 잘 아는 '있음'이다. '당처변시(當處便是): 다다른 곳이 곧 그곳'이다. 생각하는 나에서 '내 안의 나' 잘 아는 있음에 있는 것이다. 너무도 '잘 아는 나 없음'에 있는 것이다. 내가 있고서는 나 말고 무엇이 보이겠는가? 나이니만큼 잘 아는 것이라 여기지만 자신을 아는 것이 하나라도 있는가? 자신이 누구인지 아는가? 나만 없으면 모든 것이 환하게 나타나 저절로 잘 알게 된다. 이 세상 무엇도 진실이 아닌 생각의 산물이지만 이것은 너무도 확연한 '나'이다. 한번 보기만 하면 너무도 '잘 아는 진실한 있음'이다.

놓아버림

서로 반대되는 것처럼 보이는 '심한 고통과 완벽한 자유,
나의 작은 자아와 무한한 대아(大我)'를 동시에 포용할 수 있는
자아를 발견하는 것이야말로 진정한 깨달음이다.

• • •

'응당 머무는 바 없이 그 마음을 낼지니라' [應無所住而生其心].
금강경의 핵심이라 할 만한 구절로, '천만 경계를 응용하되 집착함이
없이 그 마음을 작용하라'는 뜻이다. 지금 주어진 상황에 반응하되
내 안에 머물러 있는 과거의 기억에 얽매이지 않고 지금 이 순간을
늘 새롭게 맞이하라는 말이다.

　모든 상대적 현실에 상응(相應)함이
　맑고 밝은 거울 같아서
　물건이 오면 비추고,
　물건이 가면 비추기 이전의 상태로 돌아가되
　그 거울에는 털끝만한 상(相)도 머무름이 없는 것과 같다.

그러므로 오가는 것은 물건뿐이요, 거울 그 자체에는 오고 감에 흔적이나 집착이 없다.

에티 힐레숨*은 나치의 유대인 말살 정책으로 베스터보르크 임시 수용소에 있다가 아우슈비츠로 끌려가 처형될 때까지 혹독한 환경에서 죽음과 대면하고 있으면서도 그리스도인들보다 더 하나님께 다가가며 하나님과 하나 되어 이렇게 기도한다.

"나는 안전과 생존에 대한 욕구를 가게 놓아둡니다.
나는 존중과 애정에 대한 욕구를 가게 놓아둡니다.
나는 힘과 통제에 대한 욕구를 가게 놓아둡니다.
나는 상황을 변화시키려는 욕구를 가게 놓아둡니다."

모든 것을 가게 놓아버리는 그녀는 보통 사람들로서는 도저히 이해하기 어려운 글을 쓴다. "철조망에 갇혀 지낸 그 두 달 동안은 내 인생에서 가장 풍요롭고 강렬한 시기였다. 그 두 달 동안에 나의 최고의 가치들을 매우 깊이 확인했기 때문이다. 나는 베스터보르크를 사랑하게 되었다."

서로 반대되는 것처럼 보이는 '심한 고통과 완벽한 자유, 나의 작은 자아와 무한한 대아(大我)'를 동시에 포용할 수 있는 자아를 발견하는 것이야말로 진정한 깨달음이다. 어떤 경계도 없이 모든 것을 수용하는 진정한 자유, 그것은 진정 집착하지 않고 놓아버리는

---

* 에티 힐레숨(1914-1943)은 네덜란드 유대인으로, 안네 프랑크보다 열다섯 살이 많다. 안네보다 1년 반 먼저 아우슈비츠에서 스물아홉 살에 죽었다. 에티이 일기와 편지들은 홀로코스트 시대의 가장 놀라운 신앙고백 문서들 가운데 하나가 되었다.

데 있다.

아우구스티누스가 말한 것처럼 "속세의 것은 우리가 그것을 갖기 전에는 사랑하지만, 그것을 얻은 다음에는 점점 무가치하게 된다. 왜냐하면 그것은 영혼을 만족시키지 않기 때문이다. 그러나 영원한 것은 우리가 그것을 갖게 될수록 더욱 열렬하게 사랑하게 된다. 영혼은 영원한 것을 일단 맛본 다음에는 더욱 귀하다는 것을 발견할 것이다."

영적인 만족은 스스로를 먹고 자라며,
혼자서 성장하며,
온전함을 창조하여
마침내 그 자체가 보상이다.

보고 듣고 생각하는 데 빠져서, 더 많이 알려 하는 데에서, 무엇인가를 더 얻으려 하는 데서, 이기려 하는 데서, 좋은 곳으로 가고자 하는 데서는, 본래의 자기를 볼 수 없다. 나는 그런 것들과 아무런 관련이 없다. 나와 무관한 것에 머물러 무엇을 얻을 수 있겠는가? "그들은 나를 헛되이 예배하며 사람의 계명을 하나님의 것인 양 가르친다"(마태복음 15:9). 나를 행복하게 하는 무엇이 있다고 믿는 나머지, 그것을 찾으려, 하나님마저도 찾으려 하는 망상에 빠져 있다. 그러한 망상에 머물러 있는 한 어떤 것도 얻을 수 없다. 모든 것을 놓아버릴 때 실체는 바로 눈앞에 있음을 볼 수 있다.

모든 것은 내 안에 있다. 밖에서 오는 것에 머물 때에는 나를 떠나 있게 된다. 생각은 대상에서 떠오른다. 떠오르는 그것은 내가 떠올린 게 아니다. 생각은 보고 들은 대상에서 떠오른 것이다. 내 것이 아니다. 내 것이 아닌 것에 머무를 일은 없다. 관여할 일도, 따라갈 일도 없다. 무소의 뿔처럼 혼자서 가는 것이다. 그때 비로소 나는 내 안에 있게 된다. 이때 가장 큰 망상에 빠지기 쉬운 것은 내 안에 머물려 하는 마음이다. 이것조차 놓아버려야 함을 일컬어 무아(無我)라 하고 공(空)이라 한다.

　행위자는 없다.
　관찰자는 없이
　관찰만이 있을 때
　진정한 놓아버림이 된다.

　공(空)마저 놓아버리면
　모두와 하나인 나이다.

속박

분별없는 생각이 있을 수 없기에 모든 생각은 분별이며, 분별은 모든
것이 하나인 절대자 진아와 같이 있을 수 없다. 그러니 생각을 믿지 말라.

• • •

속박에서 벗어나 자유를 갈망하며 살아가지만, 가장 큰 속박은
스스로의 생각에 속박되어 살아가는 것이다. 말과 생각에 얽매어
살면서도 그것을 알아차리려 하지 않고, 생각은 있으되 생각하는
자는 없음을 모른다.

벗어나려고 하는 노력이 속박임을 모르고, 일하려고 노력하거나
포기하려고 노력한다. 일어나게 되어 있는 일은 일어날 것이고,
일어나지 않을 일은 일어나지 않을 것이다. 만일 일할 운명이 아니라
면 일거리를 찾는다 해도 얻지 못할 것이고, 일할 운명이라면 피할
수 없이 그 일을 하게 될 것이다. 외적인 일은 자동적으로 진행된다.
모든 행위들은 그것을 하려고 애를 쓰든 쓰지 않든 진행된다.
그 모든 것이 진아(眞我)의 일이기 때문이다. 현상은 본질의

발현이다. 이것을 깨닫는 것이 중요하다.

진아는 모든 것이기에, 진아와 별개인 것은 없다. '놓아버림', '내려놓음'을 얘기하며 진아를 찾으려 많은 시간과 노력을 하지만, 그것이 그리도 어려운 까닭은 에고는 자신을 알아보는 진아를 인정할 때에만 진아에 내맡겨질 수 있기 때문이다. 에고는 진아에 흡수되어 해소되기에, 진아를 깨닫고 나면 조용히 고개를 숙인다. 그 전의 모든 행위는 에고의 작품으로, 에고로는 에고를 벗어날 수가 없기에 에고에 속박되어 있는 것이다. 진정 자유는 진아에게만 있다.

진아 깨달음의 길은 어디에 있을까? 깨달음은 진아 안에서만, 그리고 진아의 것으로만 가능하다. 에고와 연관되어 있고서는 진아를 볼 수 없으며, 속박에서 벗어날 수 없다. '나'를 묶는 노끈을 불에 태워 노끈의 형태만 있을 뿐 아무것도 묶을 수 없는 잔해만이 남아 있을 때, 우리에게는 비로소 자유의 푸른 하늘이 동터 온다. 이름과 형상이 밧줄이다. 그것이 타서 '생각의 불씨'가 꺼져야 비로소 자신의 생각에 따라 움직일 일이 없게 된다. 분별하는 생각을 떠나야 한다. 깨달음이나 깨닫지 못함이라는 생각도 없이 철저히 비워, 고요함을 돈독히 지켜야 한다.

'고요히 있음'이 전부다. 깨달음은 새로 얻어야 할 그 무엇도 아니며, 진아가 없는 순간도, 없는 곳도 없다. 자기를 에고와 동일시하기 때문에 진아를 볼 수 없을 뿐이다. 그대가 이미 진아이다.

'고요히 있음'이란 어떤 상태인가? 그것은 생각 없음이다. 무심처(無心處)가 진아이다. '고요히 있음'이 곧 진아이며 신이다. 생각을 떠나는 순간 신이 보이고, 거기에 진아가 있다.

불행의 원인은 바깥의 삶에 있지 않다. 에고로서 살아가는 데에 있다. 모든 불행은 에고에 기인하며, 에고와 함께 모든 문제가 찾아온다. 에고가 하는 일이 무엇인가? 생각으로 분별하면서 살아가는 것이다. 분별없는 생각이 있을 수 없기에 모든 생각은 분별이며, 분별은 모든 것이 하나인 절대자 진아와 같이 있을 수 없다. 그러니 생각을 믿지 말라. 무한한 존재인 그대의 참된 성품에 그대 자신이 생각의 한계를 부과하지 마라. 자신을 유한한 존재로 규정하고 그 한계를 극복하여 초월하려는 수행을 하면, 무슨 도움이 되겠는가? 그대가 무한자이고, 순수한 존재이며, 절대적 진아임을 알라. 이것을 믿음이 무엇보다 중요하다.

의상 대사는 법성게(法性偈)에서 '처음 불심을 일으키는 때가 바로 성불하는 때'[初發心時 便正覺]이라 하였다. 깨닫지 못한 자라는 생각을 버리고, 나를 믿어야 한다.

그대를 속박하는 것은 그대의 생각이다. 그대가 원하는 모든 것을 신께서 다 들어주기를 바라는가? 그렇지 않다면 그대 자신을 알라. 부처를 알려고도, 그리스도를 알려고도 하지 말고, 그 무엇도 알려 하지 말라. 오로지 그대 안에 있는 그대의 진면목을 보라. 거기에 모든 것이 다 있다. 나를 묶는 생각은 불태워버리고 나를 굳게 믿어 내 안의 진아를 바로 보라.

'진아'는 이름 너머의 세계에 있다.

"너희 믿음대로 되리라"(마태복음 9:29).

내 생각을 믿지 마라

생각이 출현하면, 뒤따라오는 온갖 번뇌는 시름을 안겨주고
안 해도 될 근심 걱정까지 선물하는 못된 짓을 서슴지 않는다.

• • •

영화 '아바타'를 보면, 장가계의 봉우리들이 공중에 떠 있고 그사이
를 용을 타고 날아다니는 멋진 장면이 관객을 사로잡는다. 관객은
그것이 영화의 한 장면일 뿐이라는 것을 잘 안다. 상상의 세계라고,
현실이 아니라고, 봉우리들은 떠 있을 수 없다는 과학적인 지식을
앞세우면서 허상임을 당연하게 믿는다. 별들이 하늘에 떠 있는 모습
은 보고 믿으면서도, 봉우리들이 떠다니는 것은 하나의 상상물일
뿐이라고 굳게 믿고서 영화로서 즐길 뿐이다. 생각이 만들어낸 상상
물인 영화일 뿐이라는 것이다.

그러면 실재라고 믿는 이 세상은 생각이 만들어낸 산물이 아니란
말인가? 사람들은 저마다 각자의 생각으로 조건지어진 대로
볼 뿐이다. 각자의 생각이 다른 만큼 이 세상은 사람마다 다

다르다. 즉 영화 속의 세상이나 우리가 실재라고 믿고 있는 이 세상이나 다 생각의 산물이다. 영화 속이나 이 세상이나 다를 것이 없다. 생각이란 다 자기의 경험의 산물로서 업(業)의 윤회이다. 생각은 지금 이 순간의 세계를 보지 못하게 하는 가림막이다.

생각 없이 볼 때만 실재의 세상을 '있는 그대로' 볼 수 있다. 일어나는 생각은 내버려두고, 무심(無心)으로 생각에 끌려감이 없이, 생각을 비운 자리에서 보아야 한다. 그러면 별천지가 나타나고, 보고 있는 이 세상도 '있는 그대로' 보이게 된다. '있는 그대로' 보기는, 떠오르는 생각을 믿지 않는 데에서 출발된다. 생각을 믿지 않아야 진실을 본다는 얘기다.

생각은 지금의 나와는 아무런 관련이 없다. 생각이란 살아가는 데 필요한 기억으로 자리할 뿐, 지금의 나는 아니다. 지금의 나는 생각할 수 없다. 무심(無心)만이 생명을 똑바로 볼 수 있다. 내가 누구인지 아는 것도 생각으론 알 수 없다. 기억으로 자리하고 있는 지식에서 떠나 비어 있어야 한다. 이것은 알고 있는 것을 잊어야 한다는 뜻이 아니다. 지식에 매달려서는 안 된다는 것이다. 지식의 주인이 되어서는 안 된다. 생각을 믿지 말라는 것이다.

바이런 케이티는 '네 가지 질문과 뒤바꾸기'라는 특유의 '작업'을 통해 '생각 자체가 믿을 만한 것이 못 된다는 것'을 살펴볼 것을 제안한다.

바이런 케이티의 '네 가지 질문과 뒤바꾸기'는 다음과 같다.

1. 그게 진실인가요?

2. 당신은 그게 진실인지 확실히 알 수 있나요?

3. 그 생각을 할 때 당신은 어떻게 반응하나요?

4. 그 생각이 없다면, 당신은 누구일까요?

그리고, 뒤바꿔보세요.

케이티의 질문들은 "이것이 무엇인가?"를 묻는 선(禪)의 화두를 떠올리게 한다. 생각을 믿는 것이 얼마나 허구인지를 실감하게 하는 매우 유용한 물음이다. 생각을 얼마나 굳게 믿고 살아왔는지를 살펴가며, 생각을 믿어온 것이 얼마나 허구였는지를 확인하게 되면, 진실의 자리가 저절로 드러난다. 진실은 생각을 믿거나 이해하는 것이 아니다. '있는 그대로'를 확인하는 것이다. 생각을 믿지 않고, 생각을 내려놓을 때 '진정한 나'가 보인다.

『금강경』에서는, '삼천대천세계에 가득한 칠보로 보시함이 무심도인이 되는 이만 못하다'고 한다. 무심으로 평상심을 이루면 본래면목이라는 것이다. 생각은 분별이요, 분별없는 생각은 없다. 분별을 떠나는 것은 생각을 떠나는 것이요, 무심으로 본래 성품을 보는 것이다. 자기 몸을 아끼지 않고 많은 사람들과 이익을 나누기 위해 열심히 노력한다 해도 망상(妄想)에서 떠나 무심에 있느니만 못하다. 보고 들은 것에 넘어가 생각이 움직이면 곧 어긋나버린다. 어떠한 생각이라도 믿어서는 안 된다는 것이다. 에고는 생각을 먹고 산다.

생각이 출현하면, 뒤따라오는 온갖 번뇌는 시름을 안겨주고 안 해도 될 근심 걱정까지 선물하는 못된 짓을 서슴지 않는다. 생각에 끌려가서는 안 된다. 생각은 실제로 존재하는 것을 우리가 경험하지 못하게끔 마음이 만들어내는 이미지다. 생각이 고뇌의 근본이다.

떠오르는 생각이야 어쩔 수 없지만, 생각을 믿고 따라갈 일은 아니다. 생각을 좇으면 생각에 점유될 뿐이다. 생각을 믿지 않고, 오면 오는 대로, 가면 가는 대로 내버려 두고, 관여하지 말아야 한다. 생각이 나타날 때 그 생각을 믿지 않고 그저 알아차리는 것, 우리가 마음을 다스릴 수 있는 것은 딱 이만큼이다.

바람

바람은 한시도 머무름이 없이
주저함도 없이 그냥 스쳐 지나갑니다.
뺨을 스치는 당신의 감촉이
살짝이 내려앉은 햇살과 더불어
그리도 싱그럽습니다.

당신은 언제나 그렇게 지나면서도
야속하리만큼 한마디의 속삭임도 없이
왔다가는 그냥 스쳐 지납니다.

전해주는 말 한마디 없는 당신이
내게 와 가슴을 적시면
가슴은 당신을 이름으로 잡아두곤
당신은 나의 바람이 됩니다.
생각의 바람이 됩니다.

그렇게 내게 온 당신은
생각의 바람이 진짜가 되고
진짜인 당신은 가짜가 됩니다.
생각이 당신과 나 사이를 갈라놓은 겁니다.
알량한 지식과 언어가 끼어들어
당신의 고귀한 내음을 가린 것입니다.

아~, 이제 찾아야 합니다.
당신의 자취가 아닌 당신을 찾아야 합니다.
모든 생각 내려놓고
그 어떤 마음도 비운
빈 방이 되어
빈 방에 들어온 햇살처럼
외부에서 들어온 그대로 맞이하는 겁니다.

이제 생각으로 맞이하는 일은 없으렵니다.
빈방에 들어온 영상들을 지켜보듯
오는 그대로 맞이하렵니다.
혹시라도 오는 바람이 물어오면
생각은 이제 믿지 않는다, 말하렵니다.
지나가는 당신을 붙잡을 일은 없습니다.

자기를 놓아버려라

'영생'의 길은 모든 것을 비우면 나타난다. 그 길은 '자기를 부정하는 것'이다. 자기 생각을 믿지 않고, 자기의 눈을 자기 자신으로 향하는 것이다.

• • •

"실로 어떤 사람이 왕국이나 온 세계를 놓아버렸다 해도, 자기 자신을 붙잡고 있다면 그는 아무것도 놓아버린 것이 아니다. 그러나 그가 자기 자신을 놓아버린다면, 왕국이든 명예든 혹은 그 무엇을 가지고 있든, 그는 모든 것을 놓아버린 것이다." ─마이스터 에크하르트

이 세상에 대한 모두 사랑은 자기 사랑에 근거한다. 사기 사랑이 남아 있는 한, 세상에 대한 미련을 버리지 못한 것이다. 자기 사랑을 떠난다면, 온 세상을 떠난 것이다. 우리가 일상생활에서 사용하는 물건, 재산, 의례, 선행, 지식, 그리고 생각들은 그 자체가 '나쁜' 것이 아니다. 우리가 그것들에 집착할 때, 문제가 될 뿐이다. 그것들에 집착하여 우리의 자유를 훼방하는 사슬이 될 때, 그것은 우리의

자기실현을 가로막는다. 떠나야 할 '대상'이 문제가 아니라, '나'가 문제이고 그 밖에는 아무것도 전혀 문제가 아니다. 우리에게 장애가 되는 것은 우리 자신이다. 다른 것이 아니다.

진정한 자기로 살기 위해서는, 자기를 놓아버려야 한다. 주변 사물이나 환경이 문제가 아니라 자기 의지를 놓아버리는 방하착 (放下著)이야말로 자기를 얻는 길이며, 모든 것을 포기하는 것이 야말로 모든 것을 얻는 길이다. 모든 것을 받고자 하는 자는 모든 것을 내주어야 한다. 하나님께서는 자기 자신과 만물을 우리가 자유롭게 가지도록 주기 원하시기 때문에, 우리로부터 모든 소유를 모조리 앗아가신다. 일찍이 하나님께서 주신 모든 선물은, 자연의 선물이든, 은총의 선물이든, 어떤 것도 우리가 자신의 소유로 가져서는 안 된다.

십계명의 제일은, "너는 나 외에는 다른 신들을 네게 두지 말라."이고, 제이는 "너를 위하여 새긴 우상을 만들지 말고, 또 위로 하늘에 있는 것이나, 아래로 땅에 있는 것이나, 땅 아래 물 속에 있는 것의 어떤 형상도 만들지 말며, 그것들에게 절하지 말며, 그것들을 섬기지 말라."이다.

하나님은 스스로를 "나 여호와 너의 하나님은 질투하는 하나님이라"(신명기 4:21) 하였다. 이는 인간으로 하여금 하나님 자신보다 피조물을 더 사랑하지 말라는 뜻으로, 피조물에 대한 집착으로 인해 우리를 하나님으로부터 멀리하지 않도록 하신 것이다. "아버지와 아들 사이에 아무것도 남겨놓지 말라. 우리는 하나이거늘 무엇인들 가로막을 수 있겠느냐. 가로막는 것이 하나도 없을 때, 그때 비로소 아버지와 아들은 하나가 된다."

아버지 하나님은 우리를 가르치고 깨닫게 하기 위해서 종종 우리에게서 물질과 정신의 소유물들을 앗아가신다. 우리는 모든 것을, 그것이 몸이든 영혼이든, 세상의 물건이든 명예든, 친구든 친척이든, 집이든 가족이든 모든 것을, 우리에게 주어진 것이 아니라 임시로 빌려 쓰는 것처럼 아무런 소유욕 없이 소유해야 한다. 아버지는 우리에게 어떤 것도 가져서는 안 된다고 하신 것이다. 예수께서는 "마음이 가난한 자는 복이 있나니 천국이 저희 것임이요"(마태복음 5:3)라고 말씀하신다.

하나님은 선악과를 따먹으면 반드시 죽으리라 하신다. "생명 나무 실과도 따먹고 영생할까 하노라 하시고, 에덴동산에서 그 사람을 내어 보내어 그의 근본 된 토지를 갈게 하시니라"(창세기 3:22-23). 우리는 죽음을 우리에게 내린 원죄의 대가처럼 여기지만, 그것은 잘못된 생각이다. 하나님은 우리가 '영생할까' 염려하신 것이 아니라, 선악과를 따먹고 분별하는 세상을 살면서 생명만 끝도 없이 연장된 채로 살게 될 것을 염려하신 것이다. 그러니 이 말씀에 감추어진 뜻을 읽는다면, 하나님은 결국 '모두가 하나'라는 진실의 생명 나무 실과를 따먹으면 영생함을 알려주신 셈이다. "나누어 보되 나누어 놓지 말고 경계를 없이 하라" 이르신 것이다. 피할 수 없는 죽음까지 안배하시어 모든 소유를 모조리 앗아가시고, '내게로 돌아오라' 길을 예비하신 것이다.

모든 것을 다 버리고 아버지께 돌아오라 하심을 모르고, 율법의 노예로 사는 것이 안타까워 예수 그리스도를 보내어 "다 버리고 내게 오라" 하신 뜻을 모른다.

하나님은 실로 우리가 '나의 것'을 티끌만큼이라도
갖기를 원치 않으신다. 다 비워야만이 아버지를 볼 수 있고,
원래의 고향에 다다를 수 있기 때문이다.
남김없이 비워낸 선각자들이
우리가 하나님과 하나임을 그리도 외치는 까닭이
바로 여기에 있다.
'빈손으로 왔다가 빈손으로 가는 인생'을 노래하면서도,
아무것도 가지지 못하고 저승길에 들어서면서도,
죽음의 순간까지 놓지를 못하는 자녀들을 위하여
최후의 기회로 '죽음'을 안배하신 것이다.
죽음은 아버지가 내린 죄에 대한 벌이 아니라 은혜이다.

모든 것을 버리고 아무것도 가질 수 없는 죽음으로라도, 아버지와
아들 사이에 남겨놓음이 하나도 없이, 아버지께 돌아오라는 한없는
은혜이다. 모든 것을 버림으로 전부를 얻는, 일대 대전환이 죽음이다.

우리가 세계와 사물들을 있는 그대로 바로 보지 못하는 이유는,
우리의 이기심과 욕심과 집착으로 인해 사물을 자기중심적으로 왜곡
시켜 보기 때문이다. 죽음 또한 죽음을 피하려는 욕구 때문에 잘못
보고 있는 것이다. 생사가 관념에 불과한 것이라서 죽음이 아버지께
가는 선물임을 바로 본다면, 내가 가진 모든 것을 놓아버려야 하는
두려움이 없을 것이다. 죽음은 끝이 아니라 새로운 시작이다.

'영생'의 길은 모든 것을 비우면 나타난다. 그 길은 '자기를 부정하

는 것'이다. 자기 생각을 믿지 않고, 자기의 눈을 자기 자신으로 향하는 것이다.

"누구든지 나를 따르려거든 먼저 자기 자신을 부인해야 한다"(마태복음 16:24)는 말씀처럼, 무위(無爲), 무사(無事), 무념(無念), 무아(無我)로 자기를 놓아버려야 비로소 나와 남이 없는 진정한 '나'가 보이게 된다. 자기 부정이 자기 긍정이며, 자기를 부정하면 어느 때 어느 곳에서든지 하나님과 함께한다. 하나님과 하나다. 아버지가 원하시는 일이 이루어진다.

가난한 마음

가진 것이 하나도 없이 아버지와 아들 사이에 아무것도 없을 때,
그때 비로소 아버지와 아들은 하나다.

• • •

"마음이 가난한 자는 복이 있나니 천국이 저희 것임이요"
(마태복음 5:3).

마음이 가난한 자는 아무것도 원하는 것이 없는 자이다. 우리가
이해하는 '대상'으로서의 하나님, 피조물과 상대적인 하나님을 여의
고, 하나님을 위해 하나님마저 떠나서 진정한 무(無)가 되었을 때
참 하나님을 만나게 된다. 하나님은 자녀가 이것저것을 구하면 들어
주는 상대적 존재가 아니다. 하나님은 절대적 존재로서 이런저런
분이 아니다. 외적인 부나 내적 위로를 구하면 들어주는 그런 분이
아니다. 마음이 가난한 자는 기도할 것이 없는 자이다. 부처를 만나면
부처를 죽이고, 조사를 만나면 조사를 죽이고, 그리스도를 만나면
그리스도를 죽이고, 하나님을 만나면 하나님마저 죽여서, 실로 실오

라기 한 올 남김없이 발가숭이가 되었을 때, 나와 만물과 하나님이 완전히 하나인 세계에 있게 된다.

마음이 가난한 자는 자기 자신의 모든 앎에서 가난해야 한다. 알고 있는 모든 앎을 잊어야 한다는 것이 아니라, 알음알이에 얽매어 머물지 않고 흘려보내야 한다. 무주(無住)로서, 앎 혹은 지식이란 어떤 것이든, 심지어 하나님에 관한 앎이나 깨달음이라 해도, 의식적 집착의 대상이 되는 순간 이미 자유를 방해한다. 앎 자체가 나쁘다는 것이 아니라 앎이 소유로 전락해서는 안 된다는 것이다. 모름지기 몰라야 한다는 말이다. 지식을 소유하려는 자는 마음이 가난한 자일 수 없다. 지혜의 주인이 되지 않고 모름지기 비어 있어야 한다.

마음이 가난한 자는
내 것이라는 마음이 전혀 없는 자이다.
가진 것에 구속당하거나 구애받지 않고,
있고 없고에 상관없이
인연 따라 살펴 쓰는 자이다.

나아가, 우리 자신이 하나님이 일할 수 있는 장소가 되거나 그런 장소를 가져서는 안 될 정도로 가난해야 한다. 자기 안에 아직 장소를 붙들고 있는 한, 차별성을 붙들고 있는 것이다. 모든 차별성을 초월하는 하나님의 본질 안에 내가 있었다. 나는 탄생하지도 않았고 탄생함도 없는 무시무종(無始無終)의 '나'이다.

'하나님이 있다'라고 할 때, 내가 나를 피조물로 인식하고 있는 것이며, 그때 하나님과 나는 차별된다. 하나님이 따로 존재하는 것이다. 나는 나였던 나이며, 앞으로도 영원히 있을 나이다. 나와 하나님은 하나이다. 이것이 가장 본래적인 가난이다.

진정한 자기를 보지 아니하고 밖에서 구하는 것은 자신 안에 있는 생명의 뿌리를 외면하고 종교의 이름으로, 신앙의 이름으로 자기 밖에서 무언가를 찾는 타율적 삶이다. 그런 삶을 거부해야 한다. 자기 자신의 유익을 사랑하면서, 하나님을 사랑한다 해서는 안 된다. 하나님을 자기 자신 밖에 있는 것으로 파악하거나 간주해서는 안 된다. 하나님을 자기 자신의 것으로, 그리고 자신 안에 있는 것으로 간주해야 한다. 자기를 비우고 비워서 존재의 근원에 뿌리를 내리고 '진아(眞我)', 곧 하나님 아들로 다시 태어나는 것이다. 본향에 돌아가는 것이다.

진정한 하나님 사랑은 자기를 비우고 하나님마저 비운 철저한 자기 부정으로, 한 오라기의 실도 걸치지 않은 진실한 가난의 바탕 위에서만 가능하다. 하나님께 단 하나의 생각도 덧붙이지 않으며 모든 견해를 내려놓고 오로지 하나님과 하나 되는 것이다.

철저한 비움, 철저한 가난으로 하나님을 만나 하나님도 나도 해체되어 완전히 하나가 되는 합일의식이야말로 우리가 가야 할 길이 아니겠는가.

가진 것이 하나도 없이
아버지와 아들 사이에 아무것도 없을 때,
그때 비로소 아버지와 아들은 하나다.

우리네 살림살이에도, 벙어리 3년, 봉사 3년, 귀먹어리 3년을 보내야, '친정 문화가 싹 빠지고 진정한 시집 식구로 하나가 된다'는 오랜 전통의 말씀이 내려온다. 하물며 내 생각을 남겨놓고 아버지의 뜻을 어찌 알 수 있겠는가? 그래서 아버지께선 '질투하는 하나님이라' 경계하시고, 내 생각을 모두 내려놓고 진정으로 가난한 자가 되어야 아버지와 하나가 될 수 있다고 하신 것이다. 8만 4천 석이나 되는 온갖 번뇌를 다 버리고 참으로 가난하고 가난한 사람이 되어 텅 빈 진공(眞空)이 되라 하신다.

이름 너머의 세계

어떤 견해도 어긋나서, 모든 생각을 놓아버린 무심처가
하늘나라다. 이름이 붙기 전의 나,
나도 없고 남도 없는 그곳으로 돌아가야 한다.

• • •

　이름이 있기 전의 세계에서 나와 이름이 있고 난 후, 태초에
에덴동산에서 쫓겨난 아담의 후예들은 하나님 아버지의 뜻이
무엇인지 몰랐다. '너 자신을 버리고 아버지께 돌아오라'는 계시
를 모르고, 오히려 자기를 갖추어 갔다. 자신에게 유익을 주는
일이라면 어떤 일도 마다하지 않고, 온갖 신들마저 섬기는 사태에
이르러, 아버지의 뜻과는 더욱 더 멀어지는 무지의 길을 갔다.
아버지의 말씀은 율법이 되어 아들을 구속하고, 아들은 종이
되기를 마다하지 않았다. 아버지는 우리와는 다른 전지전능한
신이 되어 우리의 죄를 심판하는 존재로 분리되었고, 아버지와
대면할 수 없는 우리는 제사장을 통해서 말씀을 전해 들을 수밖에
없는 존재가 되었다. 그러한 삶이 바른길이라고 믿었다.

아버지는 예수를 보내시어 "너희 안에 아버지가, 아버지 안에 너희가 있다."고 자신의 뜻을 전했건만, 자녀들은 예수마저 그리스도 라는 신으로 추대하여 의미를 대폭 축소시켜 놓고는, '아버지는 우리가 종으로 살기를 바라신다'고 생각하며 어리석은 인간으로 자기 자신들을 주저앉혀 버렸다. 제사장의 위치를 가로막은 예수 는 신이 되어야만 했다. 제사장을 앞세운 신의 시대는 우리의 눈과 귀를 막았고, 오직 신의 계시만이 진리요 정의가 되었다. 제사장의 시대가 열려, 우리의 생각은 그에 따라야 했고, 모든 일은 신의 뜻에 합당한 일이어야만 하였다. 우리가 아버지의 아들로 아버지와 하나라는 사실을 말하는 자가 나타날 때마다 화형으로 저들의 입을 막았고, 아버지의 뜻을 외면하였다.

아버지의 뜻을 앞세워 아버지와의 대화를 단절하는 제사장에 맞서, 발달하는 과학을 바탕으로 이성이 눈을 뜨고, 종으로부터 벗어나 "더 이상 신화는 그만!"을 외치는 이성의 시대가 도래했다. 신의 이름으로 질서를 유지하고 지배해 온 어두운 역사에 비해, 이성적인 사고는 개인의 자유를 확장하고 신장시켰다. 이성의 시대가 열리고 개개인의 정체성을 바탕으로 신으로부터 해방되었지만, 그 이성이 아버지와의 합일을 보지 못하도록 '더 이상의 상승을 멈추게 하는' 또 하나의 가림막이 되었다. 그 자유가 하나님 아버지의 뜻을 바르게 알아가는 데 있는 것이 아니라, 개인의 자유와 유익을 위해 쓰이고 있을 뿐이며, 아버지와의 합일을 가로막고 있다. 신으로부터 인간을 해방시킨 이성이 합리주의라는 관념의 사슬로 인간을 아버지 와 분리한 것이다.

돌이켜 보면, 이성적 사고가 선(善)을 지향하는 것이라고 착각하고 있는 현실에서 암흑의 시대라 일컫는 신의 지배 시대가 없었다면 우리는 과연 아버지를 잊지 않고 있었을까? 더 이상 신화는 없다고 외치는 이들에게 아버지가 계심을 상기시킬 수 있었을까? 맹목적이라 할 만큼 신의 지배에 맡기고 살아온 시대를 거쳐 아버지를 잊지 않도록 하시고, 이성적 사고로 존엄한 자신의 가치를 알게 하시고는, 이제는 거리낌 없이 아버지의 뜻을 알아보라고 하시는 은혜! 맹목적인 신의 지배에서 이성의 눈을 뜨게 하시어 우리 자신이 스스로 마음껏 생각할 수 있고 결정할 수 있는 여건을 차례로 안배하신 아버지의 사랑에 감사하지 않을 수 없다.

이제는, 화형을 눈앞에 두고도 진리를 외쳐야 했던 선각자들의 어려움을 겪지 않아도 되게 되었다. 우리는 아버지의 아들로, 부처와 그리스도와 다름이 없는 아버지의 독생자라고, 아버지와 하나임을 마음껏 외칠 수 있는 환경이 충분히 조성된 것이다. 이제야말로 순수한 우리의 의지를 아무런 거리낌 없이 마음껏 실현할 수 있는 시대가 왔다. 이제는 방편으로 표현된 불경과 비유로 표현된 성경이 가리키는 하나님 아버지의 뜻을 바르게 이해할 때가 온 것이다. 종교의 시대는 끝나고 이성에서 깨어나 영성의 시대가 다가온 것이다.

아버지는 아들과의 사이에 아무것도 놓여 있게 하지 말고 아버지와 하나가 되라고 하신다. 그러기 위해서는 네 안에 아무것도 남겨놓지 말고 다 버리라는 말씀이다. 이 말씀을 아는 것이 깨달음이라는 말로 우리에게 던져진 화두다. 이 화두를 타파하는 것은 아주 간단하다. 창세기에 "이곳의 모든 것을 먹되 오직 하나 '생명나무 열매'만

먹지 말라." 하셨으니, 생명나무 열매가 무엇인지만 알면 된다.

먹어서는 안 되는 이 열매가 '생각'이다. 생각이 선악과다. "태초에 말씀이 계시니라. 말씀이 하나님과 함께 계셨으니 이 말씀이 곧 하나님이시니라"(요한복음 1:1). 생각 없는 말이 있을 수 없고, 말 없는 생각이 있을 수 없다. 말씀 즉 생각이 이 세상을 창조한 것이다. 이름이 지어지고 생각하는 대로 세상은 분리되어 아버지와 우리는 분리되게 되었다. 아버지의 세상과 우리의 세상이 달라지게 된 것이다. 아버지와 같이 할 수 없게 된 것이다.

이제 우리는 아버지와 하나로 있기 위하여 우리가 생각으로 만들어 놓은 세상에 머물지 말고, 그 생각으로부터 벗어나 아버지의 세상을 보아야 한다. 이름 너머의 세계, 창세 이전의 세계, 아버지와 하나로 행복했던 세계를 보아야 한다. 그것을 일깨우기 위하여 아버지께선 종종 우리 것을 앗아가신다. "네 것이 아니다. 그래도 모르겠느냐?" 물으신다. 진실로 하나도 남김없이 다 버려야 한다고 하신다. 이름이 있고 난 후의 이 세계에 대한 집착을 차단하여, 우리의 집착이 우리를 하나님으로부터 멀리하지 못하도록 하려는 것이다. 왕자의 신분으로 다 버리고서 아버지의 아들로 거듭 태어난 붓다를 보고도 모르니, 500년 후에는 마굿간의 구유에서 태어나 소유함이 하나도 없이 생활하는 그리스도를 보내셨다. 왕국을 가진 자도 그것을 버리고, 아무것도 가진 게 없는 자도 가지려 하지 않는 것을 보며, 아버지 나라가 얼마나 완벽하고, 얼마나 황홀한지 상상해 보라 하신다. '생각을 남김없이 버리고도' 모든 것을 다 가진 자의 모습을 보여준 것이다.

생각은 하나님과의 사이도 분별하여 갈라놓기에 하나님이 있다는 생각마저 놓아버려야 한다. '하나님이 있다'라고 할 때, 하나님과 나는 구별된다. 하나님이 따로 존재하는 것이다. 부처가 있다는 말은 중생이 따로 있다는 말이 되어 버린다. 부처와 중생이 하나이고, 번뇌 망상이 보리요, 생사가 열반과 하나이다.

선과 악도 없이, 본래 한 물건도 없다.
어떤 견해도 어긋나서, 모든 생각을 놓아버린 무심처가
하늘나라다. 이름이 붙기 전의 나,
나도 없고 남도 없는 그곳으로 돌아가야 한다.

'생각'이라는 선악과를 먹지 않는 길은 생각을 안 하는 것이 아니라, 떠오르는 생각을 믿지 않고 "무엇인가? 무엇인가?" 묻는 것이다. 권력과 명예 그리고 재물 같은 것을 다 버리라는 얘기가 아니다. 그런 것은 아무런 문제가 되지 않는다. 생각이 눈을 가리니 생각에 머무르지 말고 생각을 믿지 말라는 것이다. 부처와 그리스도가 자기도 없이 다 버리고 나니 얼마나 홀가분하고 좋으면 모든 것을 버렸겠는가? 그분들도 가질 필요가 없기에 놓아 보낸 것이다.

우리가 준비되면 그 안에서 더 깊은 '나'가 천천히 저를 드러내어 보여준다. 인생은 그런 축적된 순간들로 만들어진 대단한 걸작이다. 이제 우리가 할 일은 아버지와 우리 사이를 완전히 비워 아버지와 하나가 되는 것이다. 이름 너머의 세계에서 아버지와 내가 하나일 때 아버지와 나는 사랑이다.

공(空)

전지전능한 하나님께서 전혀 모르는 계산법이 있는데,
덧셈과 뺄셈이 바로 그것이다.
온통 하나인 곳에서는 더하고 뺄 일이 없다.

• • •

공(空)이란 비어 있기에 아무것도 없는 상태가 아니라, 실상은
하나이기에 언어와 문자가 있을 수 없는 곳에서, 언어와 문자로
표현되는 모든 것이 허상이라는 말이다. 서산대사께서 설하신 "한
물건이 있는데 본래부터 소소영영(昭昭靈靈)하여 태어난 적도 없고
멸한 적도 없으며, 이름도 없고 꼴도 없다."는 그 물건을 '사랑'이라
부를 때, 그 사랑으로 충만한 상태가 공(空)이다.

하나님도 나도 아무것도 없이 본래부터 있는 하나. 그래도 하나님
말씀은 있어야 되기에 "태초에 말씀이 계시니라"로 역사는 시작되는
것이다. 그러고 나서 이름이 붙여지고 하나가 부분으로 나누어지기
시작하여 오늘에 이름에, 하나님도 이제는 관념의 하나님이 되었다.

그 하나님께선 우리가 원하면 원하는 대로 들어주는 하나님이 되어 아들도 십자가의 고난을 겪게 하고 마침내 죽이는 냉혹한 분이 되었다. 나와는 무관한 "에덴동산의 두 남녀"가 지은 죄를 '대속'시키는 아들이 등장하고, 그 아들의 위대한 일생은 묻혀버리고, '대속을 위한 죽음'이라는 한 사건만이 아들의 삶의 전부인 양 여겨지는 어처구니없는 일이 일어났다. 이렇게 허황된 관념의 세계가 공(空)하다는 것이다. 이렇게 폭력적이며 잔인하고 냉혹한 하나님이 될 수 있었던 것은, 권위적이며 가부장적인 문화들 속에서 대부분의 사람들이 이런 식으로 생각하도록 충분히 젖어 있었기 때문이다. 하나님을 이렇게 협소한 분으로 여겨도 되었던 것은, 그것이 자신들의 이야기 줄거리에 들어맞기 때문이었다. 우리들의 관념이 그리한 것이다.

속죄라는 굴레에서 벗어나 하나됨에 있으면, '폭력이 구원한다는 신화'에서 '고난이 구원한다는 신화'로 바로 잡아지고, 예수의 고난은 우리의 죄에 대한 값을 지불하는 것에 있지 않고 타인들을 위해 자신을 내어놓는 데 있게 된다. 하나 됨은 '자기 부정'에 있게 되고, 예수의 일생이 그것을 보여주고 있다. "폭력적인 것은 하나님이 아니라 우리들이고, 인간의 고난을 요구하는 것은 하나님이 아니라 우리들이다. 하나님은 예수 안에서건 우리 안에서건 고난을 필요로 하거나 원하지 않으신다." 부처님께서도 고난 수행이나 선정수행 같은 극단을 피하라고 하셨다. 오직 생각을 없애라는 것이다.

전지전능한 하나님께서 전혀 모르는 계산법이 있는데, 덧셈과 뺄셈이 바로 그것이다. 온통 하나인 곳에서는 더하고 뺄 일이 없다. 하나님도 모르는 덧셈과 뺄셈을 인간들은 수도 없이 하면서 분리하고 경계지어 나누지만, 그것이 다 부질없는 일이다. 알음알이가 제일의 걸림돌이다. 할 줄 안다는 것이 얼마나 덧없는 일인 줄 안다면, 안다는 것이 얼마나 부족한지를 안다면, 생각을 쉬어도 될 것이다. 우리가 생각하는 모든 것은 다 과거의 것으로, 지금의 것이 아니다. 지금의 것이 아닌 허상이다. 그 허상이 공(空)함을 알면 부처를 보게 된다.

이제 공(空) 속으로 들어가 보자. 반야심경(般若心經)에 공(空)의 실체가 잘 나와 있다. 이 세상이 다 공(空)하다는 것이다. 앞에서 살펴보았듯이, 생각들이라는 것은 수시로 변하여 그대로 있는 것이 없다. 물질 또한 변하고 변하여 그대로인 것은 없다.

이 세상 것은 사랑도 자기 욕심이요, 미움도 자기 욕심이다. 믿을 것이 대관절 무엇이 있다고 붙들고 놓지를 못할까? 그것이 공(空)함을 보라는 것이다. 생각은 정말 믿을 것이 못 된다. 오온(五蘊)이 다 공(空)함을 보는 즉시 여래를 볼 것이다. 사랑이 충만함을 보게 된다. 공이란 사랑으로 충만함을 일컫는 말이다.

공(空),
무(無),
다 비워놓은 전체,
거기에 충만한 사랑!

지식

한 생각 떠올라 마음을 어지럽히느니, 언어의 길을 끊고
모름에 있는 것이 제일이다. 알아야 할 것이 있다면 오직 하나 '나'뿐이다.

• • •

삶이란 아주 복잡한 것이어서, 문제를 이해하고 푸는 데는 무엇보
다도 단순하게 접근하는 것이 요긴하다. 세상 물정에 닳고 닳은
마음이나 지식이라는 짐을 잔뜩 짊어진 마음으로는 문제가 더욱
복잡해질 뿐이다. 단순하고 순수하게 접근해야 문제를 바로 볼 수
있다. 우리들은 대개 지식을 가지고 접근한다. 배운 지식, 가르침을
받은 지식, 그리고 살아오면서 일어나는 사건과 사고에서 모아놓은
지식으로 접근한다. 지식이 우리의 배경이 되고 우리의 조건화가
된다. 지식이 우리의 사고를 형성하고, 지금까지 우리를 지배해
온 패턴에 따르게 만든다. 어떤 것을 이해하고자 한다면 겸허한
자세로 선입견을 버리고 그것에 접근해야 한다. 뭔가를 이미 알고
있으면 더 이상 그것을 실제 '있는 그대로' 접근하지 않는다. 지식을
가지고 보는 것은 나 자신조차 지금의 나를 보지 않고 있는 것이다.

마음이 자기가 알고 있는 것으로부터 스스로 자유로워질 수 있을까? 지식을 원래 없던 상태로 되돌리는 것이 근원적인 혁명이다. 지식을 벗어버리는 게 겸허해지는 첫걸음이라는 말이다. 어떤 가설이나 결론에서 생각하기 시작하는 한, 생각의 과정은 새로워질 수 없다. 따라서 마음이 자기가 모아놓은 것을 버릴 수 있는지 물어야 한다. 모아놓은 과거의 것인 지식을 늘 가지고 다녀야 할까? 그런 과거, 그런 지식을 가지고 다니다가 현재와 마주치면 현재와 진실된 만남이 이루어질까?

관찰자는 지식의 저장소다. 따라서 관찰자는 과거이다. 그 과거의 관찰자가 지금을 관찰한다 여긴다. 신선한 눈으로 살펴보지 않는다. 과거를 버리지 않고서 어떻게 순결하게 새로 태어날 수 있는가? 버리는 건 순간순간 해야 하는 것이며, 죽는다는 건 축적하지 않는 것이다. 경험자는 경험을 버려야 한다. 경험이 없다면, 지식이 없다면, 경험자는 없다. 지성은 관찰자의 손에 있지 않다. 그리고 배우는 것은 지식을 축적하는 게 아니다. 오히려 배우는 것은 움직임인데 반해 지식을 축적하는 것은 정지된 상태이다. 축적된 지식에 더 보탤 수도 있겠지만 그 핵심은 정지된 상태이다. 그리고 이 정지된 상태에서 사람은 움직이고 살아간다. 그러니 마음이 알려져 있는 것에서 자유로워질 수 있겠는가? 알려져 있는 것에서 자유로워질 수 있어야 한다. 그것이 지혜이며, 지혜는 함이 없이 한다.

안다고 하는 것은 무지를 고백하는 것이다. 알지 못함을 인정하는 것이 지혜의 시작이다. 선가귀감(禪家龜鑑)은 "밝고 밝아 만고에 즐겁기만 한 이곳에 들어오는 자는 알음알이를 가져서는 안 된다."[神

光不昧 萬古徽猷 入此門來 莫存知解]라는 말로 막을 내린다.

앎에서 떠날 때, 참으로 한가롭다. 한 생각 떠올라 마음을 어지럽히느니, 언어의 길을 끊고 모름에 있는 것이 제일이다. 알아야 할 것이 있다면 오직 하나, '나'뿐이다. 그 나를 아는 데는 온갖 지식이 걸림돌이다. 현재의 것도 아닌 과거의 지식이 지금의 나를 어지럽히는 것이다.

책 속에 있는 것, 경험한 것, 자기의 조건화라는 배경에 의존하고 있는 경험에서 벗어나면 사람들은 어찌할 바를 모른다. 그것이 없이는 살아갈 수 없다는 두려움이 밀려올 때, 우리는 과거로 돌아가 지식을 움켜쥔다. 자신은 원하든 원하지 않든 현재에 있으므로, 과거의 지식은 현실을 왜곡해서 보게 만든다. 과거와 현재의 불균형이 우리를 진실에 있지 못하게 하는 것이다. 보이는 모든 것이 과거의 것이어서 환상이라는 것이며, "색(色)이 곧 공(空)이다"라는 것이다. 앎을 내려놓고 무념(無念)의 상태를 추구해야 하는 것은, 바로 이 때문이다.

지식의 주인이 되지 않고,
앎을 모두 내려놓을 때,
아버지와 나 사이에 가로막는 것이 사라져
아버지와 하나가 된다.
그 '나'가 무아(無我)이며 진아(眞我)로서
아버지와 만물과 하나다.

숙명

번뇌를 끊고, 탐심을 끊는다는 것은 쉬는 것이다.
하지 않으면 된다.

• • •

그리스 신화에 '미다스 왕'의 이야기가 있다. 미다스 왕은 디오니소스 신에게 '제 손이 닿는 것마다 황금으로 변하게 해 주십시오.' 소원을 말하고, 디오니소스는 소원을 들어준다. 서둘러 궁전에 돌아온 미다스는 만지는 것마다 황금으로 변하는 것에 만세를 부르고 기뻐한다. 배가 고파 빵을 먹으려고 하자 빵이 황금으로 변한다. 포도주도 황금으로 변한다. 공주의 머리를 쓰다듬자 공주 역시 황금으로 변해버린다!

우리가 하는 일이 다 이와 같은 일의 반복이 아닐까? 얻어서 쓸모없는 것들을 보고 즐거워하지만, 그것은 머지않아 짐만 될 뿐이다. 왕국을 가진 부자이면서도 더 많은 황금이 필요한 미다스 왕의 숙명이 우리의 숙명이라면 너무나 슬픈 일이다. 그 많은 황금으로 무엇을 하려 하는가? 고작 식색(食色)이 전부다. 보다 즐겁고 신나는 식색의 놀음을 위하여 인생을 걸어야 하는 숙명에 순응하여 황금이 그리도 필요하다면 너무도 안타까운 일이다.

경쟁 관계를 숙명으로 받아들여 나의 안전을 위하여 상대를 배척하는 일이 당연하게 되어서는 평화는 없다. 숙명처럼 해야 하는 일들에 치여 삶의 의미를 살펴보려 하지 않는 것은, 많은 문제를 야기한다. 욕심이 눈을 가려 해온 습관대로, 어제 짊어지고 온 황금을 오늘도 짊어지고 내일도 짊어질 것이다.

물질과 명예 그리고 사람에 얽매이는 숙명에서 벗어나는 길은 오늘 어떻게 하느냐에 달려 있다. 짊어지고 온 황금을 내려놓으면 어제의 황금도 내일의 황금도 없이 홀가분하게 자유를 누릴 수 있다. 오늘을 바꾸면 어제도 내일도 바뀌게 되어 숙명을 벗어날 수 있다. 모든 것은 오늘에 달려 있다. 오늘 하는 대로 어제도 내일도 그대로이다. 운명을 바꾸려 할 일이 없다. 오늘 하는 대로가 운명이다. 과거를 바꾸려 할 일도, 미래를 염려할 일도 없다. 오늘 하는 대로 나의 삶은 펼쳐진다. 항상 오늘만이 있을 뿐이다.

우리는 인과응보(因果應報)라는 말에 익숙해 있다. 인과(因果)란 원인이 있으면 반드시 그에 해당하는 결과가 있다는 말이지만, 이 세상은 인과적인 관계라기보다는 서로가 의지해서 일어나는 상호 의존하는 연기적(緣起的) 관계이다. 이것이 있으므로 저것이 있고, 이것이 소멸하면 저것이 소멸하는 의존 관계인 것이다. 행한 대로 나타나는 인과율에 얽매여 천당과 지옥을 구분하고, 모든 것이 선악의 행업으로 말미암은 업보(業報)를 치르는 것으로 여기기에 운명론을 따르게 된다. '연기적 관계의 업(業)'과는 전혀 다른 '인과적 업(業)'에 얽매어 '뿌린 대로 거둔다.'는 죄업(罪業)에 갇혀서 진실을 보지 못하고 있다. 언행이 일치되고 신구의(身口意) 삼업(三業)을 잘 닦아야 부처가 된다는 인과율(因果律)에 얽매여, 도(道)는 닦아서 얻는 것으로 잘못 알고 수행을 한다. "하지 말고 보라"라는 말에 귀기울이지 않는다. 세상 전체가 하나로 엮이어 있기에 홀로 변화될 수 없는 연기적 관계임을 안다면, 고요히 쉬면서 자신을 살펴보는 일이 무엇보다도 진정한 수행임을 알게 된다.

쉰다는 것은 하지 않는다는 것이다. 하지 않는 것이 과제인데, 해야만 한다는 고정관념에서 벗어날 마음을 내지 않는다. 삶을 풍요롭게 하기 위해서는 열심히 일해야 하겠지만, 쉴 틈도 없이 일하는 것은 자연스럽지 못하다. 일에 파묻혀 삶을 도외시하는 것이 일하는 즐거움은 아니다. 해야 하기에 하는 일은 피로를 쌓을 뿐이다. 하지 않고 보는 것이야말로 참으로 해야 할 일이다. 하지 않으면 되는데 그것이 그렇게도 어렵다. 해야 한다는 숙명이 가로막는 것인지, 하지 않으면 되는데, 안 하면 되는데, 그것이 그렇게 어렵다.

번뇌를 끊고, 탐심을 끊는다는 것은 쉬는 것이다. 하지 않으면 된다. 생각할수록 이해되지 않는 우리네 삶이다. 안 하면 되는데, 안 하면 되는 그렇게 쉬운 일이 왜 그리도 어려울까? 욕심을 내지 않으면 되는데 욕심이 앞장서 쉬지를 못한다. 쉬는 게 어렵고 하지 않는 것이 어려운 것은, 해야 한다는 강박관념이 놓아주지 않기 때문이다. 쉴 때, 숙명을 벗어날 수 있다.

탐심을 끊어내기가 그리 쉬운가? 타고난 욕망을 제어하기가 얼마나 어려운가? 어쩌면 '하지 않는 것'보다 어려운 일은 없는지도 모른다. 쉰다는 것, 하지 않는다는 것, 일 없는 사람이 제일 행복한 사람이다.

하지 않을 수 있으면, 숙명이란 아무런 의미가 없다. 하지 않은 일이기에 결과가 어떠하든 그것을 받아들이는 것으로 충분하다. 한 일이 없으니 인과(因果)에서 벗어나게 되고 숙명과는 아무런 관계가 없게 된다. 결과는 생각의 산물일 뿐이다.

마음을 비우고 건강을 되찾기 위해 단식을 하곤 하지만, 음식을 끊는 것보다 더 중요한 것은 생각을 끊는 것이다. 열심히 일하여 돈을 벌어도 돈에 머물지 않고, 열심히 연구하여 새로운 것을 발견했다 하더라도 거기에 머물지 않고 집착하지 않는 것이다. 망상에 머물지도 않고 진리조차 구하지 않는다면, 해야 할 일이 하나도 없는 한가로운 도인일 것이다. 하지 않으면 된다.

우리의 생각에 맞추어 반드시 어떻게 되어야 한다고 여기는 것은 잘못된 태도다. 나의 뜻에 달려 있는 것이 아니라 일어나는 현상 그대로일 뿐이다.

현실을 떠나 달리 무엇이 있겠는가?
현실만이 있다. 현실이 신이다.
그럼에도 우리는 현실을 자기 뜻에 합당하게 바꾸려 하기에
괴로운 것이다. 신과 싸워 이기려는 무모함이
괴로움을 연출하는 것이다. 현실을 바꿀 수는 없다.
현존하는 현상만이 존재한다.
조건에 따라 서로 다른 상황이 드러나는 것이지,
무엇으로 결정되어 있지 않다.

모두가 얽혀 있어 홀로 이루어지는 것은 없다.

자연 스스로 그러한 연기(緣起)로 드러나는 것이다.

일어나는 모든 일은 본질의 화현이다. 온 우주의 활동이 그렇게 나타나는 것이다. 너무나도 당연하게 생각하고 조금도 의심하지 않는 인과(因果)라는 숙명론적인 생각에서 벗어나 연기(緣起)로 바라보아야 한다. 그러면 갈고 닦아야 할 것이 하나도 없다.

하려는 마음이 스스로를 힘들게 할 뿐이다.

우리가 하는 일은 모두가 조작하는 일이므로,

하지 않고 쉬어야 한다.

다만 '있는 그대로' 보는 것이다.

마음의 초기화

모든 대상이 내가 지어낸 허상임을 깨달으면
쫓아갈 이유가 사라지게 되어, 마음은 일이 없이 쉬게 된다.
이것이 마음의 초기화다. 어린아이의 마음이다.

• • •

갓 태어났을 때 우리의 마음은 어떠했을까? 아무것도 조건지어지지 않은 텅 빈 상태이었을 것이다. 아무것도 없는 순수 그 자체였으리라. 그러한 마음에 하나, 둘 상(相)이 생기고 그 개념으로 세상을 보기 시작하여 수많은 가닥으로 이 세상을 분리하여 분별하게 되었다. 그리고는 그렇게 분별 된 대상을 좇아 그 대상에서 무언가를 찾으려는 마음에 한시도 쉬지를 못하는 것이다. 자신이 만들어 놓은 세상이련만 자기 자신에게 있는 세상을 밖에 있는 대상에서 찾으려 분주히 돌아다니느라 쉴 틈이 없다.

행복은 자신에게 일어나는 일들에 달려 있지 않다. 일어나면 안 되는 일이 일어나거나, 일어나야 함에도 일어나지 않는 어떤 일 때문에 문제가 있는 것이 아니다. 끊임없이 변하는 일들에서는 행복이든 불행이든 찾을 길이 없을 것이다. 모든 것이 내가 만들어 놓은 것이어서 내 안에 다 있다. 내 마음 안에서 쉬고 있으면 훤하게 다 드러나는 일을, 밖으로 찾아다니느라고 쉬지를 못하는 것이 문제다. 처음의 '순수한 있음' 그대로, 본래의 자기 자신과 하나로 있으면 아무런 문제도 없으련만, 괜스레 찾아다니느라 고생을 사서 한다. 찾을 수 없는 목마름에 갈증은 커져만 간다.

마음의 초기화는 쉬는 것이다. 쉬기만 하면 된다. 공연히 이곳저곳으로 찾아다닐 일이 아니다. 밖으로 나다니는 마음을 안으로 돌려 내 안을 보는 것이다. 마음이 쉬지 못하는 이유는 "팔십 먹은 아버지가 육십 먹은 아들에게 '차 조심하라'라고 이르는 마음"에 있다. 자신의 마음에 자리하고 있는 염려가 자식에게 있는 듯이 아들을 염려하는 마음에 있다. 마땅하고, 못마땅한 것은 모두 나에게 달려 있다. 아들이 염려되는 것은 순전히 내 생각일 뿐 아들에겐 전혀 문제가 없다. 설혹 아들이 곤경에 처하게 되더라도, 그것은 아들의 문제일 뿐이다. 관여할 수가 없다.

지나온 날들을 돌이켜 보자. 우리에게 닥쳤던 고난이 없었다면 오늘의 우리는 없었을 것이다. 행여 힘들어하는 자녀가 보기 안타까워 도우려는 마음으로 관여하게 되면, 자녀 인생에 걸림돌이 될 뿐이다. 힘들어하는 아들에게 아버지의 조언은 잔소리에 불과하고, 무거움을 같이 하는 것은 아들이 힘 기를 기회를 없애는 것이다.

일어나는 모든 일은 우리에게 일어나는 것이 아니라,
우리를 위해 일어난다.
삶은 그것이 무엇이든

깨우침을 위해 중요한 경험만을 준다.

자녀가 곤경에 처했을 때 부모가 해줄 수 있는 일이 있다면, 가만히 있을 부모가 어디 있겠는가? 하지만 할 수 있는 일이 하나도 없다. 도우려 달려들다가 오히려 같이 늪에 빠져 자녀에게 짐을 더 안겨주는 것을 우리는 숱하게 보아 왔다.

모든 것은 인연 따라 흘러간다. 부부간의 갈등도 자신의 생각에 근거할 뿐이다. 남과의 관계는 더 말할 나위가 없다. 부모 자식도 남이어야 하는 이유가 여기에 있다.

어머니가 밖에서 찾는다는 제자의 전갈에 예수는 "누가 내 어머니이며 형제냐?" 반문하시고, 둘러앉은 사람들을 돌아보시며 말씀하셨다. "바로 이 사람들이 내 어머니이며 내 형제들이다. 하나님의 뜻을 행하는 사람이 곧 내 형제요, 자매요, 어머니다"(마가복음 3:33-35). 하나님 안에서 '마음이 쉬지 못하는 사람들'은 하나님의 뜻과는 다른 곳으로 가게 되므로, 형제자매 부모라고 해도 '마음을 쉬는' 타인들만도 못하다는 뜻이다. 마음이 쉬고 있으면 대상을 쫓아가는 것이 아니라, '있는 그대로' 보게 된다. 만물이 있는 그대로 하나님의 자녀임을 보는 것이다.

모든 대상이 내가 지어낸 허상임을 깨달으면
쫓아갈 이유가 사라지게 되어,
마음은 일이 없이 쉬게 된다.
이것이 마음의 초기화다.
어린아이의 마음이다.

행, 불행이 과연 있는가? 내가 그렇다고 생각할 뿐이다. 욥의 고난은 고난이라고 생각하기에 고난이다.

달마 대사에게 찾아간 혜가 스님은 자신에게 답답한 마음이 없음을 확인하고 깨달음을 얻었다. 답답한 마음을 가져오라는 달마 대사의 요구에 혜가 스님은 '답답한 마음'이 본래 없는 것을 있다고 생각하고 짊어지고 다니는 자신이 문제임을 깨달은 것이다. 무엇이 문제인지 깊이 살펴보면, 모든 문제는 대상에 있지 않다는 것을 알 수 있다. 나의 원함을 대상에서 찾고 있을 뿐이다. 지금 이대로에 만족하지 못하고 끝없이 갈망하는 나의 안위에 쉴 수가 없다. 모든 것이 갖춰진 나임을 보지 못하기에 안타까이 찾아다니는 것이다. 생각이 만들어 낸 과거와 미래를 떠나 존재하는 지금에 있으면, 부족한 것이 전혀 없다. 과거도 미래도 아닌 지금에 편히 쉬고 있으면 뛰어다닐 일이 없다.

나, 나, 나, 없는 나를 있다고 믿는 그 마음이 결코 쉴 수 없게 한다. 하지 않고 쉬면 모든 문제가 사라지는데, 해야만 한다는 어리석은 믿음이 모든 문제를 양산한다. 가져온 경험과 지식에 속아서 해야만 하는 줄 알고 그렇게 달려왔지만, 모든 것은 인연 따라 오고 갈 뿐 어찌할 수 있는 것이 아니다. 나 아닌 다른 것에 관여할 수 있는 것은 하나도 없다. 내 몸과 마음이라도 관여해서는 안 되는데 하물며 다른 어떤 것에 관여할 수 있겠는가?

우리가 할 수 있는 일은 오직 하나, 마음을 쉬는 일이다. 마음이 밖으로 내달릴 때마다 마음의 초기화가 참으로 중요하다. 일어나는 그 마음을 내려놓고 지켜보라. 그 길이 최선이다. 공연히 밖의 것에 관여하여 뜻대로 이루어지지 않음에 동반하는 탐욕과 성냄과 어리석음에 포로가 되면, 쉬지 못하고 헐떡거릴 수밖에 없게 된다. 세상 만물이 다 내 안에 들어있다. 일어나는 마음을 안으로 돌려 가만히 쉬고 있으라. 그러면 모든 것이 제자리에서 제대로 돌아간다.

이 우주는 한 치의 오차도 없이 완벽하다.
초속 19.6km의 속도로 내달리는 태양을 따라
초속 30km의 속도로 따라가면서 공전하고 자전하는
지구의 볼텍스(vortex) 운동은
한 치의 오차도 없이 전 우주의 은하 운동과 함께한다.
이러한 신비가 전 우주에서 펼쳐지는 가운데 우리가 있다.
우리가 할 수 있는 일은 그것과 함께하며 쉬는 것이다.
할 일이 하나도 없다.
모든 일은 그러한 대로 일어나고 사라진다.
가만히 지켜보고 있으면 자연 그대로일 뿐이다.
모든 것이 완벽하다.
그 아름다움에 안겨 사는 것이다.

수행(修行)

어느 순간 생각이 끊어지면 나누어지지 않은 모두와 하나인 자신의
본래면목을 보게 된다. 이렇게 '나'를 확인하는 것 말고는 어떤 길도 없다.

• • •

무엇을 위해 수행을 하는가? 참으로 진지하게 사유해야 할 중요한
물음이다. 부처가 되거나 그리스도가 되려고 하는가? 성인이 되려고
하는가? 그런 마음으로 수행을 한다고 해도 그것 또한 집착일 뿐이다.
'탐욕에 대한 집착'과 '성스러움에 대한 집착' 중에서 어떤 집착이
더 무섭고 집요할까? 위대해지고자 하는 탐욕은 일반적인 다른 탐욕
보다 훨씬 더 강한 집착이 따르게 된다. 옳은 길이라는 믿음이 앞서서
더욱 강한 주문을 당연시하는 호된 고행을 선택하게 한다. 그러고는
자신이 따르고자 하는 수행을 수행다운 수행으로 여기면서 다른
길들을 배척하고, 자신의 위대함을 찾으려 한다. '나'를 찾는 수행이
'나의 위대함을 찾는 수행'으로 변질되어, 성인이 되고자 한다.

욕망을 억누르고 바르게 사는 표본이 되고자 하는 마음으로 실천이

뒤따르는 모범적인 삶에, 많은 사람이 추종하여 따르고, 본인 또한 바른 길임을 믿어 의심치 않는다. 바른 길과 그른 길을 분리하여 대립 관계를 설정하고, 바른 길만을 내세운다. 바른 길과 그른 길을 화해할 수 없는 대립으로 삼아서, 한쪽은 선택해야 하고 다른 쪽은 배제해야 하는 것으로 낙인을 찍는다. 배제해야 할 것은 또 다른 가능성으로 남겨 둘 무엇이 아니라, 영원히 선택해서는 안 되는 것으로 묻어 두어야 할 대상이 된다. 당연히, 에고의 길은 묻어야 할 길이 된다. 소경이 소경을 안내하여 많은 사람을 구덩이에 빠지게 하는 것이다.

그에 반해 '나를 찾는 수행'은 나의 본래 자성(自性)을 보는 것이다. 자성을 체득하고자 수행하는 사람은 하는 일이 없이 편히 쉬고자 한다. 하면 할수록 하여온 습관을 길러 업(業)만 쌓을 뿐이라, 생각을 끊고서 자기를 돌아보고자 한다. 그저 자기 자신을 보기만 하면 된다. 그것이 어려운 것은, 지금껏 해온 습관이 자신도 모르게 생각으로 접근하기 때문이다. 생각은 분별의 어머니다. 그것은 저절로 밖을 향하여 달려가게 하고, 나를 밖에서 찾겠다고 달려가는 어리석음을 반복하게 한다. 그래서 생각의 모든 길을 차단하는 '화두'가 필요하게 되고, 어느 순간 생각이 끊어지면 나누어지지 않은 모두와 하나인 자신의 본래면목을 보게 된다. 이렇게 '나'를 확인하는 것 말고는 어떤 길도 없다. 따라서 길 없는 길이요, 언어도단(言語道斷)의 길이라고 하는 것이다.

경을 보고 지식을 늘리거나 참선의 형식으로 바른 자세를 취한다고 깨달아지는 게 아니다. 바르게 보지 못하고 살아왔다는 사실을 깨달아, 바르게 되돌려야 자유로운 삶의 길이 열린다. 그냥 잘못된 생각을 바로잡는 것이다. 이것은 무소의 뿔처럼 혼자서 가야 하는 길이다. 싯다르타는 인생의 모든 것을 포기하고, 당대의 위대한 스승들과 함께 수행하며 6년을 찾아다닌 후에도 결국 찾던 것을 발견하지 못했다. 얼마나 절망스러웠겠는가? 게다가 그는 고행 수행으로 피골이 상접하고 거의 굶어 죽을 지경이었다. 길을 잘못 들어선 바람에 호된 수업료를 지불한 것이다. 그러고는 보리수 아래에 삶의 가혹한 현실과 함께 앉아 있었다. 있는 힘을 다해 밀어붙이는 방식이 아니라, 인간 존재의 피할 수 없는 현실에 대한 해결점을 찾으려 했고, 마침내 "그것"을 보게 된다.

무엇을 하려고 하지 않고 살펴봄으로써
이미 있는 진실을 보게 된 것이다.

이제 수행의 진정한 의미를 살펴보자. 우리는 돈오돈수(頓悟頓修) 내지는 돈오점수(頓悟漸修)라고 하는 말의 순서를 깊이 헤아려 볼 필요가 있다. 어느 쪽이든 왜 수(修), 오(悟)가 아니고, 오(悟), 수(修)일까? 닦아서 깨닫는 게 아니고, 깨닫고 난 후 닦는 것이다. 이 점이 무엇보다 중요하나. 팔정도(八正道)는 깨닫는 길이 아니다. 고집멸도(苦集滅道) 사성제(四聖諦)의 고(苦)를 멸(滅)한 후에 가야 할 바른 길이다.

깨닫기 위해 선정수행을 하고 고행수행을 하는 것이 어찌 가야 할 길이겠는가? 부처님께서도 가지 말라는 길을, 욕망의 근원인 '에고'를 죽이려고 하는 엉뚱한 길로 잘못 들어서서 에고와 자기를 분리하고자 하는 길이 참된 길인 것처럼 자기를 채찍질하는 것이 어찌 수행자의 바른 길이 될 수 있겠는가? 천상천하유아독존(天上天下唯我獨尊)인 나를 무엇이 되게 하려고 담금질을 하는가? 수행하다 나타나는 특별한 현상에 취해, 행여나 얻게 될 신통력에 취해, 그 힘으로 하고자 하는 것이 무엇인가? 노력하기에 따라 얻게 되는 힘은 돈보다 더한 힘이 있는가? 업(業)만 쌓아 번뇌를 잔뜩 안고서 살아갈 인생을 허비하는 일에 자신을 맡겨놓고, 무언가를 얻은 것으로 착각해서야 되겠는가?

무슨 일이든 알아야 그 일을 할 수 있다. 깨달아야 수행을 할 수 있기에 돈수(頓修)냐, 점수(漸修)냐를 살피는 것이다. 일찍 깨달아 습관에 물들지 않은 사람은 돈수(頓修) 하겠지만, 습관에 젖어 있는 사람은 깨달은 후에 갈 길을 알았으므로 수행을 통하여 보임(保任)하라는 것이다.

수행은 깨달은 후에 갈 길을 바로 알고서 하는 것이다. 깨닫기 전에 할 일은 오직 하나, 자신을 돌아보는 일이다. 자신을 보는가? 밖을 보는가? 확실히 탐구하여 밖을 보는 모든 생각을 차단해야 한다. 떠오르는 생각은 어떤 생각도 밖에 관한 것이다. 아무리 성스러워도 그것은 밖의 것으로 나오는 무관하다. 그러니, 어떠한 생각이든 믿을 것이 못 된다. 진리는 믿는 것이 아니라 확인하는 것이다. 그리고 '생각 없는 나' 즉 '무아(無我)'일 때에만 확인이 가능해진다. 그러기에 모든 견해를 내려놓아야 한다. 경전을 보면서도 문자에 넘어가서는 안 되고, 섣부른 선지식에 넘어가서도 안 된다. 달(心月)을 가리키는 손가락을 바르게 좇아서 모든 지식을 내려놓고 지금껏 가보지 않은 길을 홀로 가는 것이다. 지식으로 쪼개지고 언어로 가려진 마음을 다 내려놓아야 한다. 그때 진실이 다가온다.

'진정한 나'를 보기 위해서 해야 할 일은 하나도 없다. 가리키는 손가락은 방편(方便)일 뿐이다. 바깥의 것에 대해서는 할 일이 하나도 없다. 생각이 없으면 나누어진 것이 있겠는가? 쪼개고 비틀어 놓은 생각에 가려져 보이지 않던 진실이 생각이 끊어지는 순간 확인된다. '온 우주와 하나인 나'가 확인된다. 이것을 수없이 많은 선각자들이 확인했기에 믿고 따르는 것이다. 수없이 많은 부처와 그리스도가 그것을 입증하고 있다.

나를 찾는 일보다 중요한 일은 없다. 찾고 나면 진실을 보기에 번뇌는 저절로 사라진다. 수행(修行)에서의 행(行)은 행위를 말하는 것이 아니다. 색(色), 수(受), 상(想), 행(行), 식(識) 오온(五蘊) 가운데 하나인 '조작을 담당하는 정신작용'인 행(行)을 가리키는 말이다. 그러므로 수행은 '행동을 닦는 것'이 아니라 '나에게 세상이 드러나도록 조작하는 마음 작용인 행을 닦아 바로 잡는 것'이다. 행즉시공(行卽是空) 공즉시행(空卽是行), 행하는 것이 아니라, 공(空) 함을 보는 것이다.

수행은 수련과 다른 정반대의 길이다. 쌓아가는 것이 아니라, 덜어내는 것이다. 깨달음의 과정을 흔히 다음의 세 가지로 표현한다.

"산은 산이다." → "산은 산이 아니다." → "산은 다만(그저) 산이다."

깨달음은 지식으로 나누고 언어로 뒤틀어 놓은 진실을 바로 보는 과정이다. 있는 것을 있는 그대로 보는 과정인 것이다.

다음은 중국의 어느 비구 스님의 오도송(悟道頌)이다.

하루종일 봄을 찾아도 봄이 보이지 않아
짚신이 다 닳도록 온 산을 헤매었어도.
봄 찾는 일 그만두고 집으로 돌아오니
울타리에 매화꽃이 한창인 것을.

중도(中道)

나뉘어 있는 그대로 꽃은 꽃으로 숲은 숲으로 그렇게 있는
이 세상이 얼마나 아름다운가. 아름다운 그대로 내 생각이 끼이지 않은
이곳이 천국이며 아버지와 하나이다.

• • •

부처님이 가리켜 보이신 중도(中道)는 중용(中庸)과 다르다. 이쪽
과 저쪽, 어느 한쪽으로 치우침이 없는 '중간의 길'이 아니라, 이쪽과
저쪽이 서로 의지해 있을 뿐 독립적으로 존재할 수 있는 것은 없다는
'자각의 길'이다. 그대 있음에 내가 있다는 자각(自覺)의 길은, 이것이
아니면 저것이라는 이분법적인 언어의 사유에서 벗어나, 어느 한쪽의
선택이 아니라 오로지 '그 길' 뿐임을 깨달아 그 길을 간다는 철저한
깨달음이다. 이 세상은 '내 마음의 거울'이라는 것을 확실하게 보고,
내 마음을 떠나 '있는 그대로' 본다는 것으로, 내 마음이 비워진
상태, 무심(無心)으로 어디에도 머무름이 없이 그 마음을 낸다는
것이다. 모두가 하나라는 깨달음으로, 분별할 일이 없이 '있는 그대로'
에 함께하는 것이다.

"부처 눈에는 부처가 보이고 돼지 눈에는 돼지가 보인다."고, 외부의 현실은 우리 내면의 거울이다. 우리가 어떻게 탐구하느냐에 따라 대상이 그 모습으로 나타난다. 그래서 색(色)이 공(空)함을 보라고 한다. 보이는 현상은 우리가 보고 싶은 대로 보이기에 실체가 아니다. 실체는 우리의 생각이 빠진 무심(無心)에서 있는 그대로 나타난다. 그 무심의 상태를 색즉시공(色卽是空), 즉 중생이 곧 부처라고 하는 것이다.

모든 사람의 본성이 부처다. 그 부처를 보려고 무언가를 하려 하는 데 문제가 있다. 대부분의 사람들이 부처가 되려고 하기에 어려움만을 겪고, 자신을 내려놓으려고 갖은 고행 수행을 하지만 그 길은 잘못 선택한 길이 될 수밖에 없다. 그런 잘못된 선택으로 인해, 깨달음의 길이 모든 것을 버리고 천국에 가는 길이라고 오해하고는 범인이 갈 수 있는 길이 아니라고 오인한다.

하지만 깨달음의 길은 버릴 것도 없는 길이다. 나아가, 지금 여기에서 행복하게 사는 길이며, 이곳이 천국임을 깨닫는 것이다. 다만 자신의 생각을 버리기만 하면 된다. 그것을 생각 없음의 나, 무아(無我)로 표현한다. 자신이 부처임을 보는 것이다. 생각으로 분별하여 오던 습관이 너무도 굳어져서 그 습관을 버리기가 어려울 뿐, 있는 것을 보는 것이기에 참으로 쉬운 일이다. 자신이 자신을 보는 것인데 어려울 것이 있겠는가? 이보다 급하고 중요한 일이 없기에 "너 자신을 알라." 하지만 이것이 목표가 되어 깨닫고 난 후의 활발발한 삶의 이야기는 먼 이야기가 되었다. 자신이 아버지와 하나이며 모든 것이라는 본래면목을 보고 나면 세상은 있는 그대로 그렇게 아름다울 수 없다. 한없는 자유를 누리며 하나님과 하나가 된 '나'를 보고 나면 원할 것이 있겠는가? 그런데 이러한 나라를 얻으려 하기에 보아야 할 일이, 해야 할 일이 되어 색즉시공(色卽是空)만이 포인트가 되고, 공즉시색(空卽是色)의 의미는 뒤로 밀려나 있다.

공즉시색(空卽是色) 즉, 부처가 곧 중생이라는 말이다. 부처가 되어 온 세상이 '나'임을 보면 모두가 나이니 사랑하지 않을 수 있겠는가? 예전에 생각으로 보던 나의 세상이 무심으로 있는 그대로 보니 모두가 나인데 바랄 것이 있겠는가? 진정한 자비와 사랑이 흘러넘치게 된다. 무심(無心)으로 본 모두가 하나인 부처의 세계가 진실한 실체이기에 그 길을 가는 것이 중도(中道)이다. 어느 한쪽을 선택하는 것이 아니라 오직 이 한 길뿐이다.

"산은 산이다가, 산은 산이 아니더니, 산은 다만 산이다." 하는, '있는 그대로' 보는 안목이 열리면 다르게 볼 이유가 하나도 없다. 보이는 모두가 진실이며 나인 것을, 내가 있어야 할 이유가 없다. 그래서 무아(無我), '나 없음'이다. 내 생각만 없으면 진정한 나가 되어 영원한 존재가 된다. 이 길이 중도(中道)이다.

오르는 한쪽 길에서만 깨달음의 길을 보는 것은, 부처와 그리스도의 삶을 우리와 다른 신의 길로 잘못 보고 있는 것이다. 부처와 그리스도를 신으로 옹립하고 인간의 자유를 속박한 종교 시스템의 힘에 굴복한 결과이다. 깨어나 진실을 보고 중도(中道)의 길을 가면 내려가는 또 다른 길과 하나가 되어 합일의식에 있게 된다. 나 없는 무심(無心)의 상태에서 오르고 내리는 길이 하나가 되어 '색즉시공, 공즉시색', 즉 중생이 곧 부처요 부처가 곧 중생인 이치 안에서 살아가게 된다. 우리의 본래면목을 보고 모든 고난에서 벗어나 참된 행복을 누리며 살아가는 것이다. 지긋지긋하게 두렵기만 했던 생사고 (生死苦)에서 벗어나 불생불멸(不生不滅)의 내가 이 세상 모든 것과 함께하게 된다.

중도(中道)의 길은, 자기의 생각 말고는 버릴 것이 하나도 없다. 나를 버리라는 말은 내 생각을 믿지 말고 그 생각을 내려놓으라는 말이다. 나를 버리라는 문자에 갇혀서는 안 된다. 나를 찾는 길에 나를 버려서야 되겠는가? 언어와 문자를 떠나 내 생각을 믿지 말고 어린아이 때의 초심으로 돌아가 진정한 나를 보는 것이다. 생각의 굴레에 갇혀 있는 협소한 나 안에 있으면 모든 것이 다 갖춰진 나를 보지 못하고 이것저것을 구하는 종이 된다. 구하는 마음이 없는 대장부가 주인으로 사는 것은 당연하다. 우리는 결코 종이 아니요, 죄인은 더욱 아니다. 현실이 절대요 신이다. 미세한 먼지 하나에서도 온 우주가 완벽하게 짜여진 현실을 볼 수 있다.

우리가 어떻게 할 수 있는 것은 없다. 현실을 자기의 뜻대로 변화시 킬 수도 없지만 현실을 떠날 수도 없다. 측량할 수 없는 자신의 마음을 보고, 자신의 무한함을 깨달아 협소한 나에 갇혀 있지 않아야 한다. 현실 이대로가 나이다. 그 '나'에서 한없는 자유를 누리는 것이다. 있는 그대로를 다 가지고 있는 그대로와 함께한다. 나누어진 나의 몸을 눈, 코, 입 그대로 보듯이 나누어 보되 나누어 놓고 분별하지 말라는 것이다.

나뉘어 있는 그대로
꽃은 꽃으로

숲은 숲으로
그렇게 있는 이 세상이 얼마나 아름다운가.
아름다운 그대로 내 생각이 끼이지 않은 이곳이
천국이며 아버지와 하나이다.
무심한 가운데 평상심으로 살아가는 것이다.
기쁘면 기쁜 대로,
슬프면 슬픈 대로,
그것이 그것이게 내버려 두는 것이다.

고락(苦樂)이 어디에 있고, 행(幸) 불행(不幸)이 어디에 있는가?
무심의 자리에 붙을 것은 하나도 없다. 부처와 중생이 하나 되어
사는 것이다. 그것이 중도(中道)다.

쓰임새

나를 있게 하는 이 지구 위의 모든 것들을 보라.
나는 이 모든 것과 하나로 존재하는 것이다.

• • •

물잔이 물을 따라 마시는 용도로 쓰이지 않고 곡식의 양을 재는
계량의 용도로 쓰인다면 됫박이라 불릴 것이다. 의자의 용도는 앉는
데에 있다. 무엇이든 어떻게 쓰이느냐에 따라 그 의미가 달라진다.
같은 화롯불이라도 난방용으로 쓰일 수도 있고 조리용으로 쓰일
수도 있다. 또한, 개인이 쓰는 용도와 사회적으로 쓰여지는 용도가
다르고 그 쓰임새에 따라 소중하게 여겨지기도 하고 하찮은 것으로
여겨지기도 한다. 내게는 소중한 것이 남에게는 하찮은 것일 수
있고, 나에게는 하찮은 것이 남에게는 소중한 것일 수 있다. 이처럼
쓰임새는 생각하기에 따라 다양하게 나타날 수 있다. 그것이 사물이
든 사람이든 생각하는 가치에 따라 다르고, 그 쓰임새에 따라 '쓸모
있고, 쓸모없음'으로 나누어진다.

'쓸모없는' 것엔 눈길을 주려고도 하지 않지만, '개똥도 약에 쓰려면 없다.'라는 말이 있다. 평소엔 아무짝에도 쓸모가 없다가도 필요할 때 찾으면 없다는 얘기일 것이다. 그러고 보면 세상에 쓸모없는 것은 없다. 생각하기에 따라 쓰임새가 달라진다. 나에게는 아무 쓸모 없게 여겨지는 것이 어딘가엔 쓸모가 있고, 누군가에겐 요긴하게 사용될 수 있다. 모래 한 알, 풀 한 포기, 개똥까지도 필요할 때가 있음이니, 무엇을 가려 그 쓰임새를 논할까?

우리는 쓸모 있는 사람이 되기 위해 갖은 노력을 다한다. 너도나도 더 쓸모 있는 사람이 되고자 경쟁한다. 쓸모 있음에 안주하고, 행여라도 쓸모없는 사람이 될까 봐 노심초사한다. 자기가 없어서는 안 될 중요한 존재이기를 갈망하는 것이다. 마치 기계의 한 부속품처럼 소용되고 있는지는 헤아려 보려는 마음이 없고, 오직 자기의 존재를 나타내려는 마음이 앞서 있다. 사람마저 상품화되어 얼마나 쓸모 있는 존재인지 그 쓰임새를 가늠하는 세상이 되었다.

사람들이 그토록 귀중하게 여기는 '쓸모'라는 것이 과연 '누구의 쓸모'를 말하는 것인지 묻지 않을 수 없다. 삶의 가치가 쓸모에 달려 있다면 보다 나은 쓸모 있는 사람이 되어야 하겠지만, 모든 사람은 나름대로 다 쓸모가 있다. 쓸모없는 사람은 없다. 쓸모 있고 없음으로 사람을 분별하는 것은 누구의 쓸모를 위함인가? 삶에서 가장 중요한 것은 무엇인가? 사회적 쓰임새인가, 아니면 자기의 삶 자체인가? 우리는 이 단순한 진리를 세속에 젖어 망각하고 있다.

참으로 요긴한 사람이 되어 이 세상을 아름다운 세상으로 변모시키고 싶은가? 세상을 바꿀 수 있다고 생각하는가? 바꿀 수 있다는 생각은 망상이다. 세상을 바꿀 수 있는 것처럼 보는 것은, 지난 과거를 그렇게 보이도록 기술했기 때문이다. 영웅도 성인도 관념일 뿐이다. 당신이 생각하는 대로 바꿀 수 있다면 지금의 세상이 아닌 다른 세상이 되어 있을 것이다.

보라, 세상은 지금 있는 그대로이다. 이것이 현실이고 실체다. 수십억 년에 걸쳐서 이렇게 완벽한 세계가 이루어진 것이다. 수많은 인연의 화합으로 이루어진 우주이다. 스스로, 저절로 그리된 것이지 어떤 쓰임새에 의해서 이루어진 것이 아니다. 우리는 그에 따라 같이 흘러갈 뿐이다. 다만 서로 사랑하면서 살아갈 일이다. 쓰임새로 나누고 이것저것으로 나누어 분별하고 판단하는 너와 나의 나눔이 문제일 뿐이다.

나누어 비교하고 분석하는 일은 스스로를 괴롭게 한다. 가슴에 적을 두고 어찌 평온하기를 바랄 수 있겠는가? 장자는 말한다. "남에게 쓸모없음이 도리어 우리 자신을 얼마나 편안하게 하는가!" 남에게 쓸모 있으려 하는 것이 참견이다. 그대의 참견이 없이도, 오히려 참견이 없을 때, 세상은 평온하다.

지금 있는 그대로를 즐겨라. 다른 무엇이 있겠는가? 나를 나만으로 보지 않고 모두와 함께 존재함을 보면, 자기에게 구속될 것이 없다.

어찌 이 세상에 나 혼자만이 존재할 수 있겠는가?
나를 있게 하는 이 지구 위의 모든 것들을 보라.
그리고 지구를 있게 하는 우주를 보라.
나는 이 모든 것과 하나로 존재하는 것이다.

나에게 구속될 것이 없다.
그러니 자아의식이 설 자리가 있을 리 없다.

'나 없음'에 걸릴 것이 무엇이 있겠는가?
삶을 쓰임새에서 찾아서는 안 된다.
삶은 무엇인가를 찾는 것이 아니다.
찾지 않고 보는 것이다.
자기의 삶 그 자체다.
나의 본성으로부터 자연스럽게 일어나는 흐름을 타고
노니는 것이다.

일 없는 사람

수많은 별들이 우주의 법칙에 따라 질서 정연하게 움직이고 있음을 보라.
무엇 하나 부족한 것이 있는가? 불가사의하게도 모든 것이 완벽하게 갖춰진
이 우주가 바로 '나'이다. 다 갖춰져 있기에 다른 일은 할 일이 없다.

• • •

일에는 두 가지가 있다. 우주의 일과 내가 하는 일이 그것이다.
우주의 일은 일어나는 일이고, 내가 하는 일은 내가 일으키는 일이다.
일어나는 일은 우주의 일이라서 완벽하기에 아무런 문제가 없다.
모두를 위한 일로 그래야만 하는 일이 일어나는 것이다. 하지만
내가 일으키는 일은 내 뜻에 맞도록 조작하여 꾸미고 만들어,
일이 되게 하려고 문제를 일으켜서, 일으키는 그대로 문제를
안고 있다. 내가 바라는 것을 애써 추구하기에, 하면 하는 대로
문제를 더욱 강화할 뿐이다. 일으키는 일이 문제를 일으키는
것이다.

애써 일을 하는 것이 문제다. 우주의 일에 내맡기고 삶을 추구하지 말아야 한다. 일어나는 일에 순응하고 수용하여 그대로이게 내버려 두어야 한다. 관여할 일이 전혀 없다. 우주의 일에 뛰어들어 무엇인가를 할 수 있는 것처럼 하려고 하기에, "하늘의 이치와 사람이 하고자 하는 바는 매번 서로 반대될 뿐이다."라고 공자는 말한 것이다. 하려고 해서는 안 된다. 무엇이 되려고도, 무엇을 이루려고도 말고 '하고자 함이 없이 하는 것'이다. 배고프면 밥 먹고 졸리면 잠자듯이, 그렇게 함이 없이 하는 것이다.

일어나는 모든 일은 나를 위해 일어난다. 우주의 완벽함이 나를 어긋나게 하겠는가? 내가 잘못되면 우주가 어긋난다. 우주의 하는 일에 관여하여 내 일을 도모하려 하면 되는 일이 있을 수 없다. 해야 할 일이 없다. 해서 탈이 난다. 일어나는 일이 좋다거나 나쁘다고 보는 것은 생각이 그렇게 바라보는 것일 뿐, 전체는 언제나 완벽하다. 우주에 별이 폭발하여 사라지고 새로운 별이 태어나는 현상에 좋고 나쁨이 있겠는가?

수많은 별들이 우주의 법칙에 따라
질서 정연하게 움직이고 있음을 보라.
무엇 하나 부족한 것이 있는가?
불가사의하게도 모든 것이 완벽하게 갖춰진 이 우주가
바로 '나'이다. 할 일은 이것을 보는 일, 딱 하나다.
다 갖춰져 있기에 다른 일은 할 일이 없다.
그래서 '일 없는 사람'이 되어야 한다.

모든 것이 흘러가게 그대로 내버려 두어라. 거기에 관여하여 괜스레 고난을 겪지 말고 일어나는 모든 일이 다 나를 위하고 있음을 보라. 그대가 넘어졌을 때도, 병들어 누워 있을 때에도, 그 어떠한 일도 다 그대를 위해 일어난 일임을 알라. 삶은 그것이 무엇이든 깨우침에 도움이 되는 경험만을 준다. 거기에 우리가 해야 할 일은 하나도 없다. 내버려 두어라. 모든 것이 축복이다. 그렇게 주어진 것에 감사하고 그것과 같이하는 것이다. 넘어지면 일어나고, 아프면 병원에 가고, 배고프면 밥 먹고, 졸리면 자는 것이다. 나를 구속할 것은 없다. 그저 함이 없이 하는 것이다. 내가 있어 나를 찾기에 할 일이 나타나는 것이다. 내가 있는 한, 이 세상은 나누어지고 뒤틀려 보이지 않는 것이 태반이다. 내가 있으면 누구와도 하나일 수도, 동등할 수도 없다. 모두가 '나'의 무엇일 뿐이다. 그러니 '나를 위해서' 할 일이 생기는 것이다.

나만 없으면 할 일이 없다. 하려는 마음은 나를 챙기려는 마음이 앞서기 때문이다. 그러면서도 누구를 위하고, 무엇을 위해서라는 달콤한 속삭임에 넘어가 하는 일이 당연하게 된다. 그 누구를 위해서도 할 일이 없는데 할 일이 있는 것으로 착각하는 것은 그 일이 나를 위하는 일인 줄 모르기 때문이다.

오른손이 하는 일을 왼손이 모르게 하는 것은,
내가 없을 때이다.
나만 없으면 모든 일이 그러할 뿐이다.
할 일이 없다.

이 세상을 위해 내가 할 수 있는 일이 있는가? 세상을 바르게 변화시킬 수 있다고 여기는 것은 망상이다. 우리는 알 수 없다.

무엇이 어디에서 와서 어디로 가는지 알지 못한다. 공연히 안 해도 되는 일을 하는 것이 오히려 문제가 되는 것이다.

모든 것이 갖춰져 있기에 할 일이 없다. 일 없는 사람이 되어, 함이 없이 하는 것이다. 변화에 내맡기고 만물과 자연스럽게 함께하는 것이다. 온갖 재주 부여잡고 한평생을 재주 부리고 살지만 무재주가 상팔자다.

물

흐려진 물이 깨끗해지는 것은
물은 흐려진 적이 없기 때문이다.
흙탕물이 시간이 지나면 깨끗해지는 것은
물 자체가 흐려진 것이 아니기 때문이다.

우리네 마음도 흐려진 적이 없다.
흙탕물에 흙을 걷어내면 청정한 물이듯이
마음에 언어적 인식활동을 걷어내면
마음은 언제나 청정하고 고요하나.

마음이 흐려지는 것은
지식의 주인이 되어
그 마음을 믿고 따르기 때문이다.

흙탕물에 손을 대면 물 자체를 볼 수 없듯이
마음에 의도하는 바가 있으면
청정한 본래면목은 찾을 길이 없다.

존재와 생각

시간의 흐름을 본 사람은 하나도 없다. 그러나 시간이라는 것이
본래 없음을 본 사람은 많다. 그들이 선각자들이다.

• • •

파스칼은 "인간은 생각하는 갈대"라고 하였다. 생각하지 않는
인간은 상상되지 않는다. 그럼에도 갓 태어난 아이에게서는 생각을
찾을 수 있다고 보지 않는다. 그러면 인간인 아이는 언제부터 생각하
게 될까? 엄마가 보이고, 그리고 그 엄마가 세상과 분리될 때, 그
이름이 엄마이든 뭐라고 하든, 엄마라는 분으로 생각을 하게 되었을
것이다. 다시 말하면, 생각은 분리로부터 생겨난 '분리의 산물'이다.
세상으로부터 분리된 엄마가 생각의 시작이고, 엄마라는 존재가
생각을 불러오며, 생각으로부터 엄마는 존재하게 된다.

생각과 존재는 동시에 일어나는 사건이다. 존재하는 대상 없이
생각이 있을 수 없고, 생각 없는 존재란 있을 수 없다. 생각은 존재의
영역 안의 것이다. 생각의 총화는 존재의 총화이다. 우리는 생각

밖을 볼 수 없다. 생각이 전 우주인 것이다. 생각하는 그대로 존재하게 된다. 생각이 다른 만큼 세상은 달리 존재하기에, 세상은 수십억 개가 서로 달리 존재하게 된다. 그런데도 다른 사람들도 나와 같은 세상에서 살아가고 있다고 믿는다.

세상은 생각이 창조한 것이다. 시간도 공간도 생각의 산물이다. 당신의 시간과 내 시간이 같지 않고, 당신의 공간과 내 공간이 같지 않다. 즐거운 시간은 빠르고 괴로운 시간은 느리다. 시간이라는 개념이 일반화되기 전에는 각각의 시간이 각기 달랐을 것이다. 만남의 약속이 매우 여유로운 시간관념으로 이루어져서 지금처럼 타이트하지 않았을 것이다. 공간의 개념 또한 사람마다 다르다. 어떤 이에게는 비좁아 답답한 공간이 다른 이에게는 충분한 공간이 된다. 보편적인 공간 개념이 자리를 잡게 된 것은, 공간의 측정 개념이 정립되고 난 이후일 것이다. 시공간이 사람들의 약속의 산물로 계량화되었고, 그것이 우리가 존재한다고 믿고 있는 시간과 공간이다. 시간이 한 방향으로만 흘러간다는 것을 어떻게 아는가? 여러 방면으로 흐를 수도 있고, 없을 수도 있지 않은가? 지식과 생각으로 가두어놓은 개념이 달리 보기를 허락하지 않는다.

몸과 마음이 생각한 대로 존재하는가? 그것이 아니라면, 생각은 실재하는 것과는 무관하게 모든 것을 생각하는 대로 존재한다고 믿는 것뿐이다. 믿어서는 안 되는 생각인데도, 저마다 자기 생각을 믿으면서 살아간다. 눈에 보이는 사물도 생각의 산물이라서 실체가 아닌 것을, 눈에 보이지 않는 감정과 느낌을 그대로 믿는 마음이 온갖 오해와 갈등의 문제를 일으키는 것이다. 모든 존재가 생각으로 존재하는 것이다. 허구일 수밖에 없다. 허구 속에서 아무리 바른 길을 찾아보았자 허구이지 않겠는가? 생각일 수밖에 없는 것에 갖은 지식과 이념으로 거룩함과 성스러움의 길을 제시하고, 그것이 생각일 뿐임을 보려 하지 않는다. 그 허구 속의 길을 있을 수 없는 이상향을 그리며 가야 하는 길이라고 모두를 허구 속에 빠트린다. 생각에 갇힌 소경이 소경을 인도하는 것이다.

우리의 가장 큰 과제는 죽음이다. 이보다 무거운 짐은 없다. 눈에 보이는 모든 것이 생각일 뿐임에도 그것을 믿고, 옳으니 그르니 나누고, 좋고 싫음으로 나누는데, 생과 사가 뚜렷함을 어찌 믿지 않을 수 있겠는가? 시간과 공간이 생각이 이루어놓은 산물임을 보지 않는다면, 죽음은 필연의 것이다. 믿지 않을 수 없다.

시간이 한 방향으로 과거에서 현재 그리고 미래로 흐른다고 믿는 근거가 있는가? 아니면 이것을 본 사람이 있는가? 시간의 흐름을 본 사람은 하나도 없다. 그럼에도 불구하고 생각일 뿐인 시간의 흐름을 믿고 있다.

그러나 시간이라는 것이 본래 없음을 본 사람은 많다. 그들이 선각자들이다. 보고 확인한 사람이 많이 있음에도 믿으려 하지 않는 것은, 그것이 보이지 않기에 자신의 눈으로 보기 전에는 믿을 수 없다는 것이다. 참으로 옳은 말이다. 붓다와 그리스도의 길은 확인 하는 것이지, 가야 할 생각의 길이 아니다. 그래서 오로지 자기만의 길이다. 다만 시간의 흐름은 본 사람이 하나도 없고, 시간이 없다는 것을 본 사람은 아주 많기에, 믿고 가볼 근거가 있다는 것이다. 붓다뿐만이 아니라 역대 조사들과 수많은 선승들, 그리고 그리스도와 그의 길을 걸어간 수많은 신비 체험가들, 진실을 보고자 한다면 주위를 둘러보아 확인한 사람들의 길을 탐구해 보라. 그러면 나도 확인할 수 있다. 그러면 죽음이 있을 수 없음이 확인된다.

시간이 없으니 태어남도 죽음도 있을 수 없다. 모든 존재는 생각일 뿐임을 깨닫고 모든 괴로움은 생각이 만든 허구임을 보고서 생사고(生死苦)를 해결하신 붓다에서 수많은 선승들에 이르기까지, 많은 선각자들이 생사 없음을 증거하고 있다. 참으로 알고 싶으면 확인하면 된다. 확인하는 것이지, 해야 할 일이 있는 것이 아니다.

생각이 시간을 창조했으니 생각이 멈출 때 시간 없음이 확인된다.

진실은 스스로 확인해야 한다.
얼마나 많은 사람이 이상에 휘둘려
갈 길을 정해놓고 스스로를 구박했던가.
이상이 생각이 불러들인 것을 안다면,
모든 장난이 생각이 꾸며낸 것임을 안다면,
그대여, 생각을 멈추고 진실을 확인할지니
생각을 멈추면 있는 그대로 확연히 드러나리.

신과의 관계

모든 경전은 '절대의 나'를 가리켜 보이지만, 경전 또한
가리키는 손가락일 뿐이다. 진리는 '나'이다. 그 '나'를 보아야 한다.

• • •

신은 완벽하고 전지전능한 존재이다. 그에 반해 인간은 불안정하고
부족하여 불충분함과 결핍감으로 어떻게든 그것을 채워야만 하는
존재다. 끊임없이 변하는 삶에 불안이 싹트고 그것을 해소하고자
끝없이 갈구하는 것이다. 인간은 완벽하고 전지전능한 신께 의지해서
라도 두려움에서 벗어나서 원하는 것을 얻고자 한다. 인간과 신에
대한 이런 사고방식은 신과 인간의 관계를 분리된 것으로 만들어,
함께하기에는 너무나 먼 거리에 있게 하였다. 극락과 천국도 그런
사고의 산물이다. 이곳은 불합리하고 부족한 것 투성이인 곳이며,
신께 구하고 원하여 가야 할 하늘나라가 따로 있다.

이것이 인간과 신의 관계라면, 이 모든 것은 에고의 작품으로
생각이 만들어 놓은 장벽 때문이다. 스스로 불안정하고 부족한 존재

로 각인된 고정관념 때문에 '모두가 부처'라는 붓다의 말씀이나 '너희 안에 하늘나라가 있다.'라고 하는 예수의 말씀은 우리와는 관계없는 신의 말씀으로 변질되고 말았다. 우리가 부처요 그리스도라고 하건만, 이를 들을 귀가 없다. 우리가 곧 부처요 그리스도라고 하면, 에고에 이끌려 오히려 적 그리스도라 칭하며 적으로 대하기를 마다하지 않는다. 들을 귀 있는 자는 들으라고 외친 예수의 목소리는 들리지 않는다. 생각으로 이루어진 에고의 집단적 기능장애가 일으키는 정신질환임을 모른다. 그 많은 선각자들이 제시한 '에고의 정체를 알아차리려는 마음'을 발휘할 뜻이 전혀 없다.

에고가 만들어 놓은 모든 것은 불안정하다. 생각으로 조건 지어진 것이 어찌 완전하겠는가? 생각의 총체인 에고가 곧 '나'라는 믿음이 모든 것을 가리고 있는 줄을 모른다.

에고에서 벗어나, 생각에서 벗어나, '진정한 나'를 보면 하나님 아버지의 안타까움을 느낄 수 있다. 완벽한 아버지의 아들이 어찌 불안정할 수 있겠는가? 아들아, 아버지 집으로 돌아오라고 그 많은 선각자를 보내건만, 스스로 종이 되어 아버지를 몰라보는 아들이 어찌 안타깝지 않겠는가? 예수를 통하여 아버지라 부르게 하고, 우리가 곧 진리임을 예수는 "나는 길이요, 진리요, 생명이다."라는 말로 전하려 했다. 우리의 본질이 완벽한 아버지의 아들임을 가리켜 보인 것이다. 부처는 그것을 "중생이 곧 부처요, 부처가 곧 중생이다." 라고 하였다.

통으로 모두와 하나인 '절대의 나'인데도 상대적인 생각으로 분리해 놓은 에고를 '나'라고 믿는 어리석음이 문제이다. 모든 경전은

'절대의 나'를 가리켜 보이지만, 경전 또한 가리키는 손가락일 뿐 진리는 아니다. 진리는 '나'이다. 그 '나'를 보아야 한다. 다 갖춰진 '나'를 보기만 하면 되므로, 해야 할 일이 하나도 없다. 내 안의 나, 생각 너머의 나를 생각으로 찾으려 하기에 그리도 어려운 것이다. 불가능한 일에 접근하니 얼마나 어렵겠는가?

생각은 큰 축복이자 저주이다. 생각이 가려놓은 진리, '진정한 나'를 보기만 하면 본질과 생각으로 나타난 현상이 하나가 되어 모든 것이 완벽하게 갖춰져 있다. 아버지와 아들이 하나 되어 생멸한 바가 없는 본래부터 청정한 하늘나라이다. 생각이 진리를 가리므로 생각을 멈추고 본질을 보면, 마치 바다와 파도가 하나이듯이 본질과 현상이 하나이다.

끝없이 구하고 원하는 마음으로 신을 안타깝게 하는 것은, 왜곡된 나를 나라고 믿는 것이다. 그 나가 생각이 만들어 놓은 이분법으로 남과 비교하여 보다 나은 나를 원한다. 남 위에 서서 지배하고자 하는 마음으로 보다 많은 힘을 원하고, 무엇이든 '더 많이' 원한다. 물 위를 걷고, 하늘을 날고, 하고 싶은 일은 무엇이든 할 수 있는 능력을 바라지만, 정작 그런 것들이 필요한 것인지는 살펴보지 않는다. 남보다 너 많은 힘을 필요로 할 뿐이다. 모든 것이 갖춰져서 '일 없는 사람'이 되는 것은 그리도 힘들어, 그리 되기를 원하지 않으면서 모든 능력을 원하는 아이러니를 당연히 여긴다. 아무리 가져도 생멸하는 것이기에 끝없이 목이 마를 수밖에 없음에도, 영원히 갈증을 느끼지 않을 생수에는 관심이 없다. 그것을 알아차려야 하는데, 충분히 갖춰져 있음을 모르고 신에게 떼쓰며 달라고 조르기만 하는 것이다. 알아차리지 못하는 아들이 얼마나 안타까울지를 생각해 보면, 신과의 관계를 조망해 보고 자신이 누구인지 찾는 일을 우선 할 것이다. 생각이 만들어 놓은 허상에 집착하지 않고 하나님 아버지의 조건 없는 절대적인 사랑에 감사할 것이다. 누구를 편애하겠는가? 햇빛이 모두에게 비추고, 비가 모든 것에 두루 내리거늘 어느 것을 가리겠는가? 생각이 내 것이라 믿어서는 안 된다.

우리가 생각하고 있는 것이 아니다. 생각이 우리에게 일어날 뿐이다. "나는 생각한다."라고 하면 나에게 자유의지가 주어져 있다는 뜻이 된다. 하지만 과연 그러한가? "나는 숨 쉰다", "나는 피돌기를 한다", "나는 소화한다"라는 등, 나의 의지가 작용하는 듯이 말하는 것은 잘못된 표현이다. 숨은 쉬어지고, 피돌기는 일어나며, 소화가 되듯이, 생각이 일어날 뿐이다. 내가 생각하는 게 아니다. 떠오르는 생각에 휘둘리며 사는 것이다. 그런 내가 나의 생각을 신께 전달할 수 있겠는가? 신은 나의 의지작용과는 아무런 관련이 없다.

신이 우리에게 해줄 수 있는 것은 하나도 없다. 이미 충분히 갖춰주었기에 더 이상 줄 것이 없다. 그런 신을 우리가 오히려 도와드려야 한다. 그것은, 자신이 누구인지를 아는 것이다. 자신이 누구인지 알면 아들이 아버지를 위해 기도한다. '나를 위한 기도'는 있을 수 없다. 신이 신에게 기도하는 것이다.

생각의 울타리에서 벗어나 참을 보면
모든 것이 축복이다.
삶 자체가 축복이다.
강물은 흐르고 구름은 떠간다.

●

제3부

지금 이대로 아름다운 세상

깨달음

못마땅하던 현실이 그렇게 아름다울 수 없는 파라다이스가 되어 나타나고,
더 이상 비교할 일 없어져서 마음은 항상 평온하다.

• • •

깨달음은 증득 되는 무엇이 아니다. 얻을 것이 없음을 깨닫는
것이다. 수행하여 얻을 것이 있는 것처럼 여기는 어리석음에
빠져들 위험을 몸소 겪으신 부처님은, 선정수행이나 고행수행을
떠나 '둘이 아님'을 보라고 하셨다. '지금 여기 있는 그대로'일
뿐임을 보시고 모든 것이 연에 따라 나타났다 사라지는 것임을
연기법으로 설하셨다. 반야심경에서 설하신 '변한 것이 없다'는
육불(六不)은 깨달음의 길을 잘 가리켜 보인다.

일체 중생의 불성(佛性)[空性]이라고 하는 특징[相]은
(수행하여) 생기는 것이 아니고[不生]
(번뇌가) 소멸된 것이 아니며[不滅]
(번뇌에 의해서) 더러워지는 것이 아니고[不垢]

(수행을 통해서) 깨끗해진 것이 아니며[不淨]

(공덕이) 채워진 것이 아니며[不增]

(번뇌가) 제거된 것이 아니다[不減].

변할 수도 없고 '있는 그대로'일 뿐임을 체험한 그대로 보여주신 것이다.

그렇지만 우리는 지금의 현실이 못마땅하여 '없는 땅 (Utopia)'을 만들고, 가야 할 곳이 있다는 가치관을 만들어, 지금 여기 말고 다른 곳이 있다는 환상을 심어 놓고, 그곳에 가려는 노력을 미화하기 일쑤이다. 이 환상으로 인해, 있는 그대로 받아들이면 편할 것을 오히려 저항하고 싸워서 얻어야 하는 것이 있는 것으로 믿게 된 것이다. 모든 선각자가 그런 식으로 수행하는 것은 바른길이 아니라고 하여도 이미 각인된 관념을 어쩌지 못하여 스스로를 학대하면서까지 먼 길을 찾아 떠난다.

금욕 생활을 위해서 욕정을 이겨내려면 보양식은 피해야 하고, 더 나아가 하루 한 끼 식사에 장좌불와(長坐不臥), 눕지 않고 좌선함에 몰두한다. 그러한 자기를 나타내려고, 보다 더 행복해졌는가 하는 것은 묻지 않는다. 목표를 향해 열심히 가고 있으므로 할 일을 하고 있다 여긴다. 부처님의 말씀에 바로 깨달은 그 많은 사람의 이야기는 특별한 사람의 이야기일 뿐일까?

없는 과거, 없는 미래에 있으면서 지금을 떠나지 못해 갖은 괴로움과 함께 한다. 허상인 없는 곳에 있기에 괴로운 것을, 행복 찾아

'지금 여기'를 떠나려 수행하는 아이러니. 인생의 모든 것을 포기하고, 당대의 위대한 스승들과 함께 수행하였지만, 6년을 찾아다닌 후에도 결국 찾던 것을 발견하지 못했다는 사실을 깨달았다고 상상해 보라. 얼마나 절망스러웠겠는가? 싯달타가 굶어 죽을 지경에 이르러 수자타에게서 유미죽(乳米粥)을 얻어먹자 도반들은 싯달타의 곁을 떠났다. 참으로 막다른 골목에 이르러서야 보리수 아래에 앉아 깊이 바라본 것이다.

예수는 세례 요한으로부터 세례를 받은 후 성령이 비둘기같이 내려와 단박에 깨닫고 사막으로 들어가 수행했다. 깨달았기에 40일간의 수행으로 진리를 터득한 것이다. 그러고는 "하늘나라는 여기에 있다, 저기에 있다, 할 것이 아니다. 하늘나라는 너희 안에 있다."라고 하셨다. 지금 여기 네 안에 있으니, 찾아다닐 일이 아니다! 부처와 그리스도와 선각자 모두가 하나같이 이르는 말씀은 바로 이것이다. '지금 여기가 네가 있을 곳이다. 찾아다니지 말아라.'

이상(理想)은 포장된 허상이다. 페르소나(가면)에 휘둘려 자신을 버리고, 이곳인 극락정토 버리고, 피안에 가려고 열심히 노젓는 수행자의 고상한 얼굴이 돋보이는 것은, 가치관이 세워놓은 허상일 뿐이다. 바르게 살려는 노력이 잘못된 것이라는 얘기가 아니다. 수련하여 얻어지는 것을 깨달음의 과정으로 오인하여 찾으려 노력하는 헛고생이 안타깝다는 것이다. 이상을 향한 마음이 아름답게 보여도 현실이 아니기에 목마름은 더해가고, 페르소나의 그림자는 더욱 짙어질 뿐이다. 오아시스가 있는 줄 모르고 광야를 헤맬 때에는 느껴보지 못한 갈증이 오아시스에 다녀온 후에는 얼마나 더욱 심해지는지를 경험해 보지 않고는 알 수 없다. 그러하기에 갈증을 해소하기 위한 고행수행은 더욱 심화되어 가고, 신의 은총이 함께하여 깨닫기 전에는 자신을 탓하며 채찍질을 가하는 것이다.

빠져나오기 힘든 이상에 대한 가치관은 참으로 멋지게 포장되어 있기에 에고의 가장 강력하고 쉬운 먹잇감이다. 에고의 일이 비교함인데, 현실과 이상의 비교만큼 멋진 먹잇감이 있겠는가? 이래야한다는 당위성을 앞세워 중생을 현혹시켜 온 인류의 역사가 얼마나 탄탄하게 자리 잡았는지, 거기에 물들지 않은 사람이 없을 정도이다.

성인들의 말씀도 '해야 할 계율'로 받아들여 탐심을 제거하려 노력할 뿐, 탐심을 받아들여 그것을 바로 봄이 계율인지를 모른다. 깨닫기 전의 세상은 허상이요, 시간을 초월한 진실을 보고, 존재하는 것은 지금뿐임을 깨달은 후에야 비로소 성인들의 말씀을 적극적으로 받아들이게 된다. 그렇게도 못마땅하던 현실이 그렇게 아름다울 수 없는 파라다이스가 되어 나타나고, 더 이상 비교할 일 없어져서 마음은 항상 평온하다. 변한 것은 없다. 있는 그대로일 뿐인데, 마음 하나 바꿔서 진실을 보고 나면 비교할 일 없는 세상이 그리도 아름다운 것이다.

깨달은 이는
침묵이면서 동시에 소음의 한복판이고
고상하면서 동시에 저질스럽다.
순결하면서 동시에 음탕하기 이를 데 없고
형이상학적이면서 동시에 형이하학적이다.

표리부동하게 보이는 현상은 그것이 둘이 아닌 하나이기 때문이고, 무엇이 나타나든 무슨 일이 일어나든 그것을 그대로 받아들이기 때문이다. 저항하여 맞서 싸울 일이 없기에 할 일도 없고, 해야 할 일은 하나도 없다. 그저 적극적으로 받아들여 그것과 함께하는 것이다. 참으로 적극적인 삶의 시작이며 행복 시작이다.

무저항, 자기 포기, 이보다 더한 기쁨은 없다.

하늘이 하늘을 먹는다

홀로 존재하는 것은 있을 수 없음을 본다면,
모래 한 알에서, 풀, 벌레 하나까지 모두 서로에게 필요한 존재들이다.

• • •

사람이 살아가기 위해서는 몸 밖의 사물을 가지고 자신을 보양해야
한다. 내 몸 밖의 무엇인가에 기대어 먹고 입어야 살 수 있다. 그에
대해 노자는 도덕경 12장에 이렇게 적었다.

다섯 가지 색은 사람으로 하여금 눈이 멀게 하고, 다섯 가지 음은
사람으로 하여금 귀를 먹게 하고, 다섯 가지 맛은 사람으로 하여금
입을 상하게 한다. 말을 달려 사냥을 하는 것은 사람으로 하여금
마음을 발광하게 하고, 얻기 어려운 재화는 사람으로 하여금 행동을
방황하게 한다. 이러므로 성인은 배를 위하지 눈을 위하지 않는다.
그러므로 저것(눈)을 버리고 이것(배)을 취한다.

五色令人目盲. 五音令人耳聾. 五味令人口爽. 馳騁田獵, 令人心

發狂. 難得之貨, 令人行妨(仿). 是以聖人爲腹(而)不爲目, 故去
彼取此

"성인은 배를 위하지 눈을 위하지 않는다"는 구절에 대해 왕필은 주석에서 "배를 위하는 자는 사물로 자신을 기르고, 눈을 위하는 자는 사물로 인해 자신이 부림을 당한다."라고 했다. 욕심에 휩싸여 미식에 부림을 당하는 일이 있어서는 안 될 것이다. 우리가 살아가는 데 필요한 음식을 음식으로만 보지 않고, 생명의 회복과 완성을 가져오는 음식은 생명의 아름다운 순환을 위해 우리와 하나로 엮여 있음을 보아야 할 것이다. 음식이 나의 생명의 순환에 기여하고 있는 것을 본다면, 만물이 '나' 아닌 것이 없음에 가까이 다가갈 수 있다.

오윤의 목판화 "나는 밥이다"

해월 최시형 선생은 '하늘이 하늘을 먹는다'는 '이천식천(以天食天)'을 일깨우며, 우리의 삶이 모두와 엮이어 하늘 아닌 것이 없음을 설하셨다. 판화가 오윤은 "나는 밥이다"를 목판화로 남겼고, 시인 심지하는 "밥"에서, 밥이 자기 자신을 탁류 속에, 고통의 바닷속에 내던져서 똥으로 썩어 부패하게 만드는 실천을 노래하고, 똥으로 썩어 거름으로 돌아가게 하는 그 서글픈 능력을 노래하고, 그 능력의 실천으로 이 세상에 생명의 회복과 완성을 가져오는 생명의 아름다운 순환을 노래한다. 모두가 하나로 엮이어 둘이 아님을 노래하며, '나' 아닌 것이 어디에 있느냐고 묻고 있는 것이다.

예수께서는 "저희가 먹을 때에 예수께서 빵을 가지사 축복하시고 떼어 제자들에게 주시며 가라사대 '받으라 이것이 내 몸이니라' 하시고, 또 잔을 가지사 사례하시고 저희에게 주시니 이를 마시매 가라사대 '이것은 많은 사람을 위해 흘리는 바 나의 피 곧 언약의 피니라'"(마가복음 14:22-24)라고 말씀하시고, "내 살은 참된 양식이요 내 피는 참된 음료로다"(요한복음 6:55)라고 하셨다.

예수가 빵을 떼어주시며 "이것은 내 몸이다" 하고 말했을 때, 그것은 단지 자기 앞에 놓인 빵만을 말한 것이 아니다. 우주 전체, 물리적이며 물질적이면서도 동시에 영으로 가득한 만물을 말한 것이다. 만물이 빵 한 조각 속에, 포도주 한 잔 속에 젖어 들어 있다. 또 그 빵과 포도주, 그리고 만물은 사람들이 믿는 것보다 훨씬 더 자기가 누구이며, 자신들이 그리스도의 몸이라는 것을 알고 있다.

'티끌 속에도 우주 전체가 들어 있다.'라는 말은 우주 전체의 생명계가 항상 연결되어 있다는 것이다. 빵과 포도주는 우주의 요소들 자체를 대표하며, 독립적인 개체로 따로 존재할 수가 없다.

태양이 있기에 지구가 있고, 지구가 있기에 우리가 있다.
홀로 존재하는 것은 있을 수 없음을 본다면,
모래 한 알에서, 풀, 벌레 하나까지 모두

서로에게 필요한 존재들이다.
똥이 썩어 거름이 되고 그것이 나락이 되어서
우리의 식탁에 올라와 우리가 되는 것을 보라.
모두가 하나인 것이다.

아버지와 하나가 아닌 것이 어디 있겠는가. 중생이 곧 부처요, 우리가 그리스도다. 분별하여 나누어 놓고, '나와 나 아님'으로 분리하고 나를 중심으로 생각하여 나 이외의 것들을 떼어놓고 보다가, 그것들과 하나가 되는 노력을 하다 보니 문제가 꼬인 것이다. "하나이지 하나가 되는 것이 아니다."는 것을 모르고 헛된 노력을 하고 있다. 하나인 본래면목을 그저 보고, 하나로 살아가면 된다. 노력은 하면 할수록 경계를 만드는 일이 되어 어긋날 뿐이다. 모두가 하나이기에 '하늘이 하늘을 먹을 수밖에 없는' 것이다.

만물이 아버지와 하나임을 알아야 한다. 아버지 아닌 것이 없고, 아버지는 만유다. "하나 속에 일체가 있고 일체 속에 하나가 있으며, 하나가 곧 모든 것이고 모든 것이 곧 하나다 [一中一切 多中一, 一卽一切 多卽一]"(법성게).

만물이 모두 그러함에, 그러함으로 있다. 그 어느 것 하나 모자람이 없이 제 나름으로 있다. 그러면서 홀로 존재하는 것은 없다. 어쩜 이리도 맞물리고 물리어 전체를 구성하고 있는지 경탄하지 않을 수 없다. 눈송이 하나도 같은 것이 없이 제각각으로 있으며, 서로 다른 듯이 제 모습으로 그러하다. 그것이 전체와 맞물려 모든 것이 하나로 있다. 만물이 서로 다름은 다름이 아니라 우리의 분별심이 나누어 놓은 때문이다. 지식으로 갈라놓고 언어로 가려놓고는 그렇다고 보는 것이다.

내가 먹은 음식물이 그대로 존속하지 않고 변하고 변하여 나를 먹고, 그리고 또 변하여 간다. 그렇게 모든 것이 변하여 가지만 그것은 하나인 전체의 발현이다. 그것을 '하늘이 하늘을 먹는다.'라고 하는 것이다. 만물이 하나임을 이보다 직접적이고 근접적으로 표현할 수가 있을까?

예수는 '이것이 내 몸이다.' 하고 빵조각을 나누어주었다. 떼어준 빵조각이 하늘이요 나라고 한 것이다. 만물이 하나임을 보라는 선각자들의 말씀에서 우리는 진실에 가까이 갈 수 있다. 진실에 대한 표현을 손가락 삼아 달을 보아야 한다. 아버지와 하나인 나를 보아야 한다. 저마다 아름답게 빛나는 현상을 보고, 그것과 함께 고요함을 돈독히 하는 것이다.

장일순 선생의 글이다.

그대가 없다면 나도 없겠네

나는 미처 몰랐네
그대가 나였다는 것을
달이 나이고 해가 나이거늘
분명 그대는 나일세

씨알 품어주는 흙 가슴이여

뿌리 감싸주는 어머니여
그대를 내 몸에 모시오니
젖이 되고 밥이 되어
세상 생명 기르소서

이슬과 바람으로
푸른 싹 일깨우고
햇빛 별빛으로
삶의 방향 일러주는 아버지여
그대가 없다면 나도 없겠네

바람 앞에 서로를 부축하며
함께 서 있는 형제여
노래하고 춤추는 형제여
그대가 없다면 나도 없겠네

서로를 살리는
사랑하는 님이시여
몸과 마음에 모시오니
열매로 영글어 거듭나소서
우리는 하나의 생명
사랑하는 님이시여
그대가 없다면 나도 없겠네

그대가 없다면 나도 없겠네

지혜와 자비

자비란 모든 것을 품는 것으로 인연이 있고 없고를 가리지 않는다.
자비는 자아라는 것이 없음을 깨달은 후에 남아 있는 것이다.

● ● ●

이름 너머의 세계, 절대인 세계에서 변함없는 자신의 본성을 보는
것이 지혜요, 나와 남이 없이 모두가 하나인 세계에서 자기의 본성의
드러냄이 자비다. 플라톤이 말하는 '일자'(본질), 곧 '존재 너머의
선'에 대한 신비적인 '지식' 또는 '신성한 무지'란 언어적인 것이
아니라 언어를 넘어선 초언어적인 것이고, 마음의 것이 아니라 '무심'
의 것이며, '언설적인 철학'이나 단지 '종교에 관한 이야기'가 아니라
'영혼 속에서 빛나는 관조적 진리의 빛'이다. 그것을 완전하게 말하거
나 언어적으로 전달하는 것은 불가능하다.

플라톤은 말로 표현할 수 없는 '일자'와 관련된 두 개의 '운동'에
대한 최초의 명확한 진술을 보여주는데, 첫 번째 운동은 일자가 다자의
세계로 '하강'하는 운동이다. 이 운동은 실제로 다자의 세계를 창조하고,

다자를 축복하며, 그 모든 것에 '선성(善性)'을 부여하는 운동으로서, 영은 이 세계에 내재하게 된다. 또 하나는, 다자로부터 일자로 복귀하는 또는 '상승'하는 운동, 즉 '선(善)'을 기억해내거나 생각해내는 과정이다. 이 운동으로 인해 영은 이 세계로부터 '초월'한다.

이 세상은 이 두 운동 사이의 결투장, 다자라는 '이 세계(차안)'에서 살고 싶어 하는 사람들과 오직 초월적 '일자'의 '저 세계(피안)'에서 살고 싶어 하는 사람들 사이의 결투장이 되고 말았다. 이들 모두 '상승과 하강'을 통합하는 영, 그것을 발견하는 무언의 말씀을 통일시키는 마음을 망각한 결과이다. 분열된 각자에서 벗어나 두 개의 운동을 통합하는 길은 "다자에서 물러나 일자를 찾으라. 일자를 찾으면 다자를 일자로 포옹하라."라는 플라톤의 경구에서 찾을 수 있다. 다시 말하면, "일자로 귀환하라. 다자를 포옹하라. 기쁨으로 가득 차고 사랑으로 충만한 무조건적인 다자의 포옹, 그것만이 일자의 완전성의 결실이자 완성이다."

켄 윌버는 『성, 생태, 영성』 제9장 '상승과 하강'에서, 일자로 귀환해서 일자를 포옹하는 다자가 곧 선(善)이요, 그것을 '지혜'라고 부른다. 또한 다자로 귀환해서 다자를 포옹하는 일자가 곧 선성(善性)이며, 그것을 '자비'라고 부른다.

지혜는 다자 배후에 일자가 있음을 안다. 지혜는 그림자 너머의 시간과 형상 없는 빛을 본다. 한마디로, 지혜는 다자가 일자임을 안다. 지혜, 즉 반야는 '색이 곧 공임을 안다(色卽是空).' 지혜는 '이 세계가 환상이라는 것'을 안다. 중생이 곧 부처임을 안다.

자비는 일자가 곧 다자라는 것, 일자는 모든 존재에 평등하게 표현된다는 것, 만물은 짐짓 겸손한 방식이 아니라 오히려 각각의 존재가 있는 그대로 영의 완벽한 현현이라는 것을 안다. 따라서 자비는 일자가 곧 다자임을 안다. 자비는 '공이 곧 색임을 안다(空卽是色).' 부처가 곧 중생임을 안다.

'마음 챙김'은 실제로 모든 관조의 길이다. 자신의 진정한 본성이 불성이라는 것을 깨달아 알아차리는 것이다. 깨달음이란 전에 없던 것을 끌어들이는 것이 아니라, 언제나 이미 그러하다는 것을 알아차리는 것이다. 황벽 선사는 말했다. "명상으로 그대가 부처가 된다고 생각하지 마라. 그대는 언제나 부처였지만, 그 단순한 사실을 잊었을 뿐이다."

예수는 제자들에게 떡과 포도주를 주면서, '나를 기억하라'고 하셨다. 이 말은 "내 안에 내가 아니라 그리스도가 살고 계신다."는 것을 상기하라는 뜻일 것이다.

상승과 하강의 통합은 지혜와 자비의 통합이다. 일자에 대해 갖고 있는 사랑은 다자에 대해서도 똑같이 확장될 수 있다. 그 둘은 궁극적으로 둘이 아니며, 사랑은 모든 지각의 순간마다 지혜와 자비를 결합시킨다. 문제는 상승의 길이든 하강의 길이든 어느 하나만을 취하는 것은 파멸적이라는 것이다. 오르막길과 내리막길을 통합시키는 길, 그 둘의 영원한 투쟁을 극복하는 길을 발견해야 한다. 그 길은 환류하는 에로스와 유출하는 아가페로 이루어진 천의무봉(天衣無縫)으로 통합하는 것이다. 에로스란 상위에 도달하고자 하는 하위의 사랑(상승)이며, 아가페란 하위로 내려간 상위의 사랑(하강)을 뜻한다.

에로스와 아가페가 개인에게서 통합되지 못할 경우 에로스는 '공포'로 나타나며, 아가페는 '죽음의 충동'으로 나타난다. 즉, 통합되지 않은 에로스는 상위 수준에 도달해서 하위 수준을 초월하는 것만이 아니라 하위를 소외시키고 억압하기도 하는데, 그렇게 하는 것은 '공포,' 즉 하위가 '자신을 끌어내릴 것'이라는 공포 때문이다. 그것은 언제나 하위가 '자신을 오염시키고, 더럽히고, 아래로 끌어내릴 것'이라는 공포다. 공포란 하위를 포함하는 대신 그것으로부터 놀라 달아난 에로스이자, 하강과 결별한 상승이다. 또한, 공포는 모든 억압(부패한 초월)의 궁극적 원동력이기도 하다. '피안의 세계'를 향한 절망적인 희구에서 상승하는 에로스의 노력은 공포로, 금욕적 억압으로, '현세적 모든 것'에 대한 부정으로 가득 차게 된다. 활력적인 삶, 성욕, 감수성, 자연 및 신체에 대한 부정이 그것이다. 약속의 땅이 분명 이 땅, 이 세계는 아니라는 것이다. 상승자는 차안의 세계가 그들이 철저하게 경멸하는 유일한 땅이기 때문에 파괴하고자 한다.

반면, '죽음에의 충동'은 상승과 결별한 하강이다. 그것은 상위에서 달아난 하위, 그저 하위를 포함하는 게 아니라 그 하위로 퇴행한 것이며, 하위를 어루만져 달래는 것이 아니라 그곳에 멈춰 버린 것이다. 고착되고 정지된 우주적 환원주의다. 이런 환원주의의 원동력의 종착역은 근원과의 연결점을 잃은 죽음과 물질이다. 상위로부터 달아난 아가페다. 그것은 하위를 보존하지만, 부정하기를 거부한다. 그리고 공포가 억압과 분열의 원천이었듯이, 죽음의 충동은 퇴행과

환원, 고착과 정지의 원천이다. 그것은 상위를 죽임으로써 하위를 지키려 한다. 죽음의 충동은 에로스 없는 아가페다.

하강자는 '피안의 세계'를 보려 하지 않는다. 아래로 향한 그들의 눈은 다양성의 경이로움에 단단히 고정되고, 그들의 무한한 즐거움은 유한한 용기에 무한을 넣으려는 가당치 않은 과업을 시작한다. 수레바퀴 같은 윤회의 삶에 입맞춤하고 껴안으며 자신들의 고뇌의 원천과 결합하면서, "모든 피안의 세계에서 물러나시오."라고 외친다.

하위를 포함하지 않는 상위, 하위라는 이름으로 살해당한 상위, 그것은 아가페가 아니라 '죽음의 충동'이다. 하강자가 모든 것에 대해서 갖고 있다고 공인하는 모든 사랑을 죽음의 손이 어루만지며, '자비'라고 쓰인 얼굴을 타고 눈물이 흘러내린다. 하강자는 결코 짊어질 수 없는 무거운 짐을 불쌍한 짐승 위에 얹어 놓음으로써 이 세계를 파괴시키는데, 그렇게 하는 이유는 차안의 세계가 그들이 갖고 있는 유일한 세계이기 때문이다. 결코 피안의 세계를 보려 하지 않는다. 단지 차안의 세계를 벗어나면 밀려오는 '죽음의 충동'이 두려울 뿐이다.

상승과 하강, 에로스와 아가페, 지혜와 자비, 초월과 내재의 균형과 통일의 필요성, 즉 비이원적인 통합은 단지 상승 또는 단지 하강이 가져다준 폭력과 야만성에 지친 사람들에게 언제나 활활 타오르는 횃불로서 우뚝 서 있으리라고 믿는다. 자기의 확장은 매번 자신 안에 보다 많은 '외부 세계'를 들여온다. 자기 확장은 외부 세계를 닫지 않는다. 세계 부정은 그것이 어떤 존재의 부정이든 병의 완전한 징조다. 세상과 그 안에 있는 모든 아름다운 것을 경멸함으로써 인간이 선해진다고 생각하지 마라. 영적 세계와 너무나 닮은 이 세계를 경멸하는 자는 실은 영적 세계에 관해선 그저 이름뿐, 아무것도 모른다는 것을 증명한다.

심우도(尋牛圖)에서 소를 찾은 후 마음의 본향인 자기 자신으로 돌아와 소도 자기 자신도 잊고서 반본환원(返本還源) 하여 입전수수(立廛垂手) 한다. 자신의 본래면목을 찾은 후에는 거리로 들어가 중생을 제도하는 것이다. 심우도는 불교의 궁극적인 뜻이 중생제도에 있음을 상징하는 것으로 '지혜와 자비'의 표본도이다. 상승자인 일자가 하강자를 품에 안고 하나가 되는 것이다. 불교 하면 떠오르는 것이 자비인 까닭이 바로 여기에 있다. 자비를 보지 못함은 지혜(상승)에만 마음이 가 있는 '아가페 없는 에로스'일 뿐이다.

지혜와 자비 어느 하나만으로는 결코 평화를 기대할 수 없다.

이성적이며 합리적이라는 말을 주옥처럼 안고 사는 사람들은 분리하여 나누어 보고 비교 분석하면서 그것을 합리적이라고 판단한다. 더 많이 나누어 볼수록 '더 합리적이다' 할 것이다. 하지만 분리는 비이원론적인 사고와 멀기만 하다. 이성적이라는 것은 "평등적이어서 위로 비상하지 마라, 겸양의 미덕을 갖추고, 과학이 안내하는 대로 따르라. 자연이 그대에게 할당한 자리에 머물러 있으라. 그것으로 충분하다. 그 이상의 상승은 자만이다." 하는 것으로, 상승은 어떤 형식이든, 어떤 종류든, 어떤 모습을 취하든 심대한 자만의 죄가 되었다. 이성이 우리에게 가져다준 것은 "더 이상 상승은 그만!"이라는 표어를 부착하고 다니라는 것이다. 이성에 의해 안내받는 감각의 세계만이 근본적 실재라는 것이다.

상승은 '무심'의 것이다. 어떤 생각도 없이, 실로 주관도 객관도 없이, 오직 한마음이 분명할 뿐이다. 여기에 얻을 것을 가지고 다가오는 이성은 붙을 자리가 없다. 얻을 것이 하나도 없는 '무소득'이 지혜다.

자비란 모든 것을 품는 것으로 인연이 있고 없고를 가리지 않는다. 자비는 자아라는 것이 없음을 깨달은 후에 남아 있는 것이다. 황벽 선사는 말한다. "자(慈)란 이룰 부처가 있다는 견해를 내지 않는 것이고, 비(悲)란 제도할 중생이 있다는 견해를 내지 않는 것이다."

임제 선사의 "부처를 만나면 부처를 죽이고, 조사를 만나면 조사를 죽여라."는 말을 음미해 보아야 한다. 부처나 조사라는 견해에 머물지 않고 평상심으로 모두와 같이하는 사람은, '부처'나 '조사'에 얽매이지 않는다. 집착을 떠난 무심과 평상심을 자유자재하게 넘나들어 지혜의 무심에서 자비의 평상심으로 모두와 하나 되어 활발발하게 살아가는 것이다. 나누어지지 않은 무심의 것으로 깨닫지 못해 번뇌 속에서 살아가는 사람들이 너무도 안타까워 대자대비의 마음으로 하나가 되는 것이다. 어떤 견해도 내려놓고 있는 그대로에 내맡기고 살아가는 것이다. 모두와 하나인 곳에 자비가, 사랑이 충만하게 펼쳐진다. 상구보리(上求菩提), 하화중생(下化衆生), 지혜와 자비가 무한하게 펼쳐진다.

사랑

호연지기를 발휘하여 경계를 없애면 그만큼 큰 사랑이 펼쳐진다.
오른손과 왼손이 하나로 조화를 이루듯이,
나누어 보되 나누어 놓지 않으면 세상은 그렇게 아름다울 수 없다.

• • •

사랑에 빠진 사람은, 사랑의 유효기간이 끝나지 않은 동안에는
새롭게 찾아든 행복감에 젖어 세상의 모든 사랑 노래들이 자기를
위해 불려지는 것 같고, 온 세상이 자기를 축복해주는 것처럼 여겨진
다. 사랑에 잠겨 있는 동안에는 더 너그러워지고 더 담대해지고
덜 방어적이 된다. 하지만 그런 허니문 사랑은 결코 오래 가지 않는다.
상대에게 자기 가슴 공간을 오래 지속적으로 열어놓으려면, 그래서
항구적으로 '사랑하면서' 살고자 한다면, 자기를 포기하지 않고는
불가능하다. 가슴 벅차게 다가오는 사랑이 나를 위해 영원히 이어질
것 같다가도, 어느 날 욕구충족이 안 되는 일이 생기면서부터 식어가
기 시작한다.

세계를 '마땅한 것과 마땅치 않은 것'으로 나눠놓고 보는 정신으로

는 아무 조건 없이 값도 없이 주는 은총이 오히려 어색하고 불가능해 보인다. 은총의 결핍은 분별하여 나누어 봄을 당연시하게 하여 심판하고 강요하면서 감정이입과 연민에 취약한 사람이 되게 한다. 그들은 실력사회에 갇혀 힘을 바탕으로 살아간다. 그곳에서는 자기에게 합당하도록 모든 것이 바르고 마땅해야 한다. 옳고 바름의 푯말이 우뚝 서 있다. 우리네 사랑이 '큰 사랑'이 못 되고 작은 사랑에 갇혀 살아가는 것은 바로 이 때문이다. 아버지의 사랑마저도 조건이 따르고 사랑과 벌이 혼재한다. 그래서 사랑에도 고통이 수반되는 것이다. 아무런 조건이 없는 무조건적인 사랑과 자비는 신비의 성 안에 가두어두고 쉽게 접근을 허락하지 않는다. 하지만 우리가 그렇게도 갈망하는 조건 없는 사랑은 하나님 자신이고, 하나님께로부터 나온 우리 자신 또한 사랑 자체이다. 우리 자신이 사랑임을 보지 않고는 항구적인 사랑은 기대할 수 없다.

"원수를 사랑하라."는 그리스도의 말씀을 이해하지 못한다면 '조건에 따른 사랑'에 갇혀 살 수밖에 없다. 내가 없이 하나님과 하나가 되지 않고는 "내가 곧 사랑이다."는 말을 이해할 수도 깨달을 수도 없다. 이 깨달음이 없이는 조건지워진 사랑에 불과하다. 사랑하는 자녀가 마땅치 않다는 것은 당신의 생각일 뿐, 자녀와는 아무런 관련이 없다. 당신에게 마땅한 자녀, 그런 자녀는 없다. 당신이 원하는 자녀가 있을 뿐이다. 하나님 아버지는 항상 우리와 하나로 있기에 사랑으로 충만하다. 언제나 항구적으로 사랑이다. 그것을 보는 깨달음이 없이는 사랑과 고통은 늘 함께 있다. 조건지워진 사랑은 고통을 야기할 뿐이다.

"네 이웃을 네 몸같이 사랑하라." 이르신 그리스도의 말씀이나 "삼천대천 세계에 가득한 칠보로 보시함이 자신을 깨달음만 못하다." 하는 붓다의 말씀은 '자기 자신이 사랑임'을 아는 것이 진정한 사랑임을 가리켜 보인다. 이 깨달음을 위한 모험이 인생의 전부라야 한다. 이보다 급하고 절실한 것은 없다. 모험이 두려워 물질과 명예 그리고 사람에 얽매여 살면서 안주하는 것은 잘해야 본전이다. 빈손으로 왔다가 빈손으로 가는 허망한 인생이다.

그에 반해, 자기 자신을 찾는 모험의 길은 밑져야 본전이다. 자신을 찾아가는 길에 자신에 대한 흐뭇함과 모험에서 오는 짜릿함 그리고 그처럼 갈망하던 사랑의 여정이 많은 것을 안겨 줄 것이기에 손해 볼 일이 전혀 없다. 그 길에 자신의 진면목을 보면 놀라운 변화가 따르게 된다. 세상이 사랑으로 가득 차게 되는 것이다.

불교를 깨달음의 종교라고 한다. 그런데 불교라 하면 왜 곧 '자비'라는 말이 떠오르는 것일까? 깨달으면 저절로 자비가 흘러넘치기 때문이다. "중생이 곧 부처요, 부처가 곧 중생이다." 함은 본질과 현상이 하나라는 말이다. 우주 만물이 곧 '나'라는 말로서, 나 아닌 것이 없기에 사랑하지 않을 수 없다. 그리스도의 사랑과 부처의 자비는, 아버지의 자녀로서 아버지와 하나라는 사실을 깨달을 때 우리 자신이 사랑이라는 것을 알게 되고, 그럼으로써 몸으로 표현될 길을 찾게 된다. 두 분은 사랑의 길을 몸소 걸으셨고 그 길을 보여주셨다. 우리에게도 그런 사랑이 있음을 보여주신 것이다.

"너희는 종이 아니라 아버지의 아들이다."라는 그리스도의 말씀과

"이룰 부처가 있는 것이 아니라, 모두가 부처다."라는 붓다의 말씀은 우리가 누구인지를 확실하게 말해주고 있다. 두 분은 성인이시고 우리는 범부라는 이원론이 우리의 눈을 가리고 있을 뿐, 두 분은 우리와 전혀 다르지 않다. 모두가 다 하나님 아버지의 아들이다.

나이 들어 돌아보면, 그렇게도 못마땅했던 여러 일들이 "그럴 수 있겠다."고 여겨진다. 마땅한 일과 마땅치 못한 일의 경계가 허물어지고 하나임을 보게 되는 것이다. 그만큼 너그러워지고 그만큼 큰 사랑이 펼쳐지게 된다. 지금도 여전히 고집을 꺾지 않고 있는 분도 있겠지만, 둘이 아닌 하나를 그땐 왜 굳이 나누어 분별하였는지 후회가 막급한 사람들도 적지 않다. 자녀의 앞길을 적극적으로 막아선 사람치고 후회하지 않을 사람이 있을까? 이것과 저것을 같이 보는 조화로움에 너그러움과 평화가 있다. 모두가 한 운명체라는 조화로운 마음은 갈등을 해소한다. 그대가 있기에 내가 있다는 마음에 무슨 갈등이 자리할 수 있겠는가? 경계가 없는 마음에 갈등이 자리할 곳은 없다.

근본을 묻고 물어 찾아가 보면
온 우주가 서로 엮이어 있어 상관없는 것은 하나도 없다.
우주만큼 크고 크게 호연지기를 발휘하여 경계를 없애면
그만큼 큰 사랑이 펼쳐진다.
오른손과 왼손이 하나로 조화를 이루듯이,
나누어 보되 나누어 놓지 않으면
세상은 그렇게 아름다울 수 없다.

나를 사랑하지 않는 사람은 없다. 자신을 사랑하지 않는 사람은

"이런 사람이어야 한다."는 테두리 안에 살고 있기 때문이다.

우리는 물어야 한다. 대립하는 경쟁 관계에서 행복을 찾을 것인가? 아니면 공동운명체로써 서로 사랑하며 살아갈 것인가?

인생에 모험은 필수다. 사랑 찾아 떠나는 모험은 생각만 해도 싱그럽다. 모험과 함께하는 불안은 우리를 더욱 강하게 할 것이다. 편안한 생명의 연장에 안주할 수는 없다. 오래 사는 만큼 인생은 더욱 아름다워야 한다. 매일 같은 날의 반복이 아름다울 수는 없으며 사랑이 깃들기를 기대하긴 어렵다. 경계를 허물어 가면 그만큼 커지는 자신을 발견하게 된다. 그만큼 사랑이 커져 있다.

진실한 사랑은 깨달음에 있다. 깨달음이 곧 자비요, 사랑이다. 깨달아 아버지와 함께하면 모두가 나이기에 자비심이 일고 사랑하지 않을 수 없다. 사랑이 나요, 내가 사랑이다.

합일의식

생각의 울타리에서 벗어나 참을 보면 모든 것이 축복이다.
삶 자체가 축복이다. 강물은 흐르고 구름은 떠간다.

• • •

기독교와 불교가 사실은 똑같이 가르치고 있다. 우리가 온 우주와
하나라는 사실을 깨달을 때, 하나님 아버지의 아들로 주인 된 삶을
살아간다고.

둘이 아닌 하나라는 진실에 눈을 뜨고
아버지의 나라인 절대세계를 보라고 한다.
모두가 하나라는 합일의식이 깨어날 때
이 세계가 곧 천국이며 극락이다.

우리가 하나라는 사실을 깨닫고 부분인 개체가 전체인 하나로
공동체 의식을 가지고 살 때 이 세상에는 평화가 깃들 것이다. 경쟁하
기보다는 화합하는 조화로운 삶을 살아가는 천국은 우리 안에 있다.
그것을 깨달으면, 우리가 하는 모든 일이 깨달음이다.

"현상과 본질이 원융해서 두 가지가 아니다 [法性圓融無二相]"(법성게).

"모든 부처님과 일체 중생은 한마음일 뿐, 다시 다른 법은 없다. 이 마음은 무시(無始) 이래로 일찍이 생긴 적도 없고, 없어진 적도 없다. 푸르지도 않고, 누렇지도 않다. 형체도 없고, 모양도 없다. 있고 없음에 속하지 않는다. 새롭다거나 낡았다고 헤아릴 수도 없다. 길지도 않고 짧지도 않다. 크지도 작지도 않다. 모든 한계와 계량, 이름과 언어, 자취와 상대성을 넘어서 있다"(전심법요[傳心法要]).

"중생이 곧 부처요, 부처가 곧 중생이다."

예수께서 젖을 먹는 어린아이들을 보셨다. 그가 제자들에게 말씀하셨다. "젖을 먹는 이런 어린이야말로 그 왕국에 들어가는 자들과 같으니라."
그러자 그들이 그에게 말했다.
"그러면 우리가 어린아이가 되어 그 왕국에 들어가게 되나요?"
예수께서 그들에게 말씀하셨다.
"너희가 둘을 하나로 만들 때, 그리고 안쪽을 바깥쪽과 같이 만들고, 바깥쪽을 안쪽과 같이 만들고, 위쪽을 아래쪽과 같이 만들 때, 그리고 너희가 남자와 여자를 하나로 만들고, 그래서 남자는 더 이상 남자가 아니고 여자도 더 이상 여자가 아닐 때 그렇게 되리라. 너희가 눈들의 자리에 눈들을, 손들의 자리에 손들을, 발들의 자리에 발들을, 한 이미지의 자리에 그 이미지가 있게 만들었을 때, 너희는

그 왕국에 들어가게 되리라."(도마복음 제22절)

붓다와 그리스도 두 분은 우리의 본체가 하나이면서 전체로 같다고 말씀하신다. 이것을 볼 때, 피안의 세계로, 하늘나라에 들어가리라고 말씀하신다. 우리 모두가 하나이므로 사랑하지 않을 수 없고 자비를 베풀지 않을 수 없는 자신의 실상을 보라고 하신다.

"'부처님은 깨달으셨고, 중생들은 망상을 피운다.' 만약 이런 견해를 짓는다면, 백 겁 천생이 지나도록 육도 윤회해도 결코 끝나지 않으리라. 왜냐하면, 모든 부처님의 본원(本源)인 자성(自性)을 비방하는 것이기 때문이다"(전심법요).

"내가 너희에게 이르노니 사람의 모든 죄와 훼방은 사하심을 얻되 성령을 훼방하는 것은 사하심을 얻지 못하겠고, 또 누구든지 말로 인자를 거역하면 사하심을 얻되 누구든지 말로 성령을 거역하면 이 세상과 오는 세상에도 사하심을 얻지 못하리라"(마태복음 12:31-32).

"아버지를 모독하는 자는 용서받을 것이다. 그리고 그 아들을 모독하는 자도 용서받을 것이다. 그러나 성스러운 영혼(성령)을 모독하는 자는, 땅 위에서도 하늘에서도 용서받지 못할 것이다"(도마복음 제44절).

중생이 곧 부처임을 알고 성령이 온 우주와 하나인 우리 자신임을 안다면 스스로를 부정하는 자를 구원할 길은 없을 것이다. 자기 자신이 누구인지를 아는 것 말고는 모든 것이 허망할 뿐이다. 도마복음 제67절에서 예수께서는 "모든 것을 아는 자도 제 스스로를 모르면 아무것도 모르는 자라." 말씀하시고, 제84절에서는 "너희들은 자신들과 닮은 모습을 보아도 즐거워한다. 그런데 너희가 생기기 전부터 존재하는, 죽지도 않고 드러나지도 않는 너희의 형상을 보면, 너희가 어찌 감당할 수 있겠느냐?" 묻고 계신다.

조사선에서는 따라오는 놈만 건지는 입장을 취한다. "물속에 통발을 드리우는 게 아니라, 오히려 미끼도 쓰지 않고 수면 한 자 위에다 낚시를 드리워서 뛰어오르는 놈만 건져낸다." (전심법요)

"사람은 그의 그물을 바다에다 던지는 현명한 어부에 비유될 수 있다. 그는 작은 물고기가 가득 찬 그물을 바다에서 끌어 올렸다. 지혜로운 이 어부는 이 가운데서 크고 훌륭한 물고기 한 마리를 발견하고는 모든 작은 물고기들을 바다에 던졌다. 그는 고민하지 않고 그 큰 물고기를 선택하였다. 들을 귀 있는 자는 들어라"(도마복음 제8절).

예수께서 이르시길 "나는 너희를 택하리니 천 명 중에서 한 명, 만 명 중에서 두 명이라, 저들이 모두 홀로 서리라"(도마복음 제23절).

예수께서 이르시되 "그 나라는 양 백 마리를 가지고 있는 목자와 같으니라. 무리 중 제일 큰 한 마리가 길을 잃었으니, 목자는 아흔아홉 마리 양을 놓아두고 그 한 마리를 찾으러 나가 그것을 찾았더라.

이런 고초를 겪은 후 그는 그 양에게 이르기를 '나는 아흔아홉 마리보다 너를 더 귀히 여기노라.' 하였더라"(도마복음 제107절).

이 말씀은 자신이 누구인지 알고자 하는 의지가 있는 자만을 귀하게 여기고, 알고자 하는 의지가 없는 자는 알고자 할 때까지, 더 클 때까지 놓아두고 볼 수밖에 없다는 말씀이다. 붓다와 그리스도의 말씀조차 믿지 않는 자에게 할 수 있는 일은 더 이상 없다는 말씀이다.

붓다와 그리스도, 그리고 그리스도교의 신비주의자들, 불교의 선승들, 인도의 구루들, 수많은 선각자들의 한결같은 외침이 합일의식이다. 모든 경계를 벗어나 무경계로 신과 인간 그리고 우주 전체와 하나로 합일된 나를 볼 때 진리를 본다는 것이다.

"브라만은 곧 그 사람 자신이지, 그 사람에 의해 획득되는 무엇이 아니다"(힌두교의 현자 샹카라).

"얻을 아무것도 없다는 말은 괜한 말이 아니다. 그것이 진실이다" (불교의 황벽 선사).

"그대는 심상 없이 또한 수단 없이(길 없이) 하나님을 알게 되리라" (그리스도교 신비가 마이스터 에크하르트).

"진리는 가까이에 있다. 진리를 찾으려 할 필요가 없다. 진리를 찾는 자는 결코 그것을 발견하지 못할 것이다"(현대의 현자 크리슈나

무르티).

그리스도교의 신비사상은, 진실한 기도 속에서는 그대가 하나님에게 다가가려고 하는 게 아니라 하나님이 자기 자신에게 기도하는 것이라고 한다. 하나님과 하나로 있는 상태가 진실한 기도인 것이다. 자신이 누구인지를 깨달으면 자비와 사랑이 충만하고 그것이 실상임을 보는 것, 그것을 성경과 불경은 가리키고 있다. 우리 안에 이미 불성과 성령이 있음을 보는 사람은 우리가 곧 사랑임을 본다. 이것이 우리가 해야 할 모든 것이다. 순간순간 우리가 하나임을 깨달으면 갈등 대신에 평온과 고요가 있다. 합일의식 또는 큰마음만이 모든 갈등과 고통에서 벗어나 참된 삶을 살아갈 수 있게 한다. 하나님 아버지의 무한한 사랑이 여기에 있다.

신과 인간이 분리되어 대립되고, 신이 인간을 지배하던 중세를 통과하면서 이성이 중심 자리를 차지하더니 이성의 분별심이 우리에게서 신을 떼어내고 있다. 신의 지배를 벗어나겠다는 이성은 우리에게 참으로 많은 자유를 허락하는 중심 사상이 되어 개인의 자유를 한껏 누리게 하여 왔지만, 세상을 더욱 세분화하고 더 많은 경계를 양산하여 갈등을 심화시켰다. 공동체 의식은 저하되고 개인의 자유만을 앞세우는 부조화가 심화되고 있는 것이다. 신과 우리가 하나라는 합일의식이 없이는 세상의 갈등이 갈수록 심해질 수밖에 없다. 종교의 시대가 지나고 영성의 시대가 다가오고 있는 까닭은 이런 시대적 요청이 절실하기 때문이리라.

개인의 욕구충족을 위해서 우리의 삶의 터전인 지구마저도 개발이라는 명목 하에 마구 훼손하고 있는 현실에서 우리가 앞으로 나아갈 길을 다시 정하고 그에 따라 의식의 대전환이 이루어져야 한다. 그 길은 신과 인간이 분리된 존재가 아니라 하나라는 합일의식으로 깨어나는 데에 있다. 모든 것인 신과 하나일 때 우리 모두는 하나임이 자명하여 갈등이 자리할 일이 없이 사랑만이 춤을 출 것이다.

알음알이에 갇혀 세상을 나누고 쪼개는 일은 이제 멈출 때가 되었다. 이성을 앞세워 옳음을 내세우면 대립하는 그름이 필연코 나타나서 갈등을 멈출 수 없다. 이성의 눈을 더 크게 떠서 신의 존재를 참되게 볼 수 있어야 한다.

신은 만유이시며 모든 것이다. 신이야말로 우리의 진정한 부모이며 우리가 있는 이유이기도 하다. 어느 부모가 자식을 지배하려 하겠는가? 하나님 아버지는 오직 자녀를 사랑할 뿐이다. 그것을 잘못 알고 신으로부터 독립해야 한다는 이성에 머물러서는 아버지의 뜻과 거리가 멀어질 수밖에 없다. 아버지는 우리에게 참된 자신을 보라고 하신다. 우리의 생각에 갇혀 일부밖에 보지 못하는 부족하고 왜곡된 시각을 버리라고 하신다. 수많은 부처와 그리스도를 보내어 우리를 인도하고 계심을 큰 눈으로 보라고 하신다. 그들을 성인으로 또는 신으로 우리와 동떨어진 존재로 보지 않고, 우리가 곧 그들임을 보라고 하신다.

만물이 아버지의 자녀이다. 모두가 하나인 것을 보아야 한다. 이름으로, 언어로 분리하여 나누어놓았지만 본래는 나누어지지 않은 하나라는 합일의식으로 깨어 있어야 한다. 그때 이 세상이 천국임을 보게 되고, 우리가 얼마나 부질없는 부족한 마음으로 살아왔는지를 깨닫게 된다.

언제까지 경쟁하며 가슴에 적을 두고 살 것인가? 깨달음의 길은 결코 어렵지 않다. 유한한 마음이라는 경계를 짓지 않고 무한으로 확장하기만 하면, 아무리 많이 가져도 남은 것이 무한하여 가지려는 마음이 얼마나 부족한지를 깨닫게 된다.

우리를 있게 한 전 우주로 눈을 크게 뜨면 나 아닌 것이 없다. 사랑하지 않을 수 없는 합일의식이 우리를 구원한다. 그 길이 내 안에 펼쳐져 있다. 다시는 목마르지 않을 생수가 흘러넘친다.

무한 경쟁의 끝없는 경쟁에 매달려 서로를 적대시하고서 어찌 평온하기를 바라겠는가? 짊어진 것이 없을 때의 홀가분함과 얼마나 자유로울까를 상상해 보라. 걸림이 없는 자유. 없는 고통이 가진 것을 지키려는 고통보다 크다는 것은 누구의 생각인가?

생각의 울타리에서 벗어나 참을 보면
모든 것이 축복이다.
삶 자체가 축복이다.
강물은 흐르고 구름은 떠간다.
모두가 하나라서 생각할 것이 없음을 안다면,
걸림이 없어,
있는 그대로 축복이다.

불이(不二)

깨달아 얻을 것은 하나도 없다. 통으로 하나이기에 분별할 것이 없어
자유롭다는 것, 그리고 생각할 것이 없어 고락이 없다는 것뿐이다.

· · ·

왜 '하나'라고 하면 될 것을 굳이 '불이(不二)'라고 했을까? 하나라
고 일컬으면 하나 이외의 것을 생각할 수 있기에 불이(不二)라 했을
것이다.

불이(不二), '둘이 아닌 통으로 하나'라는 말. 참으로 쉽고도 어려운
말이다. 말로 표현할 수 없는 것을 말로 표현하자니 '불이'라 하지만,
모든 것이 통으로 하나임을 표현할 길은 없다. 하나를 분별하여
나누어 보더라도, 원래 하나였고 영원히 하나인 전체를 보라는 것이
다. 이것이 그리도 중요하고 전부인 이유는 그게 바로 '나'이기 때문이
다. 내가 곧 모든 것이기에 그 나를 보는 것이다. 여기서부터 문제가
심각해지기 시작한다. 나와 남이 분리되어 나와 나 아닌 것이 확연한
데 그러한 나는 없이 모두가 하나라니, 믿기 어려운 이야기가 아닐

수 없다. 이러한 분리된 세계에서 하나임을 보는 길은 첫째로 중요한 것이 믿음이다. 나라고 믿고 있는 나 너머의 나가 있다는 확고한 믿음을 가져야 한다. 많은 선각자가 그 길을 제시해 왔으며, 그 길은 믿어도 된다. 진정한 나를 찾아서 이미 그러한 나를 보기 위해 가리키는 길을 믿고 그 길을 가는 것이다.

깨달음을 무슨 신통력이 생기는 것으로 오해할 수 있으나 얻을 것은 하나도 없다. 다만 원래의 나를 보는 것뿐이다. 깨달아 얻을 것은 하나도 없다. 통으로 하나이기에 분별할 것이 없어 자유롭다는 것, 그리고 생각할 것이 없어 고락이 없다는 것뿐이다. 생사가 열반이요, 시간이 없고 거리도 없는 영원한 세계가 나의 세계로, 낳고 죽음이 없는 불생불멸의 나를 보는 것이다. 분별하지만 않으면 살아온 이대로가 그러한 나라는 것이다. 갈라놓고 보니 가져야 할 것으로 원하게 되지만 모든 것이 나인데 무엇을 가질 필요가 있겠는가? 구하고 원하는 게 없으니 이대로 충분하여 부족한 것이 없다.

내 생각은 하나도 없이 세상을 보면,
나라는 경계를 벗어나면,
있는 그대로 보일 수밖에 없다.
있는 그대로 전부이고 다른 것은 보이지 않는데,
부족한 것도 없고 원할 것도 있을 리 없다.
생각이 만들어 놓은 것은 왔다가 가고 왔다가 가는 것으로,
내 것이 아니며 내 노력으로 그리된 것이 아니다.

그때그때의 인연으로 그리된 것이다. 노력으로 무엇을 얻을 것이 있다고 여기는 것은 분별의 소치이다. 태양이 그대의 노력으로 뜨고

지는가? 우산 장사, 나막신 장사가 노력으로 잘 되고 못 되는가?

생각이 돈에 있으면 부자가 보이지만 생각이 건강에 있으면 부자보다는 건강이 먼저가 된다. 아픔의 고통으로 신음하는 사람에게는 돈이 보이지 않는다. 돈, 명예, 건강을 떠나 자유에 생각이 가 있으면 그것들은 하나도 보이지 않는다. 그것들에 예속됨이 없이 있는 그대로에 있으므로 달리 구할 것이 없다. 사랑의 열병을 앓고 있을 때는 오직 그 하나밖에 다른 어떤 것도 보이지 않는다. 사랑에 빠진 사람은 사랑과 사랑 이외의 것으로만 분별하여 사랑 이외의 것은 분별할 것이 없이 하나이기에 배고픔마저도 잊고 배고픔을 모른 채 지낼 때가 있다.

분별하지 않고 '있는 그대로'에 있으면 원할 것이 없음에, 얻으려 할 것도 없고 두려움이 있을 리 없다. 자유다! 니코스 카잔차키스는 묘비명에 이렇게 적었다.

"나는 아무것도 바라지 않는다.
나는 아무것도 두렵지 않다.
나는 자유다."

우리가 찾아야 할 본래면목은 있는 그대로를 보는 데서 드러나게 된다. 선이다, 악이다 분별하지 않고, 돈 버는 일도, 그 어떠한 일도 분별하지 않고, 있는 그대로 보는 것이 깨달음이다.

모든 문제는 나와 나 아닌 것의 분별에 있다. 나와 나 아닌 것이 없는 진정한 나는 항상 그대로이다. 그러니 새로운 무엇인가를 얻는 게 아니다. 공자는 "아는 것을 안다고 하고, 모르는 것을 모른다고 하는 것이 곧 아는 것이다."(논어: 위정편)라고 앎에 대해 반성적으로 접근한다. 하지만 '안다'고 여기는 마음에서 마음의 자기분열이 시작된다. 앎은 앎이라는 경계선을 명확히 그음으로써 이것과 저것을 나눈다. 반면에 '알지 못함'을 인정하는 것은 마음의 자기분리를 마음의 원형상태로 회복하게 해준다.

예를 들어 보자. 진보와 보수에서 떠나 있는 사람은 뉴스에 별 영향을 받지 않는다. 그만큼 자유롭다. 알 것이 없다. 모르는 데에 관여할 일이 있겠는가? 선가에서 말하는 "모를 뿐"이라는 말이 바로 이 말이다. 왜 이렇게 이루어진 세상인지 알 수 없으나 그러한 세상에 서 있는 그대로 살아가는 것이다. 왜 그러한지는 내 영역이 아니다. 나는 나로서 있고, 온 세상이 나와 하나로 아버지와 하나라는 것은 사실이다.

불이(不二), 중도(中道), '다른 것이 없음'에 있으면, 바뀌는 것은 전혀 없지만, 보는 세상이 넓어져서 머리가 아니라 가슴으로 살아가게 된다. "열심히 하려는 마음"보다는 저절로 하기에, 스트레스가 없다. 경쟁에서 벗어나 함께하려는 조화로움에 있게 된다.

우리가 서로 사랑할 수 있는 참다운 길이 불이(不二)에 있다. 내가 나를 사랑하지 않을 수 있겠는가? 자유와 평화가 그 속에 있다. '다른 이는 없다'는 불이문(不二門)에 들어서는 일보다 급하고 중요한 일은 없다.

전쟁의 포화 속에서도 살아가게 되어 있는 것이 생명이다. 생명은 그처럼 위대하다. 무엇이 그대를 가로막는가? 생사의 문제를 해결하고, 아버지와 하나 된 길을 먼저 걸어가신 붓다와 그리스도를 따라 불이문에 들어서야 한다. 마음을 내어 믿고 따르면, 진정한 나를 보게 된다. 배워서 얻는 것이 아니고, '있는 그대로' 보는 것이다.

에고 사랑하기

마땅하다거나 못마땅하다는 견해는 내 생각일 뿐,
그 생각만 내려놓으면 마땅하거나 못마땅한 일은 없다.

• • •

내 안에 있는 에고를 어떻게 하면 잘 다스릴 수 있을까? 많은
이들이 이 문제로 고심을 거듭한다. 수시로 일어나는 탐심(貪心)과
불쑥불쑥 튀어나오는 진심(瞋心), 그리고 그것을 안고 살아가는
어리석음을 어떻게 다스려야 할까? 도전욕이 넘쳐서 고행 수행을
마다하지 않는 이들이 적지 않다. 탐진치(貪瞋癡)에 치인 에고를
이겨내고자 성인을 흠모하며 그분들과 같은 삶을 살아가고자 자신을
제어하려 노력하는 것이다.

그러나 등잔불 빛이 강할수록 등잔 밑의 어둠은 짙어지는 법이다.
온 힘을 다하여 억제하려 할수록 내면의 갈등은 더욱 커져서 더
많은 고행을 요구한다. 그래서 피를 내어 경전을 쓰고, 하루 한
끼 식사에, 장좌불와(눕지 않고 좌선함)를 하는 등, 에고와 싸워

이기려는 노력을 게을리하지 않는다. 우리는 이런 사람들에게 감명을 받고 존경하며 그분들의 삶을 동경하고 뒤를 따르려고 노력한다. 눈에 보이는 고행 수행이 아름다움으로 보이기에, 부처님의 "선정수행이나 고행 수행의 양극단을 떠나, '하지 말고 보라'"는 가르침을 깊이 고려하지 않는다. 피안의 세계로 가야 한다는 절박함에 실천하는 자만이 눈에 들어올 뿐이다. 실천하는 아름다움에 홀려 있다. 피안의 자리가 곧 내가 서 있는 자리임을 모르고 저 먼 어떤 곳으로 가야 하는 것으로 여긴다. 하지만 에고와 싸워 이길 수는 없다. 부처를 구할수록 자기 안에 중생심(衆生心) 즉, 치구심(馳求心: 무엇을 추구하려는 마음)은 커지기 마련이다. 에고는 상대성을 가지고 싸울수록 힘이 강해져서 결코 이길 수 없다.

이상을 추구할수록 현실을 부정하게 되고 부정적인 사고가 커져서, 현실을 떠난 이상향에 대한 그리움으로 있지도 않은 저곳을 향하는 허망함에, 이곳이 저곳임을 모른다. 우리가 부정해서 억압하는 생각과 감정은 무의식에 쌓여서 그림자가 된다. 그 그림자가 외부로 투사되어 나타나고, 그래서 '돼지 눈에 돼지만 보이게' 된다. 고행으로 쌓인 부정적인 관념은 밖으로 표출되어 나타나기 마련이어서, 보기 싫은 현실에서 멀어져 가게 만든다.

현실을 부정하면 진리는 어디에서 구할 것인가? 하늘나라는 장소를 나타내는 것이 아니라 '내 안에 있는 나'를 가리키는 말이다. 지금 여기뿐이다.

법화경은 "우주의 모든 사물이 있는 그대로 진실한 자태로 있는 일"[諸法實相]이라고 설하고 있으며, 임제 스님은 "서 있는 그 자리가 참된 진실의 자리"[立處皆眞]임을 말하였으며, 승조 스님은 "마주치는 일이 전부 진실"[觸事而眞]이라고 설하였다.

이 세상이 '나'라는 사실을 깨달을 때, 이 세상에 살면서 이 세상을 사랑하게 된다. 내가 나를 사랑하는 것이고, 내가 나를 사랑하는 데에는 조건이 있을 수 없다. 이 세상 모두가 '나'라는 사실을 깨달으면 모두가 나이니 '나'라는 것이 있을 리가 없는 세상에서 조건 없는 사랑이 펼쳐지는 것이다.

에고를 누를 수 있는 유일한 길은, 에고를 사랑하는 것이다. 에고 없이는 살아갈 수도 없는 일이요, 사랑하지 않을 이유도 없다. 행복을 위하여 불행을 없앨 수 있는가? 옳음을 위하여 그름을 없애려는 폭력이 옳은 일인가? 삼독(三毒)을 사랑하는 것이 아니라, 삼독이 일어날 때마다 그것을 알아차려 그것에 휘둘리지 않고 '있는 그대로' 보면 문제 될 것이 전혀 없다. 일어나는 그것에 대해서 아무것도 할 필요가 없다. 그저 지켜보기만 하면 된다. 오가는 에고를 알아차리는 것으로 족하다. 에고로부터 자유로워지려고 하기보다는 본질과 현상이 하나임을 깨달아 일어나는 일을 그대로 받아들이는 것이다.

에고는 같이 해야 할 자기 자신이다. 에고는 잘못된 무엇이 아니다. 휘말리지 않고 관찰의 대상으로 삼으면 그만이다. 에고는 생각으로 이루어져 있기에 생각이 만들어 낸 현상과 같이하는 것이다. 깨어 있는 내가 현상과 같이하는 것이다. 생각을 멈추면 나타나는 본질이 에고가 만들어낸 현상을 알아차리고 그것을 '있는 그대로' 보는 것이다.

조건 지어진 사랑은 분별하는 사랑으로서, 결코 에고를 사랑할 수 없다. 에고가 설혹 못마땅하고 부정적인 모습을 나타내 보일지라도 내 모습 그대로 받아들이고 사랑하면 된다.

고대 하와이 원주민들은 용서와 화해를 위해 '호오포노포노(ho-o-pono-pono)' 의식을 치르곤 했다고 한다. 잘못한 부족이 있을 때 그를 나무라는 것이 아니라, "미안해요. 사랑합니다. 용서해주세요. 감사합니다."라는 말을 합창하며 전 부족이 그를 품에 안는 의식이다. 내 안에 당신과 똑같은 마음이 있으므로 미안하고, 용서하라는 진심 어린 사랑의 표현을 하는 것이다.

에고 또한 징징 짜고 있는 어린아이로 보고, 품에 안고 달래주어야 한다. 쉬운 일은 아니지만 다른 길은 없다. 하지만 분별은 에고의 세상이라서 조건 지워진 사랑으로는 에고의 힘만 키워 줄 뿐이다. 나의 부정적인 면을 사랑할 줄 알면, 나 아닌 것의 부정적인 면도 사랑할 수 있다. 마땅하다거나 못마땅하다는 견해는 내 생각일 뿐, 그 생각만 내려놓으면 마땅하거나 못마땅한 일은 없다. 내 생각을 믿지 않고 '있는 그대로' 보면, 이 세상은 그렇게 완벽할 수 없다.

우주의 완벽함을 보라. 지구가 도는 이치를 누가 알겠는가. 에고의 그러함은 내가 그렇게 길러 왔음이니 나의 업인 것을 어찌하겠는가. 예수는 원수도 사랑하라 하였다. 무조건적인 사랑에 의해서만 에고는 진정한 나와 하나가 된다. 번뇌는 사랑을 일깨우는, 함께해야 할 소중한 자산이다. 탐심이 없이 무엇을 얻을 수 있으며, 분심이 없이 무엇을 이루겠는가? 번뇌를 사랑하라. 사랑만이 모든 문제를 해결한다. 사랑이 전부다.

세상 모두가 당신의 이야기

모든 것을 있는 그대로 있게 하는 허공처럼,
허공마저 품은 나는 분별함이 없는, 있는 그대로 온 세상이다.

• • •

이 세상이 그리도 아름다운지 미처 몰랐다고 고백할 수밖에 없는
순간이 있다. 너무도 아름다워 경탄을 자아내지 않을 수 없는 때가
있고, 삶의 현장에서 훈훈한 광경을 목격할 때는 살 만한 세상임을
뿌듯한 마음으로 볼 수 있다.

태양이 떠오르며 이글거리는 수평선의 생동함을 보고는 나는
문득 그것이 곧 내가 줄곧 찾아 헤매던 당신임을 깨닫는다. 저녁노을
에 붉게 물든 하늘과 바다가 바로 당신이었음을 보지 못한 것이다.
푸르던 바다가 붉게 물든 하늘이 되었을 때 거기에 비친 태양이
반짝일 때 당신의 모습은 그렇게 아름다울 수 없었다. 온 산을
오색으로 물들인 단풍과 사시사철 푸르름을 뽐내는 소나무가
그 고고함을 표현할 때, 흐르는 개울물 속에 물고기가 거센 물결도

아랑곳하지 않고 꿋꿋이 자기 길을 오를 때, 오리가 새끼들을 거느리며 유유히 헤엄치며 노닐 때, 당신은 그렇게도 아름다웠다.

세상 모두가 당신의 아름다운 자태를 뽐내며 그렇게 있다. 담장을 수놓은 붉은 장미가 더 예쁘다고 뽐내지도 않으며, 벽을 타고 오르는 담쟁이는 제 갈 길을 갈 뿐이다. 남과 다투거나 시기하지 않고 저마다 제 할 일에 열중한다. 모든 것이 있어야 할 곳에 정확히 자리하고 있음에도, 이 모두가 당신인 줄을 미처 몰랐다. 수많은 파도가 앞서거니 뒤서거니 춤을 추며 바다를 노래해도 그러려니 했는데, 그 모두가 당신의 이야기인 줄 몰랐다. 파도가 바다를 찾듯이, 나는 당신을 찾아 헤맸다.

생각이 나를 옭아매어, 당신을 보지 못하게 한 것이다. 있는 그대로 보면 될 일을 볼록거울 오목거울로 왜곡해서 보고는 바르게 보고 있다고 스스로 묶어 놓고 있다. 겨우 두 개를 비교하여 길다느니 짧다느니, 옳다느니 그르다느니, 말도 많은 세상을 꾸며놓고는 제가 가꾼 세상에서 살라고 한다. 옛날 것을 들이대며 지금도 그렇다고 우기기도 하고, 없는 것을 있다고도 하며, 있는 것을 없다고도 한다. 그러니 한시인들 편할 날이 없다. 없으면 없어서 힘들고, 있으면 있어서 힘들다. 제가 만들어 놓은 고난이요 고통인 줄을 모르고 괜스레 세상을 힘든 곳이라 한다. 오랜 세월을 쳇바퀴 돌 듯이 그날이 그날로 살아왔으니, 당신의 아름다움은 볼 엄두도 나지 않나 보다. 어느 여신이 있어 당신만큼 아름다울 수 있겠느냐 물으면 꿈같은 얘기라며, 정작 자신이 꿈속에서 헤매고 있는 줄을 모른다. 생각이 만들어 놓은 세상에서 헤매고 있는지를 모른다.

생각이 모든 것을 비틀어 보게 하는 줄 알면, 생각을 믿지 않게 된다. 모든 것이 생각이 만들어낸 허상이다. 괴로움도 내가 만든 것이요, 즐거움도 내가 만든 것이다. 태어났다고 믿으니 죽음은 필연이 된다. 태어남은 믿고 죽음은 피하려 하지만 어찌 죽음의 고통에서 벗어날 수 있겠는가?

태어났다고 믿지만 그것 또한 생각이 만든 것에 불과함을 알면 태어남이 없으니 죽음도 없으련만, 부모님으로부터 이 육신을 받아 태어났다고 굳게 믿고 있다. 이 믿음이 모든 것을 차단한다. 온 우주와 하나로 본래부터 있어 왔고, 앞으로도 영원할 시공을 초월한 '나'는 태어남도 죽음도 없는 완벽한 존재임을 보려는 마음이 없다.

생각이라는 허상에서 벗어나 진정한 나를 보면, 이 세상 모두가 나로서 그렇게 아름다울 수 없다.

모든 것을 있는 그대로 있게 하는 허공처럼,
허공마저 품은 나는
분별함이 없는, 있는 그대로 온 세상이다.
태어남이 없으니 죽음도 없고,
그렇게 완벽할 수 없어 아름답기 그지없다.

이 세상의 아름다움을 보라. 보지 말고, 비추이는 대로 받아들이면 이 세상이 천국이다. 내 생각에서 벗어나면 세상은 참으로 아름답다. '나라고 믿은 나'는 없다. 자유다!

몸뚱아리

몸은 몸대로, 마음은 마음대로 내버려두면,
있는 그대로 내버려두면, 걸림이 없는 대자유를 누릴 수 있다.

• • •

그리도 지극히 보살피고 보살피던 몸뚱이, 행여나 다칠세라 행여
병들세라 좋다는 것 다 먹여 보살펴 왔던 몸뚱아리가 이젠 예전
같지가 않다. 써먹을 만큼 써먹었나 싶다가도, 아직은 보살피고
가꿔야 할 몸뚱이임을 자각하곤 한다. 몸뚱이 덕에 살아온 인생이라
생각하면 여간 고마운 게 아니요, 언제 헤어질지 몰라도 있는 동안에
는 이만한 물건도 없다. 이게 있기에 비바람 눈보라 다 헤치며 살아온
인생이다. 남은 게 노병사(老病死)밖에 없음을 생각하면 이제는
좀 쉴 때도 되었건만, 남은 것은 병마와 싸워 이겨낼 수 있느냐의
문제인데 그것이 참으로 어렵다.

건강이고 나발이고 언젠가 한 번은 마지막 일전을 해야 될 싸움이
남아 있기에 무기를 잘 갖추어 놓는 것이 과제다. 그때가 되면 몸뚱이

대신에 마음이 나서서 싸워 줄까 생각해 보지만, 그 또한 쉽지 않으리라. 오히려 몸뚱이에 덧씌워져, 아픔을 더하기나 안 하면 다행일 것이다. 생각에 생각을 더하여 없는 공포까지 더하여 덧씌울 것이 뻔하다.

생각이 아닌 느낌은 믿어도 되는 것일까? 오는 그대로라면 못 믿을 것도 없지만, 오는 순간 생각은 생각에 생각을 더하여 제2, 제3의 화살을 쏘아댈 것이니 원래와는 동떨어진 것으로 느끼게 할 것이다. 손이 아프면 발이 아파지고 가슴까지 아파져서 손의 아픔은 별것이 아니게 된다. 느낌과 감정이 내 것인가 하면, 그것은 벌써 다른 것이 되어 있다. 생각이라는 마술쟁이가 끼어들어 느낌은 본래의 내 것과는 달라지고 만다. 내 것도 아닌 느낌과 감정에 몸뚱아리를 맡겨놓을 일은 아니다.

그렇다고 무방비 상태로 몸뚱아리에게만 맡겨놓을 일은 아니다 싶어 몸뚱이를 살펴보니, 몸뚱아리 또한 내 것이 아니다. 모든 것이 내 것이어서 내 것이다 아니다 따질 것은 없지만, 생겨나 지금껏 한시도 변하지 않은 적이 없는 몸뚱이를 나라고 믿고 살아온 그것이 잘못이다. 내 것이라 할 것도 없는 것을, 거기에 얽매여 끌려다닌 것이다. 무거운 짐을 짊어지고 다니면서 애지중지 아꼈건만 그것은 한시도 그대로인 적이 없다. 차라리 내버려두었으면 저나, 나나 서로가 편했을 것을 괜스레 잘못 알고 짊어지고 다닌 것이다.

몸은 나와는 상관없이 자연스레 작동하고 있다. 숨이 내 뜻대로 쉬어지는 것도 아니고, 내 뜻대로 피돌기를 하는 것도 아니다. 몸은 마음이 필요하지도 않고, 몸에게는 내가 필요치 않다. 그런 줄 잘못 알고 짊어지고 다녔다. 이제는 몸뚱이를 몸뚱아리답게 독립시켜야 할 때가 되었다. 인연 따라 왔다가 인연 따라 가는 것을 누가 관여할 수 있겠는가. 바람이 어디서 불어와 어디로 가는 줄 모르듯이, 알 수 없는 몸뚱이 인연에 연연할 것이 없다. 시들면 시드는 대로, 아프면 아픈 대로, 그대로 바라볼 뿐, 할 수 있는 일은 하나도 없다.

　이제 몸뚱아리와 헤어질 준비를 해야 하겠다. 진작에 했어야 할 일이었다. 그랬으면 얼마나 홀가분하고 자유롭게 살았겠는가. 괜스레 얽매여 이리저리 휘둘리며 살아온 날들이지만, 이제라도 몸뚱이에게 자유를 주어야 하겠다. 나도 나 아닌 것에서 풀려나니 이리도 환하고 가벼운 것을, 나라는 생각에 갇혀서 옴짝달싹 못하고 관념에 이끌려서 살아온 것이다. 몸이 하는 대로, 있는 그대로 보는 것이 이리도 홀가분할 수가 없다. 몸이 하는 일에 괜히 관여할 일이 없다. 할 일 없는 한가한 나를 보며, 그동안 몸뚱이에게 못할 일 많이 하고 살았구나 싶다. 관계없는 내가 잡고 있으니, 경직되고, 숨조차 제대로 쉬기나 했겠는가? 제 맘대로 하라고 풀어주니 모든 것이 이완되어 아프던 곳도 언제 그랬냐는 듯이 부드럽고 자연스럽다. 몸이 하는 일에 관여할 일이 아니다. 몸은 몸의 인연대로 맡겨두고 그대로 두고 보면 되는 것이다.

　몸뚱아리를 똥자루라 하는 것은 몸에 연연하는 것을 막고자 하는 표현이다. 똥자루 대하듯이 몸에서 멀리 떠나라는 것이다. 몸에 집착하면 할수록 몸도 나도 힘들어진다. 나만 힘들어지는 것이 아니라 몸도 힘들어져 고달프고 아프게 되는 것이다. 잠시라도 떨어져

각자를 돌아보라고 아픔으로 기회를 주지만, 몸을 나라고 여기고서 몸에 맡기니 몸은 경직되고 응어리져서 회복할 수 없는 지경에 이를 수도 있게 된다. 마음은 몸에게 부담을 줄 뿐이다. 몸이 느끼는 그대로가 아니라, 마음으로 정리하여 이렇게 저렇게 마음 따라 몸을 혹사시키고 있다.

몸뚱이 덕에 여기저기 다니며 많은 것을 경험하고 보고 느끼게 되지만 마음은 제 맘대로 해석하고 판단하여 좋다느니 싫다느니, 맛있다는 둥 없다는 둥, 몸에게는 묻지도 않고, 몸에 좋은지 좋지 않은지 상관없이 제 맘대로 밀어붙인다. 몸을 나라고 믿으며 몸에 집착하여 몸을 망가뜨리고 있다. 몸은 마음과도, 나와도 아무런 상관이 없다. 잠시라도 몸 그대로 있을 수 없기에 몸은 몸대로 연(緣) 따라 작동하는 것이다. 추위도, 더위도, 기막히게 적응하며 제 할 일을 한다. 오히려 마음이 추위를 피하고 더위를 식히려고, 몸의 기능과는 관계없는 일을 하게 하여 몸에게 부담을 줄 뿐이다.

세상에 표현된 모든 것은 연 따라 생겨나고 연 따라 사라지는 것으로, 모든 것과 연결되어 완벽하게 존재한다. 우리는 거기에 어떤 관여도 할 수 없다. 태양이 없으면, 더 나아가 우주가 없다면 지구가 존재할까? 태양과 지구 없는 우리의 생명을 상상이나 하는가? 우주 없는 태양계는 존재할 수 없다. 그럼에도 온 우주의 일부인 몸뚱아리를 내 마음대로 한다는 엄청난 만용을 부리고 있다. 나를 조그마한 몸뚱아리에 가둬놓고 그것을 전부라고 여기며 살고 있기에 다른 것은 보이지 않기 때문이다. 나와 나 아닌 것으로 분리하여 보는 것이 전부다. 그것이 몸을 힘들게 하고 병들게 하는 것이다.

생로병사는 우주의 일이다. 별이 태어나고 사라지는 일까지 모든 생멸(生滅)이 우주의 일이다. 그리고 그것을 품에 안은 존재가 우리다. 마치 파도가 바다이듯 본래면목은 여여부동(如如不動)하다.

몸을 몸이게 그대로 내버려두라.
나는 그보다 훨씬 큰 존재이다.
나를 몸에 가두어 몸을 괴롭히지 말고,
몸 그대로 연 따라 살아가게 내버려두라.

아픔도 연 따라 일어나는 현상으로 왔다가 가는 것일 뿐이다. 몸에 관여하지 않으면 몸은 훨씬 건강하다. 때가 되면 연 따라 가겠지만 몸은 훨씬 건강한 삶을 누릴 것이다. 실제로 내버려두면 불치병도 완쾌되는 경우가 많다. 몸에서 떠나 보라. 그러면 몸이 얼마나 이완되는지를 볼 수 있다. 긴장하라 하지만, 긴장해서 되는 일은 없다. 내버려두면 몸은 몸이 알아서 할 일을 한다. 공교롭게 무당의 역할로 나왔다고 여기는 경우에도, 사실은 몸 자신의 자연 치유능력이다.

몸을 떠난 나의 가벼움은 말로 표현할 수 없다. 몸은 몸대로, 마음은 마음대로 내버려두면, 있는 그대로 내버려두면, 걸림이 없는 대자유를 누릴 수 있다. 생각을 믿지 않으면 몸은 자연히 멀어진다. 몸뚱아리에 관여할 일은 아니다. 생각이 그대를 잡더라도 몸 그대로에 맡겨라.

"'나'라는 자아가 있어서 세상을 살아가는 것이 아니다. 이렇게 살아가는 '생명 활동'을 '나'라고 부르는 것이다."

행위자는 없이 행위만이 있다. 내버려두어라. 관여할 일이 없다.

온 누리에 사랑이 펼쳐져 있다

죽음까지도 자유로이 선택할 수 있는 완전한 자유,
걸림이 없는 주인 된 삶, 모두를 위하는 불타는 영혼,
나에 갇혀 있지 않으면 이렇게 아름다운 삶이 펼쳐진다.

• • •

피어나는 꽃이 어찌 저 혼자만의 일이겠는가? 계절이 바뀌는 것이
어찌 저 혼자만의 일이겠는가? 해가 뜨고 지고, 계절이 바뀌어 새로운
나날들을 물들이는 모든 일이 어찌 저 혼자만의 일이겠는가? 모든
일은 모두를 위해 그렇게 일어난다. 참으로 신기하고 묘해서 어쩜
그리도 완벽하게 운행하는지 알 수 없지만, 모든 일은 나를 위해
일어난다. 모든 생명 활동이 이어지고 이어져 끝없이 이어지며 모두
가 있음을 드러내어 확인한다.

뜨는 해도 아름답고 지는 해도 아름답다. 이어지는 나날들이 아름
답다. 때론 폭풍우 몰아치고, 지진이 일어나고, 노한 파도가 모두를
쓸어낼 듯이 휘몰아쳐도 그것을 재난이라 여기는 것은 모두가 생각일
뿐이다. 비 온 뒤의 햇살이 밝게 빛나듯이, 매서운 추위가 없이

어찌 매화의 향기를 맡을 수 있겠는가?

모든 고난이 제 일이라고 꿋꿋하게 수용하며 감사의 기도를 드리는 사람이 있다. 나는 지금 『에티 힐레숨: 근본적으로 변화된 삶』을 읽고 있다. 나치의 손아귀에서 피하라는 주위의 간절한 권유도 뿌리치고 아우슈비츠 수용소를 향해 가고 있는 '에티 힐레숨'을 보고 있다. 십자가를 지고서 33세의 예수가 골고다 언덕을 오를 때, 29살의 젊은 유대인 여인은 가스실을 향해 걸어갔다. 십자가형을 앞에 두고 겟세마네 동산에 있을 때의 예수는 무슨 일이 일어날지 알았지만 "아버지의 뜻대로 하옵소서" 하고는 맞서 싸우거나 거스르기를 중단하고 그것을 받아들인 것처럼, '에티'도 피하거나 도망가지 않고 아우슈비츠 수용소의 가스실을 향해 걸어간 것이다. 석가가 깨달아 붓다가 되고, 예수가 깨달아 그리스도가 되어 우리를 안내하듯, 아우슈비츠 수용소를 향해 가고 있는 '에티'를 보며 수많은 붓다와 그리스도를 본다.

그 많은 석가와 예수 중에 깨달은 붓다와 그리스도를 보내시어 등불을 밝혀주신 아버지께 감사하며, '에티'의 가는 길을 함께 걸어가고 있다. 이 우주에는 얼마나 많은 붓다와 그리스도가 있기에 이리도 완벽한 것일까? 완벽함보다 아름다운 것은 없다. 완벽함 그 자체인 세상을 보며 아름답게 걸어간 수많은 붓다와 그리스도를 본다. 중생이 부처요, 부처가 중생이기에, 모두가 붓다요 그리스도이기에, 모두가 하나인 나를 보며 '내가 나에게' 하는 모든 일이 그리도 아름답다.

나를 버리고 가는 길이 아니다. 버리는 것이 있다면 완벽할 수 없다. 모두가 나이기에 가야 하는 길을 가는 것이다. 대신 짊어지는 짐은 있을 수 없다. 아버지와 함께하는 것뿐이다. 하나님은 우리에게 다시 더 줄 것이 없다. 하나님은 우리에게 이미 모든 것을 주셨다. 그 하나님을 돕고 보살펴드리기 위해서 우리는 기도해야한다. 우리를 위한 기도가 아니라 아버지를 위한 기도! 그것이 아들이 해야 할 일이 아니겠는가? 그 기도 안에 아버지는 아들과 함께 있다. 그 길을 걸어간 아름다운 발자취, 그 발자국 따라 걸어가는 것이다. 잠시 눈이 어두워 아들인 줄 모르고 종으로 살아가는 사람이 있다 하더라도 그 사람들을 깨워 함께 가는 것이다. 이보다 아름다운 일은 없다.

주인이 주인으로서 아름다운 일을 하려면, 먼저 본인이 주인임을 깨달아야 한다. 그 일이 무엇보다 중요하고 시급하다. 그리스도를 신으로 떠받들어 이룩한 기독교에서는 아들을 종으로 만들어 자유를 제거했지만, 화형을 눈앞에 두고도 예수와 같은 길을 걸어간 이름 모를 그리스도가 수없이 많다. 붓다의 뒤를 이어 나타난 조사들은 조사들의 족보일 뿐, 부처들이 수없이 많다.

우리가 주인인 것은 너무나 확실하다. 그것을 믿고 깨어나야 한다. 먼저 간 선각자들의 발자취를 따라 나를 찾는 것이다. 이보다 아름다운 일은 없다.

모든 두려움을 물리치고 죽음의 길을 서슴없이 뚜벅뚜벅 걸어가는 대장부의 걸음걸이, 얼마나 아름다운가? 죽음까지도 자유로이 선택할 수 있는 완전한 자유, 걸림이 없는 주인 된 삶, 모두를 위하는 불타는 영혼, 나에 갇혀 있지 않으면 이렇게 아름다운 삶이 펼쳐진다. 그 길은 나를 버리는 것이 아니라, 나로부터 탈출하는 것이다. 나에게 간혀 있고서는 평생을 종으로 살아갈 수밖에 없다. 그 감옥이 생각이다. 조작된 생각, 주입된 생각, 지식과 경험이라는 생각이 은산철벽(銀山鐵壁)이 되어 우리를 묶어 놓고 있다. 그 생각들로부터 탈출하는 것이다. 이 과제를 어떻게 완수하느냐 하는 것이 우리가 가야 할 길이다.

먼저 선각자들의 발자취를 살펴보며 확인할 수 있는 공통점은 분별함이 없는 하나임을 확인한 것이다. 불이(不二)를 설파하신 붓다와 그곳이 하늘나라임을, 그리고 그 하늘나라가 우리 안에 있다고 설하신 그리스도의 말씀에서 확인된다. 더 나아가 모두가 하나로 나이기에 사랑하지 않을 수 없는 자비와 사랑의 길을 걸음으로써 아름다움을 삶으로 보여주셨다. 그것을 고행으로 잘못 이해한 사람들이 많음이 안타깝지만 고행으로 이루어지는 것이 아니다. 그분들이 다 버린 것 같지만 생각을 버리고 전부를 갖게 되었기에 가지고 다닐 일이 없어진 것이다.

빈 몸의 홀가분함은 생각만 해도 싱그럽지 않은가?
거기에 마음마저 비운 텅 빈 상태로
모든 것을 받아들이는 사랑의 힘이
모두를 품에 안는 것이다.
해야 하는 일을 하는 것은 무엇인가 걸림이 있지만,
하고 싶어 하는 일은 걸림이 없다.
이웃을 사랑해야 하기에 사랑하는 것이 아니라,
이웃이 나이기에 사랑하지 않을 수 없는 것이다.
이 아름다움이 우리 모두에게 있다.

진정으로 아름다운 것은 사랑이다.

사랑이 온 누리에 펼쳐져 있다.

십자가 지고서 골고다 언덕을 오르는 예수여, 당신의 애처로움이 그리도 아름다운 것은 모두를 위한 희생 때문이 아니라 당신의 사랑 때문입니다. 인류를 품에 안은 사랑 때문입니다.

자유와 평등

모래 한 알에서 전 우주에 이르기까지
생각이 만들어 놓은 굴레를 벗어나면 모든 것은 무한하다.
무한하기에 한없는 자유가 있고, 하나이기에 절대 평등하다.

• • •

우리가 그처럼 그리는 자유와 평등이 나와 남이 분별되는 이
상대세계에서는 양립하기가 불가능한 것일까? 자유가 있는 곳엔
평등이 자리할 수 없고 평등이 있는 곳엔 자유가 제약을 받는다.
분별되어진 현상계에서 이것과 저것을 마음껏 누리기에는 평등은
기대할 수 없다. 부와 빈이, 크고 작음이, 미와 추 등이 평등하게
놓아두지를 않는다. 평등을 추구하면 힘을 바탕으로 하는 자유는
제약된다.

생각의 세계에 살면서 생각의 유한함에 갇혀 있고서는 더 많이
가지려는 욕구를 제어할 수 없다. 아무리 많은 자유를 누리더라도
더 많은 자유를 쫓아 더 많은 것을 추구하기 마련이다. 많은 힘이
많은 자유를 선물한다고 믿기에 힘 앞에 평등은 설 자리를 잃고

경쟁의 대열에 합류하는 것이다. 가져도 가져도 밀려오는 경쟁의 그늘을 피할 길이 없다. 평등을 내세워 공동체의 평화를 이루려 하는 태도는 경쟁의 정당성에 의해 밀려나고, 승자와 패자로 나뉘어 세상의 고난을 어쩔 수 없는 주어진 운명으로 여기며 산다.

무한하다면 얘기는 달라진다. 적을수록 희소가치가 높아져서 갖고 자 하는 욕망이 커지지만, 무한하다면 굳이 가지려는 마음이 일지 않는다. 그 무한의 세계가 '생각이 끊어진 세계'이다. 유한한 생각의 세계에서 생각이 끊어지면, 세상 만물이 무한의 본연의 모습을 드러 낸다. 세상 만물이 무한으로 하나 되어 분별할 것이 없다.

모래 한 알에서 전 우주에 이르기까지
생각이 만들어 놓은 굴레를 벗어나면
모든 것은 무한하다.
무한하기에 한없는 자유가 있고,
하나이기에 절대 평등하다.

모든 것이 무한인 한없는 세상을 상정하기가 어렵다면, 생각이 끊어진 그 무한의 세계를 우리는 죽음에서 배울 수 있다. 죽음에는 모든 것이 사라진다. 그렇게도 집착하던 것도 죽음의 순간에는 놓아 버릴 수밖에 없다. 모든 걸림이 순식간에 없어진다. 자유를 만끽한다. 죽음은 귀한 신분이나 천한 신분, 빈부의 차이도 없이 모든 것을 절대적으로 평등하게 만든다. 죽음은 제일의 스승이다.

죽음 이후에나 맛볼 수 있는 세계라고 죽음을 멀리 놓지 말고, 죽음에서 배워 지금을 그렇게 살 수 있다. 죽음은 생각이 끊어진 자리다. 지금 생각이 끊어지면 죽음의 세계와 같은 진정한 세계가 보인다. 그 세계가 우리의 본질이다. 살아서 움직이는 이 세계는 현상일 뿐이다. 이 현상을 지켜보는 본질이 있음을 깨달으면 자유와 평등은 자연히 공존하게 되고, 모든 것이 '나'이기에 사랑하지 않을 수 없다. 원수를 사랑하라는 말이 이 뜻이다. 본질에 있으면 현상은 그럴 뿐이다. 그럴 뿐인 현상에 기울일 일이 없다. 오면 오는 대로, 가면 가는 대로, 그대로 놓아 보내면 된다.

삶과 죽음도 현상일 뿐이라서 생각이 만들어 놓은 가상 현실이다. 지구에 살고 있는 70억의 인구에는 각자의 지구가 있어서 70억 개의 지구가 돌고 있다. 그렇지만 생각이 끊어지면 본질이 드러나서 생과 사가 없는 시공을 초월한 원래부터 있어 왔고 앞으로도 영원할 진정한 세계가 보인다. 이 본질을 보게 하는 스승이 죽음이다.

진정한 탄생은 죽기 전에 죽는 것이다.
생각해 보면 가지고 있어 봐야 고작 100년인 것을
그리도 쥐고 펼 줄을 모르며
뺏고 빼앗기지 않으려 애쓸 필요가 있는가?
어차피 내 것이 아닌 것을 무엇이 내 것이라고 믿게 했는지
죽어봐야 안다.
죽기 전에 죽어야 한다.
무심이 진정한 세계이며
하나이기에 생각할 것이 없는 세계이다.
현상은 있으되 없는 가상 현실이요,
본질은 없으되 진실로 있는 진리의 세계이다.

이 본질을 보기 전에는 어떤 얘기든 가상의 것으로 분별하여 갈라놓을 뿐이다. 지금밖에 없는 세상을 과거와 현재 그리고 미래로 분리하여 지금의 진실에 있지 못한다. 지금의 무한함을 모르고 지금은 찰나라 여기며 과거에 붙잡혀 산다.

한 찰나가 곧 무한의 시간이다. [一念 卽是 無量劫]

그 무한한 지금만이 존재할 뿐이다. 시간과 거리가 없는 세계가 본질이다. 현상과 본질의 세계는 파도와 바다에 비견할 수 있다. 파도는 인연 따라 일어나고 사라지지만 본질은 파도 그 자체로 이미 바다로서, 바다 떠난 파도는 있지 않다.

본질과 현상이 둘이 아니어서 다른 것이 없다. [理事 冥然 無分別]

생사와 열반이 둘이 아니니, 바다가 파도를 보듯이 현상의 세계를 평상심으로 살아가는 것이다. 그러려니 하고서 자유와 평등이 공존하는 본질에서 바라보는 것이다. 변화를 일으키면서도 변하지 않고, 운동의 원인이지만 스스로는 운동하지 않고, 시작이 없으니 끝도 없는 본질의 현상화이다. 모두를 있는 그대로 보고 있는 그대로에 있는 것이다. 모두가 하나인 세계에 있는 것이다.

홍익인간

에고에 갇혀 있는 나를 영적 깨어남으로 전환한
'모두가 하나인 진정한 나'는 저절로 홍익인간이다.
나 아닌 것이 없기에 이롭게 하지 않을 수 없다.

• • •

단군왕검 이래 면면히 이어온 민족정신 '홍익인간', 널리 인간
세계를 이롭게 한다는 이념으로 우리 민족의 중심 사상이 되어
더불어 함께 살아온 근본정신이다. 어떻게 하면 인간 세상을 이롭게
하고 도리로 교화할 것인가에 초점이 맞춰진, 경제와 사회, 복지와
정의 등 인간의 사회적이고 현실적인 삶의 끊임없는 개선과 향상을
지향하는 사회적이고 실천적인 개념이다.

'홍익인간'의 이념에는 조화와 평화를 중시하는 세계관이 담겨
있다. 환웅이 웅녀와 혼인하여 단군을 낳는 과정은 천상과 지상의
결합을 상징적으로 나타내며, 단군은 하늘과 인간이 합하여 하나가
된 '천인합일(天人合一)'의 존재이다. 조화와 평화를 중시하는 이러
한 세계관은 자기에 매몰되지 않고, 자기 것에 매달리지 않으며,

선택된 존재라는 이유로 타인을 배척하지 않고, 모두를 아우르며 '널리 이로운 사람'이 되라는 민족정신을 근본으로 한, 참으로 큰 사람이 되라는 가르침이다. 또 우리나라 교육법 제1조에도 '홍익인간의 이념을 기본으로 한다.'는 원칙이 담겨 있다.

선민의식에 사로잡혀 타인을 배척하고 자신들만의 세상으로 지배하려는 의식으로 가득한 오늘의 현실에서, 착취가 아닌 양육의 정신으로 돌봄을 기초로 한 사회가 절실히 요구된다. 빈부의 격차는 돌이킬 수 없는 상태로 커져만 가고 소수의 사람이 재화를 독점하는 현실에서, 모든 사람들에게 고루 이익이 되게 하는 '홍익인간'의 뜻을 깊이 새겨야 할 때이다.

공동자산인 이 지구를 몇몇 사람에게 특혜가 되는 방식으로 소비해서는 안 된다. 인간뿐만이 아니라 모든 생명체가 공히 누려야 할 이 지구를 몇몇 사람에게 특혜가 되는 방식으로 소비해서야 되겠는가? 신들 사이의 대립이나 신과 인간 사이의 갈등이 전혀 없이 하늘과 인간이 하나 된 '천인합일' 사상은 인간 본연의 본질을 잘 보여준다. 모두가 하나로 형상만 다를 뿐 다른 것이 없는 본질을 보고, 본질과 현상이 하나로 융합하여 조화와 평화를 누리는 '홍익인간'의 이념을 널리 알려 더불어 살아가는 지혜를 모아야 한다.

'널리 이롭게 하는 사람', 그런 사람은 실로 자신을 떠난 사람이다. 자신에 갇혀서 자기를 보호 유지하려는 마음은 착취를 해서라도 자기 것을 확보해야 한다는 강박관념에 사로잡혀서 살게 한다. 지구라는 공동자산으로 생산한 식량을 바다에 버리는 한이 있어도 곡물의 가격은 유지되어야 한다는 천박한 생각이 통하는 세상이 되어 버렸다.

314

땅이 혼자만의 것이 아님을 왜 그리도 모를까? 등기된 권리는 경제와 사회의 질서를 위함일 뿐, 땅이 어찌 제 것이 되겠는가? 땅과 바다가 어찌 제 것이 있을 수 있겠는가?

지구 위의 모든 생명체의 공동자산임을 분명히 알아야 한다. 지구는 누구의 것이 될 수 없다. 우리 모두가 공동운명체임을 모르면 공멸할 수밖에 없다.

생멸하는 나는 이렇게 있을 뿐, 내가 아니다. 나의 실체를 알면 내 것이 아닌 것이 없기에, 내가 아닌 것이 없기에, 착취할 일이 없다. 돌보고 가꾸어 양육하는 것이 무엇보다 중요하다. 이것을 아는 것이 '홍익인간'의 뜻이다. 민족정신으로 이어온 '홍익인간'의 큰 뜻이 펼쳐져서 세계를 이끌어 갈 때가 되었다. 영성의 시대가 도래하여 모두가 하나로 '널리 이로운 사람'이 되고자 하는 기운이 지구상에 퍼져 가고 있다. 우리 민족에 내재되어 있는 '홍익인간의 피'로 그 불을 더욱 밝혀야 한다.

나는 없이 모두와 하나 되어 '널리 이로운 사람'으로 거듭나야 한다. '나 없음'으로 '모두와 하나인 나'가 되어 부처와 그리스도로 살아가는 것이다. 이것은 결코 어려운 일이 아니다. 선각자들이 말하기를 '세수하다가 코를 만지는 것보다 쉽다.'라고 했으니, 믿고 따르면 분명코 그리된다. 그 많은 선각자들은 우리가 지금껏 가져온 생각을 버리는 것이 어려울 뿐, 생각을 떠나면 그 즉시 보인다고 해서 '눈앞이다'라고 한 것이다. 나라고 생각하는 그 나를 보는 '나'는 나라는 생각이 없어야만 보인다.

에고에 갇혀 있는 나를 영적 깨어남으로 전환한
'모두가 하나인 진정한 나'는
저절로 홍익인간이다.
나 아닌 것이 없기에 이롭게 하지 않을 수 없다.
자비와 사랑이 흘러넘친다.

'홍(弘): 넓을 홍', 참으로 크고 넓은 '나'이다. 눈을 떠서 눈앞에 있는 거대한 나를 보고 '홍익인간'으로 살아가야 한다. '홍익인간'의 기치를 높이 들어 삶을 살찌우는 것이다.

아름다운 세상

어느 것 하나 같은 것이 없이 저마다의 자태를 뽐내고 있는 모습이
얼마나 아름다운가. 모든 것이 제 할 일을 하며 자기의 역할을 다 한다.

• • •

사람이 태어나 한평생을 살아가는 동안 살기 위한 몸부림으로
얼마나 많은 것을 얻으려 노력해 왔던가? 삶에는 많은 것이 필요하다
고 믿었고, 그것을 얻고자 참으로 열심히 살았다. 보다 더 중요한
것을 얻기 위하여 이것과 저것을 분별해야 했고, 그 분별이 보다
합리적이고 이성적이어야 했기에 많은 것을 갈라놓았다. 그 분별이
세분화될수록 세상은 발전하여 왔고, 삶이 편해지고 풍요로워져
갔다. 그러기 위해서는 참으로 많은 것을 배우고 익혀 알아야 했다.

'아는 것이 힘'이라는 굳은 믿음은 아는 것을 힘으로 여기게 하고,
많이 그리고 풍부하게 알수록 좋은 모범이 된다. 많이 알기 위하여
평생을 노력하는 것이 아름다운 일로 선호되고 찬미된다. 삶의 의미
를 그것에 두고, 거기에서 행복을 찾는다. 많이 아는 것이 참다운

의미로 떠받들어지고, 많이 알면 행복한지는 묻지 않고 당연한 일로 여기며 살아간다. 앎을 짊어지고 가는 무게가 얼마나 무겁고 힘겨운 일인지는 명예로 보상되어 힘듦은 당연하게 여긴다. 그렇게 힘들게 살아도 되는가 하는 것은 삶의 무게로 당연하다.

많이 아는 것이 행복이라면 모두가 다 그 길을 가도록 행복을 향해 나아가련만, 모두가 다 그렇게 많이 알 필요는 없단다. 합리적인 구성으로 모든 분야가 고루 나누어 분포되어야 한다는 당위성은 선택의 길을 제시하고, 경쟁을 불러들여 노력은 삶의 근본 요소가 된다. 경쟁의 대열에서 낙오되지 않기 위한 갈등은 노력의 가치에 묻혀 별다른 문제가 되지 않는다. 갈등과 고난으로 이어지지만 승리가 행복으로 탈바꿈되어 삶을 짓누르고 그렇게 살아가는 것으로 자리매김한다. 만족하기보다는 더 많이 얻으려는 마음이 앞서고 쉼을 허락하지 않는다. '멈추면 보이는 것이 있다.'는 말은 또 다른 노력의 대상이다.

무엇을 위하여 그리도 앞만 보고 달릴까? 행복하게 살기 위해서라면 그렇게 많이 가질 것도 없고, 그렇게 많이 알 것도 없다. 아는 것이 그리 중요하지만은 않다는 것은, '모르는 게 약'이라는 말을 음미할 필요가 있다. 생활에 필요한 지식 너머의 지식은 그리 많이 필요치 않다. 분별에서 오는 갈등만 심화시키는 경우가 많아서 오히려 '모르는 게 약'이 되는 것이다. 참다운 삶은 많이 갖고 많이 아는 데 있는 것이 아니라 바르고 옳게 살아가는 것이라고 삶의 방향을 제시하고 그 길을 가는 노력이 추앙된다. 하지만 바로 그러한 노력이 평온한 삶을 가로막는 걸림돌이 되곤 한다.

옳음의 길에 서서 그름을 배척하며 어제보다는 오늘, 한 발자국이라도 옳음의 길에 서 있으려는 마음이 아름다워 보이는 것은 바르게 살려는 노력이 돋보이기 때문이다. 바르게 사는 길이 아름다워 그 길에 서려는 것이다. 자기를 이겨내려는 마음은 아름다운 일임에 틀림없다. 다만 '그름'이라는 적을 두고 가슴이 어찌 평온할 수 있겠는가? 옳음에서 벗어난 밖을 인정하지 않으려는 뚜렷한 분별함이 평온을 저해한다.

분별은 에고의 것이라서, 확실한 분별은 에고에게는 최상의 터전이 된다. 에고가 하자는 대로 하고 사는 것이 고통이라는 것을 안다면 확고한 신념은 고통을 안고 살겠다는 것이다. 고통은 감내해야 하는 것으로 에고를 이겨내려 온 힘을 경주하지만 에고를 이길 수는 없다. 에고는 함께해야 할 나의 일부다.

에고는 생각을 먹고 산다. 에고의 양식이 생각이다. 생각은 생각일 뿐이라서 실재하는 것이 아니다. 그러니 생각은 믿을 것이 못 된다. 사실 생각은 실재하는 것이 아니기에 믿고 말 것도 없다. 떠오르는 생각을 알아차리는 것으로 족하다. 에고 또한 마찬가지로 에고의 일로 보아넘기면 그저 그럴 뿐이다. 저런 짓을 하는구나 보고 있으면 그것은 그것대로 아름답다.

배우는 것은 쌓아가는 것이지만
도는 덜어내는 것이다.
짊어진 짐을 내려놓고
모름지기 모름을 지키며 살아가는 것이다.
진실을 보게 되면 삶은 그렇게 힘들지 않다.

물 흐르는 대로 그렇게 따라 흘러가는 것이다. 무엇인가를 하려는 함이 힘든 것이다. 생각이 있기 전, 이름 너머의 세계에서 보면 이름으로 분별된 이 세상이 좋지 않을 것이 전혀 없다. 나누어 놓고 분리된 세계로 따로 사는 것이 안타까워, 에고를 멀리하려는 것이다. 나누어 보는 것은 아무 문제가 되지 않는다. 이름으로 분별하여 마음이 이끄는 대로 덧칠하여 각색하고, 좋고 싫음으로 간택하여 보는 것이 문제다.

"지극한 도는 어렵지 않음이요 오직 간택함을 꺼릴 뿐이니, 미워하고 사랑하지만 않으면 통연히 명백하니라"(신심명).

똑같은 세상이라도 이름 너머의 무한한 세계에서 보느냐, 이름에 갇힌 한정된 세계에서 보느냐에 따라 전혀 달리 보일 수밖에 없다. 사랑은 미움을 맞이하고, 좋음은 싫음을 약속하는 세상에서는 아무리 좋아도 괴로움과 함께하지 않을 수 없다. 끝없는 욕심을 유한한 세상에선 충족시켜 줄 수 없다. 모든 것이 충분히 갖춰진 본래의 세상, 이름 너머의 무한한 세계에 있으면 분별하여 간택할 일이 없다. 모든 것이 아름답다. 생각으로 덧칠하여 보는 협소함을 떠나면 '있는 그대로' 비치는 세상은 그렇게 아름다울 수 없다. 어떤 일이 일어나도 '그럴 뿐'이요 못마땅한 일이란 없다. 어느 것 하나 같은 것이 없이 저마다의 자태를 뽐내고 있는 모습이 얼마나 아름다운가. 모든 것이 제 할 일을 하며 자기의 역할을 다한다. 어린아이처럼 타고난 그대로 '해야 하는 일'에서 벗어나 '하고픈 대로' 옹알대는 모습이 어찌 아름답지 않을 수 있겠는가.

그대가 어떠하다고 보는 세상은 순전히 그대의 생각이다. 그 생각으로 덧칠하여진 이 지구별이 그리도 아름다워 이곳저곳으로 여행하며 감탄을 자아낸다. 생각의 눈으로 보는 세상이 그렇게 아름답다. 생각을 떠나 무한한 나의 본성에서 본다면 그 아름다움이 얼마나 황홀할지 상상해 보라. 모든 것이 아름답다. 이 세상이 그리도 아름답다. 굳이 여행을 다녀야 할 필요를 느끼지 않아도 되는 아름다움과 항상 같이한다.

'있는 그대로' 보면, '이름이 붙기 전'의 세상은 상상 이상으로 아름답다. 그것을 보기 위해 노력할 일이 전혀 없다. 삶은 그렇게 평온하게 흘러간다. 생각의 굴레에 갇혀 사는 것이 스스로 힘들게 하는 것이다. 해야 할 일은 없다. 모든 것이 충분하기에 이처럼 아름다운 세상에서 그것과 더불어 살아가는 것이다. 구름은 하늘을 수놓으며 흘러가고, 물은 흐르고 흘러 바다로 스며든다.

그대 솟아오르는 태양의 찬란함에 달려갈 일이 없다.
그대 가슴에 더 뜨겁고 찬란한 태양이 떠오르리니
그대여, 그대 가슴에 머물라.
그대는 모든 것,
어디로도 갈 일이 없다네.

자유

무엇이 되었든 없으면 없는 만큼 홀가분하고 자유롭다. 해야 할 일이
딱히 있는 것이 아니다. 가슴에 안고 있을 것은 하나도 없다.

• • •

나는 자유로운가? 자유롭지 않다면, 자유롭지 못하게 가로막는
것은 무엇인가?

자유, 모두가 소망하는 참된 가치. 얻고자 해서 얻어지는 것은
아닌, 그러면서도 끝없이 갈구하는 것. 자유로울 수 있다면 그보다
좋을 수 없다. 니코스 카잔차키스는 '원하는 것이 없으면 자유'라고
하였지만, 자유 아닌 무엇을 원하기에 우리는 그토록 자유롭지 못한
것일까?

우리가 참으로 원하는 것은 어쩌면 자유가 아닌지도 모른다. 더
많은 힘을 가져서 물질적 정신적으로 누릴 수 있는 것들이 더 많아지기
를 바라는 마음을 '자유'라는 이름으로 포장하기 일쑤인지도 모른다.
더 많은 힘이 더 많은 자유를 부여한다고 여기고, 자유의 이름으로

힘을 원하는 것이다. 하지만 힘은 자유와는 아무런 관련이 없다. 무엇을 위해 힘을 원하는가? 자유보다 더한 가치가 있는 것은 없다. 자유는 있는 그대로를 사랑함이다. 무엇인가에 얽매인 상태에서는 조건 없는 사랑의 자리에 있을 수 없다.

태어나 배우고 익힌 것이 힘을 찾는 것이라서 그 습관에 젖어서 살아가곤 한다. 더 많은 힘을 얻기 위한 노력이 우선시되어, 더 많이 갖고, 더 많이 아는 길이 가야 할 길이 되었다. 자유롭기 위한 길이 자유와는 멀어져만 가는 길이 되고 말았다. 바른 길인지 점검해볼 여유도 없이 숨차게 달려가기에 급급하다. 그 길은 많은 사람이 걸어가기에 안전하고 참된 길이라 믿으며 누구나 가야 할 길이 된 것이다.

자유로운 삶을 위해서라고 이유를 내세우면서 원하는 것이 많아질수록 자유와는 거리가 멀어진다. 힘을 좇아가다 보면 힘에 얽매일 수밖에 없다. 경쟁의 대열에 서서 밀려오는 괴로움과 두려움은 함께할 수밖에 없는 벗이 되어, 거기에서 벗어나고자 하는 길은 날이 갈수록 멀어져만 가는지를 모른다. 자유로우면 좋겠다는 또 하나의 원함이 늘어날 뿐, 진정한 자유의 날은 언제나 먼 미래의 일이 된다. 가진 것이 얽매이게 하는 것인지를 모르고, 바라고 원하는 것이 많으니 얻지 못한 자유에 대한 갈증은 커져만 간다.

자유는 걸림이 없는 것이다. 가진 것이 없으면 저절로 자유로워진다. 그런데 우리는 가지려는 마음을 키워온 것이다. 당연하게 알아온 이것이 문제다. 지금껏 온갖 노력으로 쌓아놓은 것을 모두 버리고 무(無)에 있으라는 것이 얼마나 어렵겠는가? 지금껏 쌓아 온 부와

명성을 위해 얼마나 힘들게 달려왔는데 그 모든 것을 버리란 말인가? 자유가 아무리 좋아도 그리할 수 없는 지경에 이미 와 있다고, 그리할 수 없다고, 걸어온 길을 고집하는 것이다.

가던 길을 멈추고 자유의 가치를 진지하게 살펴보아야 한다. 사람은 자유하기 위해 살아가는 것이 아닐까? 스스로 물어볼 필요가 있다. 불안과 두려움은 가진 자의 몫이다. 많이 가진 짐이 얼마나 힘들고 괴로우면 예수는 "무거운 짐 진 자들아 다 내게 오라" 하였겠는가. 행복하려고 얻고 알아온 모든 것이 짐이 된다. 삶이 힘든 것은 살기 위하여 배우고 익힌 것을, 그것을 다시 버려야 하는 데 있다. 쌓은 후에는 버려야만 하는 촌극이 인생이다. 노자는 "배움은 날마다 쌓아가는 것이고, 도는 날마다 덜어내는 것이다."라고 하였다. 사람이 사람다워지려면 덜어내고 덜어내야 한다. 가지면 가진 만큼 도와는 거리가 멀다. 조금이라도 가벼워지려거든 그만큼 버려야 한다.

버리고 나니 평온해졌다고 자기 경험을 이야기하는 이들이 의외로 많다. 그럼에도 불구하고 버리는 것이 어려움은, 그것이 없어졌을 때 올 것 같은 불안 때문이다. 그 불안은 생각일 뿐, 실재하지 않는다. 그것이 없어도 사는 데 별 어려움이 없이 살아온 경험이 우리에겐 있다. 그 경험을 살려 생각을 믿지 않으면 마음은 한결 평온해진다. 무엇이 되었든 없으면 없는 만큼 홀가분하고 자유롭다. 해야 할 일이 딱히 있는 것이 아니다. 가슴에 안고 있을 것은 하나도 없다.

지금껏 가져온 생각을 믿지 마라. 모든 화근은 생각이다. 모든 걸 내려놓고 지금 여기에 있으면 생각할 것이 전혀 없다. 존재하지 않는 과거나 미래를 염려할 이유가 없다. 지금 여기에 현재 가지고 있는 것 말고 더 필요한 것이 있는가? 진실로 깊이 살펴보라. 지금 있는 것 말고는 있을 수도 없으며, 그것으로 충분함을 보는 순간 당신은 탈바꿈할 수 있다. 새로운 세상을 보게 된다.

그렇게도 내보내기가 어려운 자녀도 당신의 생각을 떠나서 지금 있는 그대로 보라. 그러면 염려하던 자녀는 간 곳 없고 늠름하고 믿음직한 자녀가 서 있을 것이다.

자연이 그 무엇에 구속되는 것을 본 적이 있는가? 인간은 자신이 자연임을 거부하고, 자연과 인간을 분리하여 인간 중심의 사고를 이어왔다. 그리고는 자연 닮아가기가 해야 하는 일인 것처럼 갈 길을 제시하지만 인간 자체가 자연이다. 꽃과 나비가 자연이듯, 우리는 자연 그 자체다. 닮으려 노력할 것이 없다. 우리가 자연임을 알면 무슨 노력이 필요하겠는가? 타고난 순수함 그대로 천지의 변화에 순응하며 사는 것이다. 일어나는 모든 일이 자연현상이다. 내 것이라고 쌓아놓고 거기에 구속되어 살아갈 것이 없다. 가져다가 쌓아놓아 봤자 자연일 뿐이다. 자연 그대로 가지런히 함께하는 것이다.

모든 걸림은 생각이 만들어 놓은 덫.
생각이 그대를 가두나니,
그대여 그대가 자연인 것을,
자연과 하나 되어
자연 그대로 자연에 머물라.
그대는 한 점 걸림이 없이 자유로우리니
온 우주가 그대의 집이로다.

본질과 현상

이 세상은 나의 소재이고, 나의 무대이며, 나의 세계가 연출되는 현상이다.
그것과 즐기며 노니는 것이다. 모든 것이 나의 작품이다.

• • •

같은 현상을 놓고도 어쩜 그리도 다르게 생각할까? 기도할 때
담배를 피워도 되느냐고 묻는 것과 담배 피울 때 기도해도 되느냐고
묻는 물음은 물음의 성질이 확연히 다르다. 전자는 해서는 안 되는
일이고, 후자는 기특한 일일 수 있다. 질문하는 방법을 얘기하고자
함이 아니다. 기도를 하면서 담배를 피우고 있는 하나의 현상을
어떻게 생각하느냐에 따라 옳고 그름이 확연히 달라지게 된다는
것이다.

현상은 하나이나 보는 사람마다 다 다르게 본다. 이것이 생각의
마술이다. 생각이 있기 전에는 그냥 현상이 있을 뿐이다. 그리고
그런 현상은 본질의 발현이다. 우리가 본질에 있으면 생각을 다스릴
수 있어서 '있는 그대로' 볼 수 있다. 문제는 본질을 체득하느냐에

326

달려 있다.

로마 시대의 노예 출신인 철학자 에픽테토스는 "주인과 노예는 하나의 역할극일 뿐이다."라고 했다. 사람의 본질은 똑같은데도 각자 맡은 역할을 주인과 노예로 구분하여 귀하고 천함으로 나누어 놓은 것이다. 육체적인 노동은 힘들고 정신적인 노동은 편하다는 생각 또한 노동 현상을 우리의 생각으로 구분한 것에 불과하다. 힘듦과 편함으로 나누어 놓지만 노동 현상만 있을 뿐이다. 모든 현상이 '있는 그대로'인 것을 우리의 생각이 여러 갈래로 나누어 봄으로써 현상을 왜곡하는 것이다. 현상이 있을 뿐이다. 현상에 대한 생각이 없을 때에는, 본래 그대로 보인다.

용감한 사람, 근면한 사람, 정직하고 성실한 사람이 따로 있는 것이 아니다. 하지만 역사는 그런 사람들이 성공한다고 그러한 사람이 따로 있는 것처럼 기술한다. 하지만 이는 결과를 보고 그에 맞게 역사를 기술한 것에 불과하다. 용감하고 근면하며 정직하고 성실한 사람이 얼마나 많은가? 초점을 성공한 결과에 맞추어 조명한 역사를 지식으로 습득하고, 그런 사람이 되고자 애쓴다. 모든 역사적 기술은 그런 현상을 성공과 실패라는 딱지를 붙여서 나누어 놓은 것뿐이다. 과거의 것을 뒤돌아보니 그렇더라는 이야기로, 지금과는 아무런 관련이 없다.

지금 이 순간의 성공과 실패가 있을 수 있는가? 지금의 현상만이 있을 뿐이다. 지금 말고 존재하는 시간이 있는가? 우리에게 존재하는 시간은 지금밖에 없다. 과거나 미래는 생각의 산물로서, 존재하지 않는 것이다. 존재하지 않는 것을 부여잡고 그렇게 사는 것이 바람직

한 삶이라고 여기며 살아가기에 삶이 그리도 힘들고 괴로운 것이다.

만일 실재하는 삶이 그렇게 힘들고 괴롭다면 붓다와 그리스도 그리고 그 많은 선각자들이 행복하고 평화로우며 고요한 삶이 있다고 제시하지는 않았을 것이다. 현상을 있는 그대로 보는 것으로 족하다면, 불편하고 힘들고 괴로울 것이 하나도 없다. 과거에서 현재 그리고 미래까지 통틀어 몽땅 움켜쥐고 그것을 놓지 못해 그리도 힘들고 괴로운 것이다. 우리에게 있는 시간이 지금뿐임을 분명히 안다면, 그리고 지금에 있으면, 지금의 현상 말고 무엇이 있을 수 있겠는가? 성공과 실패라는 것이 있기나 한 것일까? 설령 있다고 한들 그것이 무슨 의미가 있겠는가? 생각을 거두면 모든 일은 그런 현상일 뿐이다. 옳고 그름도, 귀천도, 기쁨과 슬픔도, 그 어떤 분리도 있을 수 없다. 본질과 현상이 하나로 있을 뿐이다.

성경에서 얘기하는 원죄는 '생각'일 것이다. 생각이 나누어 놓은 본질의 왜곡이 줄곧 우리를 괴롭혀 온 것이다. 아무런 의미도 없는 왜곡된 현상에 의미를 부여하고 생각에 휘둘려 살고 있다. 눈을 바로 뜨고 진실을 보아야 한다. 우리가 생각에 놀아나고 있음을 확실하게 확인해야 한다. 이해로 사유하여 사실을 파악하려 하다가는 생각은 생각에 사로잡히게 된다. 생각을 떠나 확실하게 확인해야 한다. 그래야만 진실을 볼 수 있다.

이 세상은 나의 소재이고, 나의 무대이며,
나의 세계가 연출되는 현상이다.
그것과 즐기며 노니는 것이다.
모든 것이 나의 작품이다.

본질의 발현인 것이다.

마치 바다에 파도가 일듯이

그렇게 바다와 파도는 함께하는 것이다.

이 모든 것을 바로 보는 길은 오직 하나, 본질을 확실하게 확인하는 것이다. 여기에 모든 문제가 달려 있다. 본질을 체득하면 '생각을 다스릴 수 있다.'고 하는 말을 오해해서는 안 된다. 내 마음대로 부정한 생각이나 오욕칠정, 번뇌 망상을 없이하고 바르고 고요함에 있을 수 있는 능력으로 여긴다면, 그 또한 생각에 갇혀 있음이다. 본질과 현상이 하나이므로, 생각을 다스릴 일이 하나도 없다. 현상 그대로 보는 데에는 어떤 작용도 없다. 다만 분별하는 생각을 떠나 '있는 그대로' 본다는 말이다. 생각을 하거나 안 하는 것이 아니라 떠오르는 생각을 붙잡을 일이 없이 그대로 흘려보내는 것이다. 할 일이 하나도 없다. 정말 홀가분하고, 있으면 있어서 좋고, 없으면 없어서 좋고, 싫고 좋을 것이 없이 현상에 있는 그대로 노니는 것이다. 마음의 본바탕으로부터 자연스럽게 일어나는 흐름을 타고 노니는 것이다. 이것을 '생각 다스림'이라 말하는 것이다. 본질을 보기 전에는 이것이 참으로 어렵다. 정말 만만치 않다.

안타까운 것은, 이 일에 대하여 말할 수 없음이다. 오로지 자신의 본성을 보는 것뿐이다. 자기 외에는 그 누구도 어찌할 수 없다. 노자 『도덕경』 1장에서 "도를 말하여 전하려 하지만 말하면 도가 아니다. 이름을 불러 분별할 수 있지만 이름은 그것이 아니다. [道可道 非常道 名可名 非常名]"라고 하였다. 실재는 말로 표현할 수 없다는 얘기다. 표현하면 실재를 제한하게 된다. 도(본질)는 자유롭고, 무한하며, 시간과 공간 속의 위치가 없으며, 어떤 장애도 없다. 그것을 표현하면 걸림이 생긴다. 시간에 있게 되고 공간 속에 위치가 있게 된다. 이름 있기 전의 세상을 이름으로 표현할 수 없음이다. 다만 현상을 판단하는 것을 그만두면 마음에 걸림이 없게 됨을 경험해 가면서, 지금 있는 현상을 사랑하는 것이다. 현상이 그러함을 우리가 어찌할 수 있는 것은 아니기에, 공연히 이랬으면 하는 생각을 떠나야 한다. 절대 생각을 믿어서는 안 된다. 생각을 믿지 않을 때, 현실이 지금과 달라야 한다는 생각으로부터 자유롭다. 지금 있는그대로 만 있을 뿐이다. 온 우주의 활동이 나타나는 것이다. 현상은 그렇게 본질과 함께 있다. 본질과 현상이 하나로 펼쳐져 있다.

그대가 간직하고 있는 것은 모두 과거다.
현재는 간직할 수도 잡을 수도 없다.
이러나저러나 우리에겐 아무것도 없다.
단지 지금 있는 현상과 노니는 것뿐이다.
얼마나 싱그럽고 한가로운가!
이 아름다운 세상과 노니는 즐거움이 항상 하고
자유롭고 평화로우며 고요하니
그대여 생각을 벗어나 무(無)에 있으라.

동심(童心)

동심이란 세상을 알기 전 모름에 있는, 때 묻지 않은 맑은 마음이다.
아는 것이 없기에 분별할 수 없고, 사랑과 미움 너머 이름이 없는 세계다.

• • •

어린아이처럼 순수하고 맑은 마음. 그것은 '모든 기존 가치의
부재 상태'를 의미한다. 기존의 모든 가치체계를 부정하고 문명의
때를 씻은 자연 그대로의 마음이다. '이름이 붙기 전의 마음'으로
어떤 분리도 없는 마음이다. 이름이란 사람이 사물을 자신에게 끌어
당겨 분별하기 위해 제멋대로 주관하여 명명한 수단일 뿐으로, 이름
그 자체가 자연이 아니다.

식물과 동물 등의 자연은 본래 이름이 있을 리 없고, 군신(君臣)이
나 부자(父子)라는 이름도 있을 리 없다. 이름과 실체가 반드시
일치할 리도 없고 영원한 것도 아니다. 이름은 인간의 관념이 만들어
낸 자의적이고 일시적인 것으로, 그 이름에 따라 직분을 주어 규정하
려는 인위적인 권력의 도(道)일 뿐, 차별이 없는 무위자연의 상도(常

道)가 아니다. 대소, 다소의 차별은 상대적인 것이며, 옳고 그름도 상대적인 것이다. 나아가 생사(生死)도 마찬가지다. 생사라는 것도 생각이 만들어낸 허상이며 끝없는 인연과 변화만 있을 뿐이다. 사물은 차별이 없고 경계는 인간이 그은 것이다. 차별과 경계가 있고 나서 귀천, 미추, 시비가 생겨나고, 대소, 다소, 비방과 칭찬이 논쟁과 투쟁을 불러왔다. 저마다 자기가 옳다는 것을 설명하려고 학문이 생겨났으며, 세상은 더욱 세분화되고 경쟁과 갈등은 심화되었다. 이름은 어린아이 마음과는 동떨어진 것이다.

> "진실로 너희에게 이르노니 너희가 돌이켜 어린아이들과 같이 되지 아니하면 결단코 천국에 들어가지 못하리라"(마태복음 18:3).

아무런 분별이 없는 어린아이의 세계가 천국이다. 아무것도 모르는 무지를 일컬음이 아니라, 알음알이를 내지 말라는 것이다. 알아온 가치가 모두 인위적인 것이니, 동심으로 돌아가려면 인위적인 기존의 지식을 거부하고 자연으로 돌아가야 한다. 모든 지식을 버리고 동심으로 돌아가는 것이 진실로 아버지가 원하는 것이라는 말씀이다.

> "땅이 혼돈하고 공허하며 흑암이 깊음 위에 있고 하나님의 신은 수면에 운행하시니라. 하나님이 가라사대 빛이 있으라 하시매 빛이 있었고"(창세기 1:2-3).

이름 너머의 세계는 '흑암(黑暗)' 즉 빛이 있기 이전 어둠의 세계이다. 아직 분화되지 않은 생명의 시원으로, 빛이 있어야 분별이 생기는 것이니 흑암은 분별이 없다. 흑암을 두려움으로 보아서는 안 될 것이다. 어린아이로 돌아가라는 말을 '해야 하는 일들'로 받아들여서도 안 된다. 분별하지 않은 세계가 진실한 세계라는 것이다. 분별이 어긋남이라는 것은 각기 사람들이 자기 처지에서 갖추어지기를 원하기 때문이요, 갖추어지기를 멀리해야 함은 각기 사람들이 갖춘 채 더욱 갖추기를 바라기 때문이다. 자기의 세계를 구축하고 경계를 이루어 타인을 배제하는 틀을 굳건히 하는 것이 문제라는 말이다. 배우고 알아온 모든 것이 분별이니, 분별이 안되는 흑암의 혼돈(混沌)에 있으라는 말이다. 그곳이 동심의 세계요, 이름 너머의 세계다.

아기가 어른이 되는 과정은 사회화의 길이다. 아이에게는 배우고 익혀 옳고 바른 길을 가야 하는 '해야 하는 일들'이 주어지고, 그 일을 해가면서 차츰 어른이 되어 간다. 어른이 되어 어른으로 살아가는 것이 마땅하여, 모든 노력이 어른이 되기 위해 바쳐진다.

어른이 된 다음에는 어린이로 돌아갈 수가 없는데도, 어린 아이를 돌아가라 함은 왜인가? 어른이 되어 하는 일은 조작하고 분별하여 모든 것을 어긋나게 하기 때문이다. 어른이 되고 나면 '있는 그대로' 볼 줄을 모른다. 무언가를 덧붙이고 덜어내어 실체를 왜곡한다. 어린아이 같은 진실에 있지 않기에 천진한 평온은 누릴 수 없다. 아무런 얽매임이 없는 평온함을 이것저것 분별하고는 누릴 수 없다. 하여 어른이 되고 나면 어린이로 돌아가 본래의 나를 찾아야 한다.

본래의 나를 찾는 일은, 수양하여 얻어지는 덕목이 아니다. 공자의 인(仁), 의(義), 예(禮), 지(智)의 네 가지 덕 중 인(仁)은 극기하여 복례(克己復禮)하라는 것으로, 주나라 제도[周禮]를 부흥하자는 것이다. 하지만 무엇인가를 하자고 해서 이루어지는 일은 없다. 무엇인가를 이루려 하면 성인과 지혜가 사람을 구속하는 형틀의 고리가 되고, 인의(仁義)가 손발을 묶는 질곡의 자물쇠가 되고 만다. 그런 감옥에 살아도 어깨에 힘을 주고 사는 어른으로 머물러 있으려고 한다. 어린아이와 같은 모름에 있을 수는 없다는 것이다.

'해야 하는 일들'이 '하고 싶은 일들'로 바뀌기 전에는 전도된 가치를 바로잡을 수 없다. 배워온 일이 '해야 하는 일'이라서, 그것이 주는 압박감이 아무리 크고 힘들어도 당연하다고 여긴다. 가야 할 길이라고 여기고, 돌아갈 마음이 없다. 동심조차도 마땅히 가야 할 길에 순종하는 순수한 마음으로 왜곡한다. 동심은 그런 마음이 아니다.

동심이란
세상을 알기 전 모름에 있는, 때 묻지 않은 맑은 마음이다.
아는 것이 없기에 분별할 수 없고,
사랑과 미움 너머 이름이 없는 세계다.
분별함이 없기에 모든 것이 '있는 그대로' 왜곡됨이 없다.
분별함이 없이 통으로 하나인 세계에 있다.
이 세계가 우리의 본향이며 실체다.
세상을 살아가다 어른이 되어 다시 돌아가야 할
우리의 본성, 동심의 세계다.

동심, 얼마나 그리던 세계인가. 옛날이 그리워서가 아니라, 진실로 평온하고 아름답기만 한 마음이 그리워서다. 아무런 얽매임이 없이,

해야 하는 일도 없이, 그저 평온하기만 하다. 어른이 되어 나를 찾으러 돌아가야 할 고향, 동심.

환하게 웃는 아기 얼굴이 어쩜 그리도 예쁠까! 하는 일이 다 예쁘기만 하다. 함이 없이 하는 무위(無爲)이니 걸림이 없다. 하고자 하는 바가 없으니 힘이 들어가지 않는다. 힘을 완전히 빼고 하는 함. 이보다 아름다운 율동이 있을까? 이보다 더한 힘이 있을까? 아기의 골은 약하고 부드러우나 손은 굳게 움켜쥐고, 종일 울어도 목이 쉬지 않으니 조화가 지극함이다.

"아기야, 너의 꼬물거림보다 경이로운 게 있을까?
생명 활동의 신비가 너인 것을,
자연 그대로가 너인 것을!
모든 아름다움이 너로부터다."

후기

　수련과 수행이 다름을 얘기하며 수행은 오로지 견성한 후에나 할 수 있다는 생각으로 올바른 수행이란 깨달은 후에나 방향을 바로 알고 가리키는 손가락과 달을 제대로 볼 수 있음에 수련을 수행으로 오인하는 우를 염려해 왔다. 깨달음은 태어나 첫걸음을 걷기 시작하는 것으로, '찾은 본성을 잘 보호하여 지킨다'는 보임 (保任)이야말로 참으로 중요하다. 고려 중기의 보조국사 지눌 선사는 "얼음이 곧 물인 줄 아는 것이 견성이고, 그 견성을 토대로 하여 그 얼음을 녹이는 것이 보임이며, 그와 같은 보임이 있고 난 다음에 물을 자재롭게 이용하여 식수로도 이용하고 빨래도 하고 논과 밭에 물을 댈 수도 있게 된다"고 하였다. 태어나 걸을 수 있게 되어 바르게 걸어가는 것이다.

　보임이 얼마나 중요한가를 일깨우는 일이 일어났다. 깨달은 이후의 빨랫감이 얼마나 많은가를 다시금 보게 되는 일이 일어났다. 틈틈이 일어나는 탐심과 성냄과 어리석음을 알아차릴 때마다 그나마 알아차리게 된 것에 감사하며 지내오다가 원고를 탈고한 후의 한가함에 취해버린 것인지, 알아차리지도 못하고 일어난 일에 머무는 일이 일어난 것이다.

지인들과 동해안 여행을 하는 중이었다. 어느 순간 나도 모르게 주머니에 손이 들어갔는데, 주머니에 들어 있어야 할 것들이 만져지지 않았다. '신분증과 카드, 현금 등'이 전부 없는 것이다. 순간 당황하기 시작했고, 그것들이 없이는 조금도 움직일 수 없는 상황이 되었다는 인식이 꽉 들어차서는 잃어버린 것을 찾을 수 있는 길을 찾기 시작했다. 천만다행으로, 식당에서 빠트린 그것들을 지인이 주워서 간직하고 있었다. 그제야 비로소 무슨 큰일이나 난 것처럼 당황했던 내 모습이 보였다. 알아차림은 간 곳이 없고 '예전의 나'로 돌아가 있었던 것이다. 일어나는 생각들에 머물러, 옳고 그름을 판단하고, 좋고 싫음에 놓여 있었던 내 것이 있었고, 없던 내가 되살아난 것이다. 생각에서 자유로워졌으리라 여겨온 나는 간 곳이 없이 사라지고 움직일 수 없다는 생각에 묶여 있었다. 그날은 그렇게 그런저런 생각에 묶여 있었다. 죽음에서 배우기를 천명하던 내가 주머니의 것들을 잃음에 당황한 것이다. 전부를 잃는 죽음에서 배우기를 원하던 내가 며칠간의 불편함에 불과한 것임을 인지하지 못한 것이다. 모든 것이 하나요, 공(空)하다는 진실이 허상이 되는 순간이 온 것이다.

하나님은 그렇게 또다시 나를 일깨워주셨다. 업(業)의 굴레가 얼마나 두껍고 질긴지 한시도 게을리할 수 없음을 일깨워주신 것이다.

걷기 시작했다고 뛰어도 되는지 점검조차 하지 않고 뛰어다닌 것은 아닌지 모를 일이다. 깨달음은 순간순간의 깨달음일 뿐이다. 한두 번의 체험으로 끝나는 것이 아니다. 진실을 보았기에 조작된 것에 넘어가지 않고 '있는 그대로' 보는 것이다. 부처의 팔정도와 그리스도의 팔복은 깨달은 후에 수행해야 할 우리의 갈 길, 즉 정도(正道)이다.

이제 깨달은 이후의 빨랫감들에 주의하며 보임에 주력할 따름이다. '나'에 있는지를 수시로 살펴서 나 떠난 모두와 함께하는 것이다. 본질과 현상이 하나이니 모든 것을 있는 그대로 받아들여 지금 이 순간의 그러함에 놓아두는 것이다. 150억 년 이전부터 인연 화합으로 이루어진 지금의 상황을 어떻게 할 수 있는 일은 없다. 진실에 눈을 뜨고 그것이 얼마나 완벽한지를 알고서 감사하며 살아가는 것이다. 무엇으로 다가오든 그것이 즐거움이든 아픔이든, 참기 어려운 통증이 오더라도 그것은 그럴 뿐임을 기꺼이 받아들여 허용하는 것이다. 분별할 일이 전혀 없이 완벽한 이곳에서 자유롭게 살아가는 것이다. 루게릭병에 시달리면서도 "이 이상 무엇을 더 바라겠습니까." 라고 한 스티븐 호킹 박사의 말이 귓가에 쟁쟁하다.

이름 너머의 세계

이제 막 깨어난 새끼 새들의 울음소리가
분별이 되는가?
갓 태어난 아기들의 울음소리가
누구의 것인 줄 모르듯이
이름이 있기 전의 그것은 그저 소리이다.
이름이 생기자 비로소
그것은 태어났다.

그대가 태어나고 모든 것이 있게 된다.
이름이 그것은 아니련만
이름이 그것이 되나니

지식으로 무장한 마음은
이름으로 쌓고 쌓아
나누고 분칠하여 구별하여 놓고는
그것으로 실재하게 된다.

지식을 거두고 이름에 갇히지 않으면,
바라보는 눈에 나누어진 것이 없다면
나와 남이 있겠는가?

옳고 그름이 있겠는가?
구분되지 않는 당신과 내가
이름이 눈을 가려 서로 타인이 된다.

이름이 있기 전,
생각을 넣어 해석하기 전,
이름 너머의 세계는
나, 남이 없는 모두가 하나인 곳,
만물이 하나로 어우러진
한계 없는 우리의 본향,
절대 평등이요, 사랑이다.